全国重点马克思主义学院建设经费资助出版

东北抗联文化研究

李红娟 / 著

新 华 出 版 社

图书在版编目（CIP）数据

东北抗联文化研究 / 李红娟著 . —北京：新华出
版社，2023.6

ISBN 978－7－5166－6894－8

Ⅰ.①东… Ⅱ.①李… Ⅲ.①东北抗日联军—文化史
—研究 Ⅳ.①K264.3

中国国家版本馆 CIP 数据核字（2023）第 127978 号

东北抗联文化研究

作　　者：李红娟			
责任编辑：张　谦		封面设计：中联华文	
出版发行：新华出版社			
地　　址：北京石景山区京原路 8 号		邮　编：100040	
网　　址：http：//www.xinhuapub.com			
经　　销：新华书店			
购书热线：010-63077122		中国新闻书店购书热线：010-63072012	
照　　排：中联学林			
印　　刷：三河市华东印刷有限公司			
成品尺寸：170mm×240mm			
印　　张：16.5		字　数：235 千字	
版　　次：2024 年 1 月第一版		印　次：2024 年 1 月第一次印刷	
书　　号：ISBN 978－7－5166－6894－8			
定　　价：78.00 元			

图书如有印装问题，请与印刷厂联系调换：010-89587322

内容介绍

党的十八大以来，习近平总书记先后到多地进行考察，对党的初心使命、红色基因、红色文化等作出深刻阐述。曾指出："红色资源是我们党艰辛而辉煌奋斗历程的见证，是最宝贵的精神财富。红色血脉是中国共产党政治本色的集中体现，是新时代中国共产党人的精神力量源泉。"因此说，红色文化承载了中国共产党人的初心和使命，要深刻把握红色文化的丰富内涵。

党的历史是最生动、最有说服力的教科书。东北抗日联军（以下简称东北抗联）是在中国共产党领导下，由东北各族人民组织起来的一支抗日武装力量，也是中国抗战历史上唯一进行 14 年战斗的队伍。我们党历来重视党史学习教育，注重用党的奋斗历程和伟大成就鼓舞斗志、明确方向，用党的光荣传统和优良作风坚定信念、凝聚力量，用党的实践创造和历史经验启迪智慧、砥砺品格。

东北抗联文化是以抗联为主体，在中国东北产生的以抗战救国为主题的文艺创作和文化活动，是红色文化的重要组成部分。本书以马克思主义的基本立场为指导，从东北抗联文化形成的理论基础和现实条件出发，厘清东北抗联文化形成的历史脉络，深入探讨其包含的主要内容深，在分析提炼东北抗联文化的核心要义和基本特征基础上，总结和归纳东北抗联文化的历史作用与当代价值。

东北抗联文化坚守为抗战服务，作为中国红色文化的典型形态，具有重要的地位和作用：唤醒了中华民族救亡图存的民族意识；坚定了东北人民抗战到底的信念；成为中国共产党宝贵的精神财富。新时代，东北抗联文化焕发生机，其当代价值日益彰显，是实现中华民族伟大复兴的宝贵财富。习近平总书记指出："革命博物馆、纪念馆、党史馆、烈士陵园等是党和国家红色基因库。要把红色资源作为坚定理想信念、加强党性修养的生动教材，讲好党的故事、革命的故事、根据地的故事、英雄和烈士的故事，加强革命传统教育、爱国主义教育、青少年思想道德教育，把红色基因传承好，确保红色江山永不变色。"东北抗联文化是振兴东北老工业基地的力量源泉，是坚定"四个自信"的精神动力，是坚定不移全面从严治党的生动教材。深入挖掘东北抗联文化的时代价值，对于新时代中国特色社会主义建设的发展，实现中华民族伟大复兴具有重要的助力作用。

序 言

习近平总书记指出："红色资源是我们党艰辛而辉煌奋斗历程的见证，是最宝贵的精神财富。红色血脉是中国共产党政治本色的集中体现，是新时代中国共产党人的精神力量源泉。"东北抗日联军（以下简称"东北抗联"）是在中国共产党领导下，由东北各族人民组织起来的一支抗日武装力量，也是中国抗战历史上唯一一支进行十四年战斗的队伍。东北抗联文化是以东北抗联为主体，在中国东北产生的以抗战救国为主题的文艺创作和文化活动，是红色文化的重要组成部分。

"苟利国家生死以，岂因祸福避趋之"，在抗日战争那段山河激荡的时光中，在极度艰苦而又充满无尽希望的岁月里，无数中华优秀儿女前仆后继，在白山黑水间、林海雪原中，以慷慨赴难的决心进行长期英勇的战斗，可谓惊天地、泣鬼神！对抗战文化相关问题的学术研究既是对历史的追问，对先烈的告慰，更是对现实的观照。因此，对于这一领域的研究一直是学术研究的热点问题和重点问题，具有重要的学术价值。

东北抗联文化，作为中国红色文化的典型形态，具有重要的地位和作用：唤醒了民族救亡图存的民族意识；坚定了东北人民抗战到底的信念；成为中国共产党宝贵的精神财富。新时代，东北抗联文化焕发生机，其当代价值日益彰显。深入挖掘东北抗联文化的时代价值，对全面建设社会主义现代化国家、大力推进中华民族伟大复兴具有重要的助力作用，从这个角度讲这本关于东北抗联文化的学术专著体现了重要的现实意义。

该书是作者在博士毕业论文的基础之上进一步思考研究而成。作为其博士生导师，我对于其学习以及学术研究有充分的了解。作者在学习期间表现出了对抗日战争史特别是东北抗战期间的社会生活文化表现出了浓厚的兴趣，并以此为基础，不断阅读文献、查找材料、撰写并发表文章，使学术视野不断开阔，学术能力得到提升。通过刻苦努力完成了毕业论文，顺利毕业。之后，以博士学习期间的研究成果为基础，展开了更加深入的研究，克服种种困难，拓展材料来源，对书稿不断地进行补充、完善，最终完成了本书稿。

该书总体而言呈现了以下特点：第一，选题视角新颖。东北抗日战争作为中国人民抗日战争及世界反法西斯战争的重要组成部分，学界研究成果更多集中在政治、军事等方面，有些重要领域，如东北抗联文化的研究显得十分薄弱。因此，本书在内容上和学术观点方面有一定的创新。第二，具有强烈的现实意义。一个国家的强盛，来源于凝聚力和创造力的强大，而这种强大，归根到底来源于文化的强盛。该书以东北抗联文化为研究对象，总结出超越特定历史时期的历史结论，为现实提供借鉴，真正发挥"以史为鉴"的作用。第三，综合性和系统性较强。该书以马克思主义的基本立场为指导，与东北抗联的基本史实相结合，微观和宏观相对应，特别是对文化概念的理解上，采用广义的"文化"的概念，立体展现东北抗联文化的基本内容和形成过程，分析其特征等。从研究体系和研究内容方面体现了综合性和系统性。第四，资料丰富。东北抗联文化资料零散，缺乏系统的梳理。作者查阅了大量的文献材料，并掌握了一定的档案材料，数据翔实，实现了图文并茂。通过对东北抗联文化的研究得出的结论是：日本帝国主义必然败亡，因为除了其反人类的性质外，其残酷的殖民统治必然导致社会基础的崩溃；东北抗日战争进一步促进了中华民族的觉醒，为民族独立和复兴做出了贡献；东北抗联文化已经植根于与人们的心底，伟大的东北抗联精神也已经内化于人们奋勇前进的信念。

总之，这本著作具有很强的现实意义和学术价值，引用的史料和文献比较丰富，论证有理有据，提出了自己独到的见解，结构科学合理，文笔通顺流畅。该书使人们对中国共产党在东北地区开展的社会文化活动和为人民服务的宗旨有了更为深入、全面的了解，进而为读者全面了解中国共产党为取得抗日战争胜利所做的努力提供了独特的视角。

该书是作者第一部学术专著，尽管还存在若干不足，但也体现了比较扎实的学术功底和端正的求学态度。希望作者在东北抗战史以及红色文化相关领域的研究方面能够持续发力，久久为功，取得更大的突破。

刘信君
2023 年 5 月 30 日

目 录
CONTENTS

第1章 绪 论 ……………………………………………… 1

1.1 研究背景与意义 ……………………………………… 1

1.2 国内外研究现状综述 ………………………………… 6

1.3 研究方法与思路 ……………………………………… 21

第2章 东北抗联文化的历史基础 ……………………… 29

2.1 理论基础 ……………………………………………… 29

2.2 实践基础 ……………………………………………… 44

第3章 东北抗联文化的孕育形成 ……………………… 75

3.1 东北抗日义勇军揭竿而起 …………………………… 75

3.2 反日游击队奋起抗日 ………………………………… 83

3.3 东北人民革命军英勇抗日 …………………………… 92

3.4 东北抗日联军艰苦抗日 ……………………………… 99

3.5 东北抗联教导旅坚持抗日 …………………………… 108

第4章　东北抗联文化的主要内容 ················· **115**

　4.1　物质文化 ··························· 115

　4.2　制度文化 ··························· 139

　4.3　精神文化 ··························· 163

第5章　东北抗联文化的基本特征 ················· **176**

　5.1　革命性 ··························· 176

　5.2　地域性 ··························· 182

　5.3　群众性 ··························· 186

　5.4　国际性 ··························· 192

第6章　东北抗联文化的价值蕴含 ················· **199**

　6.1　东北抗联文化的历史作用 ··········· 199

　6.2　东北抗联文化的时代价值 ··········· 214

结　语 ······························· **232**

参考文献 ····························· **234**

后　记 ······························· **250**

第 1 章

绪 论

1.1 研究背景与意义

1.1.1 研究背景

习近平总书记高度重视对东北抗联文化和东北抗联精神的研究和宣传工作。2015 年 7 月 18 日，习近平总书记在吉林考察工作时，作出了"要把抗联的历史发掘好、研究好、宣传好，组织好相关纪念活动，为加强党的建设和推进改革发展稳定凝聚正能量"的重要指示。2016 年 5 月，习近平总书记在黑龙江考察时指出，"东北抗联精神……激励了几代人。今天，我们仍然要用这些精神来教育广大党员、干部，引导他们发扬优良传统，在全社会带头弘扬新风正气。"2018 年 3 月 8 日，习近平总书记在第十三届全国人民代表大会第一次会议山东省代表团全体会议上讲道："这个红色基因，就是要传承，就是要强调，就是要告诉你，你是谁，这一点是很重要的。让大家知道，我们是谁，我们中华民族是什么样子的，我们国家是什么样子的，再一个我们苦难的历程，一定要知道……抗日战争特别你像那个东北抗日联军啊，杨靖宇、赵一曼、赵尚志，再到解放战争三大决战……这些都要让我们的后代牢记"。

2020 年 7 月 24 日，习近平总书记再次考察吉林时指出，"吉林有着光荣的革命传统。抗日战争时期，在极其恶劣的条件下，杨靖宇将军领导抗日武装冒着零下四十摄氏度的严寒，同数倍于己的敌人浴血奋战，牺牲时胃里全是枯草、树皮、棉絮，没有一粒粮食，其事迹震撼人心。"落实好总书记的指示精神，研究、宣传好东北抗联的历史和精神，是党史工作部门和学者的光荣使命。

1931 年初秋，日本军国主义悍然发动了震惊世界的"九一八"事变，强行占领了中国东北。1932 年，日军将清逊位的溥仪扶植上台，建立了完全听命于日本的傀儡政权——伪满洲国，开始了对我国东北长达 14 年的殖民统治。在中华民族生死存亡的紧要关头，东北各阶层民众毅然奋起，纷纷组织抗日武装力量，揭开了东北抗战的序幕。1936 年东北抗日联军（以下简称"东北抗联"）的成立，推动东北抗日斗争进入新的局面。东北抗联是在中国共产党领导下，由东北各族人民组成的抗日武装，是中国抗战历史上时间跨度最长的一支革命队伍，他们不仅在政治上、军事上，而且在文化上也进行着英勇的抗日斗争。他们作战时间最长、战斗条件最艰苦，在与日本侵略军作战中，前仆后继，英勇不屈，为中国抗日战争乃至世界反法西斯战争的胜利做出了重要贡献，

1936 年末满洲省委撤销后，致使东北抗联和中央联系被迫中断，加之东北抗联队伍生存环境恶劣，战术战略以游击为主，驻地宿营流动性大，存留的历史档案资料相对较少，因此，有关东北抗联的研究不深入、不翔实、不全面。中华人民共和国成立后，党和国家提出要深入研究东北人民革命和抗日的历史问题，但是由于诸多原因，对该问题的研究时断时续。直至改革开放后，党史研究人员把东北抗联重新纳入研究范围，许多书籍、文章、历史资料被重新挖掘出来。历经人们多年的艰辛努力，关于东北抗联史的研究成果慢慢凸显出来。但这部分研究成果主要集中在东北抗联的政治和军事方面，对东北抗联文化的总结和探讨尚且薄弱，该局面一直持续到现在。

近年来，尤其在 2015 年纪念抗日战争胜利 70 周年之际，中央明确规定：

将每年的 9 月 3 日确定为"中国人民抗日战争胜利纪念日"。2017 年又将历史
教科书中的"八年抗战"改为"十四年抗战"。东北抗联文化以及东北抗联
精神作为一个新的理论关注热点进入到人们研究的视野中，受到学术界的高
度关注。一方面，随着我们对东北抗联历史认识的深化，有更多的疑点、热
点、难点摆到了我们面前，需要做更加深入细致的研究；另一方面，东北抗
联文化是抗战文化的重要组成部分，但它更是根植于东北地域的文化，是东
北民风民俗的真实写照。研究东北抗联文化对于重振东北老工业基地以及提
升人们的文化自信和自觉，实现中华民族伟大复兴的中国梦，具有重要的理
论意义与现实意义。

东北抗联文化是以东北抗联为主体，在中国东北产生的以抗战救国为主
题的文艺创作和文化活动，它是马克思主义中国化的具体实践过程，是中国
共产党抗战文化的重要组成部分，是由东北广大革命志士在白山黑水间继承
和创造的优秀文化成果。其发端于东北抗日战争年代，并随东北抗联的形成
而逐步发展起来。它是无产阶级文化和东北民风民俗的有机契合，是党的革
命文化在东北的又一伟大创举。

东北抗联文化是中国共产党一贯重视思想文化工作的政治优势和优良传
统的生动体现。东北抗联虽没有像八路军、新四军那样的专业战地文工团、
演出队，但由于抗联领导极为重视，各军指挥部秘书处兼顾这项工作，从诞
生之日起就非常注重部队的思想文化工作，文化工作始终在有声有色开展。
因此，深入研究这一课题，就是研究中国共产党的文化事业是如何在党的革
命总战线中推进和实施的。传播东北抗联文化的内容，加强对东北抗联文化
的研究，不但可以推动东北抗联史的横向研究，而且可以推进新时代对于东
北抗联精神更深层次的挖掘。

论文以"东北抗联文化研究"为题主要有以下几种考虑：

第一，马克思主义认为，作为意识形态的文化是一定社会经济和政治的
反映，又给予巨大影响和作用于一定社会的经济和政治。毛泽东在《文化工
作中的统一战线》的演讲中指出，"没有文化的军队是愚蠢的军队，而愚蠢的

军队是不能战胜敌人的"。可见文化对于社会经济的发展和部队建设的重要性。2015年9月3日，习近平总书记在《纪念中国人民抗日战争暨世界反法西斯战争胜利70周年大会》上的讲话中指出"弘扬伟大的爱国主义精神，弘扬伟大的抗战精神，万众一心，风雨无阻，向着我们既定的目标继续奋勇前进！"

东北抗联精神是东北抗联文化在内容上的升华。因此，研究文化也是为了更好地服务于实现中华民族伟大复兴这样一个伟大的实践。

第二，选择东北抗战时期即1931—1945年作为本文研究的时间界限，是因为"九一八"事变以后，东北沦为日本军国主义的殖民地。中国东北是日军占领时间最长、日伪统治机构最完备、受文化侵略最为残酷的地区。在世界帝国主义殖民史上，也是一个罕见的以"国家"面貌出现，实行殖民统治的典型。国内外学者对抗战文化的研究比较丰富，但是缺少对中国特殊时期的特殊地区的分析，因此，对东北抗联文化的研究有助于同其他抗战文化的比较研究。

第三，选定东北地区作为课题研究的区域界限，以东北抗联的文化作为研究内容，是因为在全国抗日武装队伍中，既参加了前六年局部抗战，又坚持了后八年全面抗战，只有一支队伍，那就是东北抗联。东北抗联用鲜血谱写了中华民族反抗外来侵略历史的光辉一页，地位显赫。应时代发展的需要，2014年和2015年国家先后出台和通过了《国务院关于近期支持东北振兴若干重大政策举措的意见》和《关于全面振兴东北地区等老工业基地的若干意见》。习近平总书记于2016年5月到黑龙江省进行调研时强调"闯出老工业基地振兴发展新路"。这充分体现了党中央对东北地区和东北人民的关切，也意味着东北老工业基地迎来了重大发展战略机遇。因此，研究这一区域的文化，一方面，确保了全国抗战文化研究在内容上的完整性；另一方面，也为东北地方史和东北党史的研究提供有益的参考，为东北社会良性发展提供智力支撑。

1.1.2　研究意义

一个国家的强盛，来源于凝聚力和创造力的强大，而凝聚力和创造力的强大，归根到底来源于文化的强盛。我们总结和提炼东北抗联文化是因为它是在特殊时期、特殊环境、特殊地域下产生发展的文化，是抗战文化的重要组成部分。在艰苦卓绝的岁月里，东北抗联文化的存在和发展对抗日战争和世界反法西斯战争的胜利发挥了不可替代的作用；在和平年代，东北抗联文化更多的是以其蕴含的丰富的治国、治党和治军的经验，为我们社会主义现代化建设事业提供理论指导和思想支撑。

第一，理论意义

东北抗联文化的学术价值。东北抗联文化诞生于白山黑水之间，同时又是全国抗战文化的重要组成部分。因此，研究这一内容，一方面为东北地方史，尤其是东北抗联史研究提供借鉴和参考；另一方面可以推动全国抗战文化和中共党史研究的深入。文化反映了个人精神生活的方方面面，更能揭示人们的想法和观点。通过该研究既能考察抗联将士的个人革命历程，反对抗联后人虚高功绩、"任性"写史的态度，又能追溯抗联文化形成的现实根基，摒弃任意贬低和歪曲抗联功绩的历史虚无主义，对丰富党史人物研究、深化抗战史和中共党史研究具有重要意义。

东北抗联文化的史料价值。中国共产党当时在东北的活动包括武装斗争都是相对秘密地进行的，很少有完整的资料保存下来。同时东北抗联在 14 年的苦战中人员损失巨大，而且军中的高级将领牺牲较多，所以军中的文献、材料遗失很多，现存的东北抗联史料与中国共产党其他抗日部队史料相比是较少的。东北抗联文化中记载着抗战时期东北社会特点、抗联战斗经过、日本侵略情况等方面的资料，本课题聚焦东北抗联文化这样一个专题，最大限度地收集和整理资料，既能抢救更具细节和质感的珍稀文献，又能帮助解决"藏与用"的问题。

东北抗联文化的文化价值。抗联文化从狭义上讲也是一种精神文化产品，涵盖了诗歌、话剧、歌曲等多种形式，它是以马克思主义思想为指导，在血与火的洗礼下产生的特殊文化。对振奋抗日军民斗争精神，捍卫中华民族的传统文化，发挥了巨大作用。

第二，现实意义

研究东北抗联文化，为的是更好地指导中国特色社会主义事业，服务于"两个一百年"的目标。东北抗联文化是老一辈无产阶级革命家和无数的东北抗联先烈在白山黑水间谱写的优美华章，它可以为实现民族复兴的中国梦提供价值引领；为党的建设"伟大工程"提供历史借鉴；为提升中国军队战斗力提供精神武器；为振兴东北老工业基地提供动力支撑；为推动东亚地区合作提供历史经验。

总之，思想是文化的继承者，文化是思想的传播者。历经岁月的洗礼，沉淀下来的文化，必然是指导我们当下生活的思想武器，我们研究东北抗联文化，就是为重温这些革命先烈留下的精神财富，体会红色经典的魅力所在，更好地发挥其独特的时代价值。铭记东北抗联精神，前事不忘，后事之师，居安思危，奋发向上。

1.2　国内外研究现状综述

1.2.1　国内研究现状综述

东北抗联研究属于交叉学科，既属于历史学中国近现代史方向研究的重要范畴之一，又是政治学中共党史内容中至关重要的一部分，同时也是社会学、文化学和军事学等诸学科的重要组成部分。长期以来，不论哪个学科，关于东北抗联的著作都基于爱国主义和民族主义的话语体系，我们认为这种单一的话语体系似乎不能形成对东北抗联的全面、深刻认识。另外，东北抗战是全中国人民抗日战争及世界反法西斯战争的重要组成部分，不能就东北抗联而谈抗联，否则必然造成管中窥豹，不能描述其全景，一叶障目，不能看其全盘。由于研究的过程存在上述偏差，继而造成有些重要的领域研究不够，如东北抗联文化，从目前的研究成果看鲜有提及，更没有关于东北抗联文化的专著问世。但由于目前资料的匮乏和研究成果的欠缺，除了借鉴关于抗战文化的研究方法和视角，只能通过在东北抗联的宏观研究和专题研究中去查找关于抗联文化的点滴，以期还原抗联文化的原貌。现将查阅到的文献资料进行如下归类、综述。

1. 抗战文化研究概况

抗战文化在长达14年的烽火洗礼中，持续发展，传承不衰。它的兴起发展不仅加速了抗战的胜利，丰富了中国的精神财富，更是世界反法西斯文化的重要组成部分。抗战文化作为抗日战争研究的一项重大课题，近十年来学术界多有探究：如抗战文化的涵义、地位和作用；抗战报刊；抗战时期学校内迁以及中国共产党关于抗战文化的理论政策等，相关研究成果丰硕，但也有不足之处。本文拟对近十年的抗战文化研究概况作一简要介绍。

第一，抗战文化的综合研究：代表性的文章有朱彦敏的《抗战文化发展述论》，文章阐述了文化是政治与经济的产物，抗战文化即是抗日战争时代的产物，详细介绍了以上海为中心的沦陷区抗战文化，以及以延安和重庆为代表的边区抗战文化和国统区抗战文化。① 艾智科的《中国抗战历史文化研究述评》，以重庆、桂林以及陕甘宁地区的抗战文化研究为例，证明抗战文化的发展程度与抗战地位有着密切的关系，呈现出明显的地域差别性，但它们都是战时文化、地域文化与外来文化相互影响、共同促进的结果。② 所以，下一步对抗战文化的研究可以向不同地域拓展。

第二，抗战文化的专题研究，包括两部分：

---

① 朱彦敏. 抗战文化发展述论 [J]. 档案与争鸣, 2005 (9).
② 艾智科. 中国抗战历史文化研究述评 [J]. 重庆社会科学, 2012 (6).

首先，对抗战文化特征和作用的研究：文天行的《抗战文化的基本特征》①，高向远的《论抗战文化运动在抗日战争中的地位和作用》②，韦庆儿的《论抗战文化及其对中国社会之影响》③。抗战文化具有以多元政治为基础、人民群众为对象、富于批判为活力的三个特征。抗战文化不仅在抗日战争中发挥了巨大作用，在中国文化史上也有着非常重要的意义：一是坚持以团结抗日、救亡图存的爱国精神作为它的发展主流；二是在它的发展过程中诞生了一部具有划时代意义的纲领性文献——《在延安文艺座谈会上的讲话》；三是它对中国社会产生了极大的影响。

其次，对中国共产党与抗战文化的研究：朱汉国、李小尉的《略论中国共产党的抗战文化思想》，主要阐述了中国共产党关于抗战文化的基本主张、中国共产党的抗战文化思想与新民主主义文化、中国共产党领导的抗战文化运动——抗战文化思想的实践等。④ 罗存康的《中国共产党与抗战文化的建设》，阐述了抗战时期，中国共产党提出了一系列发展抗战文化的方针、政策，并具体介绍了抗战文化的基本特征以及给当代文化建设的启示。⑤ 郭伟伟的《中国共产党的抗战文化政策及其启示》和张静如、唐正芒的《抗战文化与中国先进文化的前进方向》，都论证了中国共产党在 90 多年的风雨征程中，始终代表中国先进文化的前进方向，抗战文化就是一个最好的印证。中国共产党因时而变、因地制宜地制定了一系列正确的政治方针和主张，代表了先进文化前进的方向，为战胜日寇打下了牢固的思想基础，留下了宝贵的精神财富。形成了人人得团结，人人受激励，人人受教育的局面，以火山迸发之势向外蔓延，对卖国投敌、贪生怕死的消极思想给予有力的回击。⑥ 抗战文化

---

① 文天行. 抗战文化的基本特征 [J]. 中山大学学报社会科学版，2002（1）.
② 高向远. 论抗战文化运动在抗日战争中的地位和作用 [J]. 陕西师范大学学报哲学社会科学版，1997（9）.
③ 韦庆儿. 论抗战文化及其对中国社会之影响 [J]. 桂海论丛，2006（1）.
④ 朱汉国，李小尉. 略论中国共产党的抗战文化思想 [J]. 北京师范大学学报社会科学版，2005（4）.
⑤ 罗存康. 中国共产党与抗战文化的建设 [J]. 抗战文化研究第五辑，2011（10）.
⑥ 郭伟伟. 中国共产党的抗战文化政策及其启示 [J]. 党的文献，2003（5）.

的经验主要有：高举旗帜，加强领导；主题集中，目标鲜明；队伍广泛，阵容壮阔；战胜艰险，英勇斗争。① 文化是一个国家发展的航向，一个民族的强大离不开文化的繁荣。抗战文化作为特定历史时期的文化产物，对它的研究有利于我们找寻中国共产党领导先进文化的特点和规律，进而为促进中国特色社会主义各项事业的繁荣发展提供帮助。

综合以上，抗战文化研究呈现出以下特点：一是研究范围广；二是研究视角新；三是重视不同地域抗战文化的比较研究。但总体而言，对抗战文化研究的重要性认识有待加强，应该重视问题导入和研究中的学术争鸣，抓紧对抗战文化资料的抢救、挖掘和整理，尤其要协调区域间抗战文化发展不平衡的现状。当年抗战文化的发展确实有地域之分，但其影响和作用并不只是地域性的。因此，今天研究的不足不仅是地区的问题，而且是学界共同的责任。因而，对抗战文化的研究有待进一步加强，特别要加大对东北抗联文化的研究。

东北抗联文化属于抗战文化的一部分，形成较早，持续时间较长，然而目前对东北抗联文化的研究尚处于起步阶段，又限于资料的匮乏，因此，本人需要参考关于抗战文化的研究成果，尤其要借鉴抗战文化研究的方法和思路。

2. 东北抗联文化研究综述

（1）文献史料

史料是历史研究的基础。新中国成立之后，国家非常重视东北抗联文献史料的收集和整理。大量研究东北抗联的学者深入群众，走访东北，一些史料重新被整理、发掘，尘封的历史再次被揭开。在 20 世纪五六十年代，中共中央东北局专门成立了党史研究机构，学者们从中央档案管查找到相关文献资料，这些文献成为他们研究东北抗联文化的重要依据。

1980 年前后，党中央批准成立东北抗联斗争史编写组，因此，中央档案

---

① 张静如，唐正芒. 抗战文化与中国先进文化的前进方向 [J]. 求索，2003（3）.

馆和东北三省档案馆统编《东北地区革命历史文件汇集》①，书中收录了 1923 年至 1945 年东北抗联回到东北之前的大量史料。全书共 66 册，是一套精心筛选的权威文献，具有很高的史料价值，为东北抗联文化的研究提供了重要的一手史料。

1982 年出版的《关于东北抗日联军的资料》是根据日文《满洲共产匪の研究》一书译出的。该书由伪满洲国军于 1936 年编印并被列为"极秘"类，全书共分两辑，近百万字。第一辑所用资料主要来自日伪各警宪特机关的情报和我抗日队伍中被捕或变节分子的供词。记录了中共满洲省委的相关活动及东北地方各抗日武装力量的发展状况。第二辑主要记录了敌伪的对策，即为消灭我抗日武装力量及各地方党组织所采取的多项反动政策。② 由于此书是从日伪反动立场出发，内容翔实，对研究日本军国主义侵华史也是一部不可或缺的反面材料。

1987 年出版的《东北抗日联军史料》，共 70 余万字，上、下两册。上册主要是东北抗联革命历史文献，下册是东北抗联部分老战士的回忆录。③ 该史料对抗战早期历史记录翔实，对抗联后期的历史则涉及较少。此外，由黑龙江人民出版社出版的《东北抗日联军史料丛书》，共 10 册，计 100 余万字，详细记述了东北抗日联军第一军至第十一军的发展始末，同时配有人物照片、珍贵画像等，也算是对东北抗联历史的一个很好的补充。

《东满地区革命历史文献汇编》全书分为上、下两册，记录了 1927 年至 1945 年期间延边地区地方党组织、苏维埃政府、群众团体和抗日部队的文献资料 300 多篇。④ 资料丰富，内容翔实，对于研究延边革命斗争历史具有很高

---

① 中央档案馆、辽宁省档案馆、吉林省档案馆、黑龙江档案馆编. 东北地区革命历史文件汇集［G］. 1991.

② 李铸，贾玉芹，高书全等译. 中华民国史资料丛稿（译稿），关于东北抗日联军的资料（上、下）［M］. 北京：中华书局，1982.

③ 东北抗日联军史料编写组. 东北抗日联军史料（上、下）［M］. 北京：中共党史出版社，1994.

④ 中共延边州委党史研究室编. 东满地区革命历史文献汇编［G］. 1999.

的史料价值，对在新形势下加强党的建设也具有重要的意义。

高峰等编著的《永久的丰碑——杨靖宇将军资料汇编》（续编），将2005—2014年来学者研究杨靖宇的论文资料结集成书，是一本不可多得的史料丛书。该书通过九个专题系统介绍了杨靖宇将军的一生，分别为生平篇、悼念篇、回忆篇、访谈篇、专题篇、讴歌篇、研究篇、考证篇、其他。① 邓来法、贾英豪编著的《杨靖宇纪念文集》的内容包括杨靖宇将军一生的丰功伟绩、生前遗留的珍贵文稿、饱含真情的缅怀文章、专家学者研究杨靖宇将军的理论成果等。② 该文集是宣传杨靖宇、研究杨靖宇将军的集大成之作，是对广大干部群众进行爱国主义教育的生动教材，也为学者研究杨靖宇将军提供了丰富的资料。这两本文献资料对研究杨靖宇的生平起到了相互补充的作用。

以上是对东北抗联文献资料的收集和整理，这些文献对今天研究东北抗联文化具有重要的参考价值。人类的精神文明和物质文明必须依赖于文化，文化的发展和生成又离不开历史环境。目前研究东北抗联的政治状况和军事斗争的资料比较丰富，这些对东北抗联文化的研究具有重要的借鉴意义。

（2）东北抗联老战士的著作和回忆录

20世纪五六十年代，东北的史学工作者为了研究东北地方党史和抗联史，一方面征集文献资料，另一方面，为弥补档案资料的不足，他们还采访了参与过战斗的战士和东北抗联负责人，得到了数百万字的文字材料。20世纪80年代，东北三省党史机构成立后，又对大量相关人员进行了走访。经过几十年几代史学工作者长途跋涉、不辞艰辛的工作，他们整理了很多关于东北抗联的文献和资料，这些东北抗联老战士的著作和访问录弥足珍贵，为今天系统研究工作奠定了坚实的基础。

周保中将军编著的《东北抗日游击日记》，真实记录了从1936年3月至1945年12月东北抗联的艰苦而乐观的斗争生活、数百次惊心动魄的战斗，以及中朝人民联手并肩作战，苏联联共产党、红军和人民对东北抗联无私的大

---

① 高峰编. 永久的丰碑——杨靖宇将军资料汇编 [M]. 长春：吉林出版集团，2015.
② 邓来法，贾英豪. 杨靖宇纪念文集 [M]. 北京：中央文献出版社，2005.

力援助，记录了东北抗联在不同时期序列的变迁、干部的调动、敌我双方的态势情况。① 该书为研究东北抗联文化提供了一手的资料。遗憾的是，1931—1936 年的日记在战争中落入日军手中，使得资料无法完整的保留。周保中遗著《战斗在白山黑水》记载了 14 年间东北抗日游击战争和先烈们的光辉业绩。该书是周保中生前在病榻上所撰写的，书中只是收集到了其中一小部分即 9 篇文章。② 该书为了解和研究东北抗联的历史以及激励人们继承革命传统、发扬革命精神提供了有益教材。

其他东北抗联老战士的回忆录。徐云卿的《英雄的姐妹（抗联回忆录）》生动地记述了作者本人参加抗日武装斗争的历程，翔实地再现了冷云、杨贵珍、安顺福等八位抗日女英雄不甘被俘、奋勇投江的英雄壮举，是展现女性抗日斗争的宝贵资料和真实写照。③ 王明贵编著的《忠骨：抗联名将王明贵将军回忆录》，通过东北抗联将领和战士对抗联历史的再述和回忆，再现了东北抗联在抗日战争时期，同倭寇英勇作战、保卫家园的历史画面，使人们深入体会了东北抗联在对日作战期间，英勇作战、至死不渝的爱国主义精神，客观地还原了东北抗联在抗日战争期间的斗争历史。④ 冯仲云的《东北抗日联军十四年苦斗简史》和《在东北抗联中战斗生活的回忆》，用作者亲身经历过的事实和透彻的感悟，客观地介绍了东北抗联的斗争历史。⑤ 还有其他回忆录，如李延禄口述、骆宾基整理编著的《过去年代——关于东北抗联四军的回忆》，陈雷回忆、常好礼整理的《征途岁月——陈雷回忆录》，季青的《于无声处听惊雷——季青回忆录》，张瑞麟的《在漫漫长夜中——张瑞麟回忆录》，温野的《镜泊英雄陈翰章》，彭施鲁的《我在抗日联军十年》以及金日成《金日成回忆录》等。

《韩光党史工作文集》收入韩光历年来有关著述，共计 73 篇，其中关于

---

① 周保中. 东北抗日游击日记 [M]. 北京：人民出版社，1991.
② 周保中. 战斗在白山黑水 [M]. 沈阳：辽宁人民出版社，1983.
③ 徐云卿. 英雄的姐妹（抗联回忆录）[M]. 长春：吉林人民出版社，2005.
④ 王明贵. 忠骨：抗联名将王明贵将军回忆录 [M]. 沈阳：白山出版社，2012.
⑤ 冯仲云. 东北抗日联军十四年苦斗简史 [M]. 北京：中央文献出版社，2008.

东北党史和东北抗联史的讲话、文章、信函、专题史料、书评等 34 篇。① 反映了作者依据中央对党史工作的指导思想，结合东北地区的历史实际，对党史资料征集与研究工作所提出的指导意见和对东北党的早期活动和东北抗联斗争历史所作的论述。韩光是我们党在东北地区早期的革命活动家和东北抗联的组建者之一，他一贯重视党史和东北抗联史的工作，他都以自己的亲见亲闻，实事求是地亲自撰写史料。因此《韩光党史工作文集》对东北抗联文化的研究有重要的参考价值。

目前关于东北抗联文化的资料非常分散，只是碎片化地零星分布在宏观的抗联历史资料中，因此，只有依据留存下来的历史文献，参考散见于报刊、书籍中的回忆文章和老战士的谈话，来归纳和还原东北抗联文化形成的艰难历程以及丰富多彩的内容。

（3）相关著作

东北抗联文化研究只能从整体关于东北抗联的相关著作中提取有价值的史料。根据目前能检索到的资料显示，相关研究主要围绕以下几个方面：

第一，关于东北抗联的综合研究。比较重要的有《东北抗日联军斗争史》，该书计 45 万余字，由东北三省倾力完成，记述了东北抗联的建立、发展和壮大的艰苦奋战历程，客观系统地评价了抗日联军的贡献以及为求得民族独立所起到的作用。② 该书是系统编写东北抗联斗争史的首部力作，是一部具有开拓性的学术专著，具有一定的权威性。另一部著作《东北抗日联军史》（上、下册），计 84.9 万余字，也由东北三省共同合作完成，该书从四个阶段记载了东北抗联的兴起及其同日本侵略军英勇战斗的历程，此书在一定程度上是《东北抗日联军斗争史》的再版和修订。③ 薛庆超主编的《从东北沦陷到东京审判》是一本实用性较强的著作，它从东北抗日战争的缘起、艰苦斗

---

① 中共吉林省委党史研究室，吉林省东北抗日联军研究基金会编. 韩光党史工作文集 ［M］. 北京：中央文献出版社，1997.
② 东北抗日联军史编写组. 东北抗日联军史斗争史 ［M］. 北京：人民出版社，1991.
③ 东北抗日联军史编写组. 东北抗日联军史（上、下）［M］. 北京：中共党史出版社，2015.

争、历史地位三个篇章出发，提出自己的观点，归纳了东北抗联在中国抗日战争中的作用和地位以及东北抗战对苏联的反法西斯战争和世界反法西斯战争的贡献。① 还有一本著作是《东北抗日联军》，全书上、下册，从五个方面介绍东北抗战的历史：军史篇、军志篇、战史篇、人物篇和大事记。② 此书全面反映了东北抗日武装，在中国共产党的领导下，从"九一八"事变到"八一五"光复期间，前仆后继、艰苦卓绝、英勇悲壮的斗争历程。

　　第二，关于东北抗日联军形成发展研究。常好礼的《东北抗联各路军发展史略》把第一、二、三路军的发展历史作为主要线索，阐述了东北抗联的建立、发展和形成历程。③ 另外，具体描述各路军形成发展情况的著作，如纪云龙编著的《杨靖宇和抗联第一路军》④，孙继英等编著的《东北抗日联军第一军》⑤，霍燎原、于文藻、吕永华编著的《东北抗日联军第二军》⑥，刘枫编著的《东北抗日联军第三军》⑦，龚惠、马彦文编著的《东北抗日联军第四军》⑧，刘文新著的《东北抗日联军第五军》⑨，赵亮、孙雅坤编著的《东北抗日联军第六军》⑩，元仁山编著《东北抗日联军第七军》⑪，叶忠辉等编著《东北抗日联军第八—十一军》⑫ 以及王晓辉编著的《中国革命战争纪实·东北抗日联军抗战纪实》。以上关于东北抗联各路军的发展状况和形成历程的论述对东北抗联文化的研究有着重要的借鉴意义。

---

① 薛庆超. 从东北沦陷到东京审判 [M]. 成都：四川人民出版社，2010.
② 孔令波. 东北抗日联军（上、下）[M]. 长春：吉林人民出版社，2005.
③ 常好礼. 东北抗联各路军发展史略 [M]. 长春：吉林大学出版社，1993.
④ 纪云龙. 杨靖宇和抗联第一路军 [M]. 沈阳：东北书店，1946.
⑤ 孙继英等. 东北抗日联军第一军 [M]. 哈尔滨：黑龙江人民出版社，1986.
⑥ 霍燎原，于文藻，吕永华. 东北抗日联军第二军 [M]. 哈尔滨：黑龙江人民出版社，1987.
⑦ 刘枫编. 东北抗日联军第三军 [M]. 哈尔滨：黑龙江人民出版社，1986.
⑧ 龚惠，马彦文. 东北抗日联军第四军 [M]. 哈尔滨：黑龙江人民出版社，1986.
⑨ 刘文新. 东北抗日联军第五军 [M]. 哈尔滨：黑龙江人民出版社，1985.
⑩ 赵亮，孙雅坤. 东北抗日联军第六军 [M]. 哈尔滨：黑龙江人民出版社，1988.
⑪ 元仁山. 东北抗日联军第七军 [M]. 哈尔滨：黑龙江人民出版社，1987.
⑫ 叶忠辉等. 东北抗日联军第八—十一军 [M]. 哈尔滨：黑龙江人民出版社，1986.

第三，关于东北抗联与中国共产党关系研究。尚金州的《中共中央与东北抗日联军》是第一部反映中共中央与东北抗联关系的著作。作者把散见于各种期刊著作的有关史料去繁就简，去伪存真，进行系统的统计汇编，使之系统化，以翔实可靠的史料和文献为基础，分析了东北抗日联军是一支在党的领导之下，拥护党的政策，遵循党的方针的人民武装力量。该书为中共党史和抗战史研究提供了可靠素材。

第四，关于东北抗联歌谣、文学和报刊的研究。代表性著作有李敏的《东北抗联歌曲选》，这是现存比较完整的一本关于东北抗联文化的流行歌曲书籍，这本歌曲选收录了反映东北抗联坚强意志和雄壮军威的军歌、战歌近400首①，该书对于东北抗联历史的研究尤其是抗联文化宣传颇具史料价值。韩玉成的《最后的吼声——东北抗战歌谣史鉴》是一部歌谣版的东北抗战 14 年苦斗史——以史实为支撑，以歌谣为佐证，全景式地再现那段举旗时间最早、规模最大、持续时间最长、斗争环境最残酷、牺牲最惨烈、战绩最辉煌的壮丽史诗。② 该书由过去单纯的艺术集成向研究歌谣作者、传唱脉络、人物身世生平及历史事件关联的厚度延伸，对歌谣的内容、类型、特点功能等要素进行鉴定和赏析，从而挖掘出了精神内涵、社会功能和审美价值。因此，该书对本课题的研究具有非常重要的参考价值。此外，还有一些关于抗联文学和抗联报刊的研究，例如，冯为群、李春燕的《东北沦陷时期文学新论》、黑龙江日报社新闻志编辑室编著的《东北新闻史》等。

第五，关于东北抗联精神的研究。代表著作有张洪兴著的《东北抗联精神》，该书是专门论述东北抗联精神的理论著作，耗费了作者十余年的心血，从东北抗日联军的斗争历程、历史贡献出发，论述了东北抗联精神的内涵和特征、产生的历史条件及时代意义，对东北抗联精神的五个方面进行了分章式的详细论述。③《东北抗联精神》可谓是对东北抗联文化的高度凝练和升

---

① 李敏. 东北抗联歌曲选 [M]. 哈尔滨：哈尔滨出版社，1991.
② 韩玉成. 最后的吼声——东北抗战歌谣史鉴 [M]. 长春：吉林人民出版社，2015.
③ 张洪兴. 东北抗联精神 [M]. 沈阳：白山出版社，2010.

华，因此该书对本课题的研究同样具有重要的参考意义。

第六，关于东北抗日联军主要领导人物的研究。人物传记记载的都是参加抗联的主要代表人物，他们都经历了战火的考验，从枪林弹雨中走来。因此书中对于东北抗联文化许多内容的描述都十分珍贵，也能为本课题的研究提供有价值的史料。

研究杨靖宇将军的主要代表著作：赵俊清著的《杨靖宇传》，61 万字，无疑是全面系统研究杨靖宇将军一生的典范之作。① 该书客观真实，有史有论，史论结合，记述全面，此书是学术价值较高的人物传记。卓昕的《杨靖宇全传》，130 万字，本书包括"冉冉年华耀中原""英才羁旅在满洲""铁流威震东边道" "抗战御侮国之雄"四部分，高度概括了杨靖宇不平凡的一生。② 杨靖宇是东北抗联的缔造者和指挥者之一，他为抗击日本军国主义的侵略，在动员广大民众开展广泛的反日游击战争中，作出了巨大贡献，因此只有认真研究杨靖宇将军，才能更好地把东北抗联文化回归到具体的历史环境和事件中去。

研究赵尚志的主要代表著作：赵俊清著的《赵尚志传》，该书三次再版，作者对该书倾注了大量心血，每一次都有新鲜的史料注入，作者对个别的史料论述进行认真研究，反复推敲，使人物形象跃然纸上。此书是目前在对赵尚志的研究中较权威的一部著作。③ 解永跃、赵乾的《虎将兴关外 抗倭统雄狮——抗联英雄赵尚志》，该书通过七个章节描写了久经考验的共产党员、东北抗联的创建者和主要领导人赵尚志，在艰苦卓绝的条件下，坚持抗战，威震敌胆；战功卓著，忍辱负重；忠贞不屈，为国捐躯的英雄故事，为读者呈上一部爱国主义的佳作，同时还是一本极具史料价值的好书，是对广大青少年进行爱国主义和革命传统教育的优秀读本。④

---

① 赵俊清. 杨靖宇传［M］. 哈尔滨：黑龙江人民出版社，2015.
② 卓昕. 杨靖宇全传（上、中、下）［M］. 长春：吉林文史出版社，2005.
③ 赵俊清. 赵尚志［M］. 哈尔滨：黑龙江人民出版社，2002.
④ 解永跃，赵乾. 虎将兴关外 抗倭统雄狮——抗联英雄赵尚志［M］. 长春：吉林人民出版社，2011.

　　研究周保中的主要代表著作：赵俊清著的《周保中传》，60 多万字，通过对周保中的生命历程的描述再现了抗战的伟大历程。① 赵素芬的《周保中将军传》，以大量的史料系统论述了周保中几十年的戎马生涯，立体呈现了周保中在充满硝烟的革命战争中成长的艰难历程，也为东北抗联史的研究提供了新的视角。② 因此，这些传记对研究东北抗联文化形成和发展提供了重要的参考。

　　研究其他抗联将领的主要代表著作：辽宁社会科学院地方党史研究所编著的《李兆麟传》，是关于李兆麟生平的权威正传。编委会成员翻阅大量抗联相关文献、档案以及众多关于东北抗联的出版物，实事求是地研究分析，再现了李兆麟的音容笑貌和伟大精神。李兆麟在东北抗联生死存亡的危急时刻率军西征，在极其困难的条件下，保存了抗日联军的有生力量，为东北的快速解放做出了重大贡献。③ 赵亮、纪松的《冯仲云传》，该书利用大量文献资料记录了冯仲云从清华学子到抗联名将的传奇人生。④

　　第七，关于东北地域文化的研究。

　　《东北历史与文化论丛》以 400 多篇文章，约 400 万字的容量，全面客观地反映了东北地区历史与文化的研究概况，刻画出东北地区各个时代的历史发展的基本线索。⑤ 这套丛书分成 7 个专题，共计 7 本书，其中的《近代东北的变迁》《东北抗日战争研究》《东北地域文化考论》《东北地域文学研究》对本论文的撰写，特别是对东北抗联文化的形成和发展的研究有重要的参考价值。此外，还有通史类的著作，如佟冬主编的《中国东北史》，共 6 卷，430 万字，是一部系统阐述东北地区从古至今的历史的地方通史专著，本书第 6 卷叙述 1919 年至 1949 年期间的东北。马克、刘信君任总主编的《吉林历史与文化研究丛书》，共 17 卷本，分 4 种类型：一种为通史类，如《吉林文化

①　赵俊清. 周保中传 [M]. 哈尔滨：黑龙江人民出版社，2011.
②　赵素芬. 周保中将军传 [M]. 北京：解放军出版社，1988.
③　辽宁社会科学院地方党史研究所. 李兆麟传 [M]. 北京：当代中国出版社，2010.
④　赵亮，纪松. 冯仲云传 [M]. 北京：中央文献出版社，2008.
⑤　邴正，邵汉明主编. 东北历史与文化论丛 [M]. 长春：吉林文史出版社，2007.

通史》等；二为专门史类，如《东北抗日联军第一军》等；三为人物传记类，如《吉林名人传》等；四为通俗类。① 这 17 部著作涵盖了吉林历史上的政治、经济、军事、文化等诸领域，力争全面展示吉林从古到今的历史。

纵观对东北抗联的研究，研究视角不断拓宽，从学科角度看，不局限于中日两国的国别史研究；从地缘政治的角度看，还包括周边国家；从民族研究的视角看，涉及很多民族等。这些研究成果从各个侧面反映了东北抗联的顽强意志和伟大决心。②

以上著作中，关于东北抗联宏观和微观的研究，为此后的学者研究东北抗联文化提供了可借鉴的成果和多方位的、系统的研究方法。但总体而言，目前学术界对东北抗联文化的研究还比较薄弱，即使在宏观讨论东北抗联问题时偶有提及，论述也是极为粗浅的，还处于经验总结多、理论论证少，方法探讨多、实证研究少的情况，因此学术界对东北抗联文化的研究还处于起步阶段，相关研究尚有许多方面需要完善。

（4）相关论文

在论文方面，尽管学术界在东北抗联文化上的研究取得了丰硕的成果，但是也存着一些尚待研究的问题。

其一，对东北抗联文化整体内容和方法论的研究。学术界对东北抗联的宏观研究成果比较多，微观研究也涉及了很多具体问题，例如：东北抗联政治思想工作、军事制度建设、后勤保障、国际合作与统一战线、东北抗联歌曲、东北抗联的宣传与教育以及东北三省抗联纪念设施的研究等，但这些问题都是从不同侧面或者某一角度来研究的，而对东北抗联文化整体内容及其方法论进行研究的不多，有必要对该问题开展深入研究。

其二，对东北抗联文化特征的分析以及其历史作用和时代价值的研究。学术界也尝试做了相应探讨，但是在系统性上尚有欠缺，亟待完善。

---

① 马克，刘信君总主编. 吉林历史与文化研究丛书［M］. 长春：吉林人民出版社，2016.
② 张琦伟，邹圣婴. 近二十年来国内学界的东北抗联研究［J］. 日本问题研究，2017（6）

1.2.2　国外研究现状综述

除了我国对东北抗联有大量的研究外，一些其他国家和组织也对东北抗联有相关的研究，并有一些书籍问世出版，为东北抗联文化的研究提供了新的视角和研究方法。

日本方面：东北抗联的历史是东北抗联与日寇浴血抗争的 14 年的历史，作为敌对方，日本侵略者为围剿和消灭东北抗联进行了大量情报调查和研究。这些调查和研究虽然都是敌对的言辞，甚至是歪曲事实的记录，但我们可以从另一个视角了解当时的情况，对课题的研究仍有重要的参考价值。

重要的史料有《侵华日军档案资料选编系列丛书》，其中《东北大讨伐》记录了关东军对东北抗联的无情镇压。吉林省档案馆编译的《东北抗日运动概况》（1938—1942 年），吉林文史出版社出版，记录了东北抗联和其他革命组织的发展状况，也是日本军国主义侵略中国、镇压中国人民抗日运动、屠杀中国人民的铁证。该书根据日文档案资料《满洲共产运动抗日运动概况》编译出的。从这些反面材料中，反映出东北抗联在中国共产党的领导下，进行革命斗争的光辉事迹。

苏俄方面：苏联政府给东北抗联的斗争以大量支援和帮助，我们应充分收集、挖掘相关资料，弥补中国国内相关资料和研究的不足。尤其是俄联邦对外政策档案馆（АВПРФ）、俄罗斯现代史文献保管和研究中心（РЦХИДНИ）、俄联邦国防部中央档案馆（ЦАМОРФ）等机构藏有一些东北抗战的历史档案资料。① 俄、德国共同编辑的多卷本《联共（布）、共产国际与中国》系列档案文件集里记录了东北抗联原始档案。② 沈志华总主编的《苏联历史档案选编》里面选编的"满洲游击队运动"档案，③ 可以看出 1940 年后苏联如何处理东

---

① 王广义. 国外有关中国东北抗联的历史资料与研究述评 [J]. 甘肃社会科学，2015 (4).

② 中共中央党史研究室第一研究部译. 联共（布）、共产国际与中国 [M]. 北京：中国党史出版社，2007.

③ 沈志华总主编. 苏联历史档案选编 [M]. 北京：社会科学文献出版社，2002.

北抗联和中共中央的关系。2012 年，俄中友谊协会组织翻译出版苏联远东红旗军第 88 独立步兵旅教官 B·伊万诺夫的回忆录《战斗在敌后：苏联远东红旗军第 88 独立步兵旅的真实历史》，以亲历者的身份详细介绍了成立苏联远东红旗军第 88 旅的历史背景、发展过程及其主要活动，详尽记载了远东红旗军第 88 独立步兵旅的真实历史，深刻分析了建立第 88 旅在世界反法西斯战争、中国人民抗日战争中所发挥的特殊历史作用，总结了苏军和中国东北抗联等抗日部队艰苦的斗争环境和战斗特点。弗诺特钦科的《远东的胜利》①一书也对中国东北抗联的研究有一定的参考价值。

欧美方面：抗战初期，尤其是在美国没有正式卷入战争之前，一些欧美人来到东北后多以中立的眼光看待中日战争，他们的报道对于东北抗联的有所涉及，并给予其很高的评价。日本新闻协会编辑的《米国新聞記者の見た日本と満洲》（日本新聞協会，1935 增补再版）里有美国记者关于东北抗联的原始报道。如李钟石（Chong-Sik Lee）《满洲的革命斗争：中国共产主义与苏联的利益》（*Revolutionary Struggle in Manchuria：ChineseCommunism and Soviet Interest*，1922—1945，Berkeley：1983）一书介绍了东北抗联、中共中央、苏联政府之间的关系，指出中苏关于东北抗联的分歧与矛盾。徐大肃的（Suh Dae-Sook.）《朝鲜共产主义文件：1919—1948 年》（*Document of Koreancommunism 1918—1948. Prinston，1970*）从朝鲜方面的原始文件了解中国东北抗联状况。*Anthony Coogan* 的文章《中国东北与抗日统一战线起源》（Northeast China and the Origins of the Anti-Japanese United Front，*Modern China*，*Vol*. 20，*No*. 3，1994）阐述了东北抗联组织与中共中央之间的分歧，东北抗联内部的组织分散性以及东北抗联同苏联之间的关系等。②

通过对上述主要国家相关研究成果的梳理，进一步加深了我们对东北抗联历史地位的理解：一方面，中国共产党在组织策划、宣传动员、武装斗争等方面领导了东北抗日联军；另一方面，中国抗日民族统一战线的雏形也是

---

① （苏）弗诺特钦科. 远东的胜利 [M]. 沈阳：辽宁人民出版社，1979.

② 王广义. 国外有关中国东北抗联的历史资料与研究述评 [J]. 甘肃社会科学，2015（4）.

在这一时期逐步形成的。①

综合以上国内外研究现状，分析得知关于东北抗日联军的研究著作成果较多，但研究内容和研究角度单一，相关学术论文观点过于陈旧，甚至有的缺乏严谨性，存在相互借鉴、运用的史料雷同的情况。目前为止，学术界对东北抗联文化的不同侧面也进行了有益的探索，对本课题研究都是很有启发意义的，但学术界对东北抗联文化整体内容及其方法论的研究不多，有必要对这些问题做进一步的探讨，对东北抗联文化的全貌给以一个应有的概括。另外，学术界对东北抗联文化史料挖掘和整理的重要性认识不足，学术性文献相对较少。本文竭尽全力搜集相关资料，在吸收和借鉴前人研究的基础上，对东北抗联文化做进一步研究，力图对其内容和特征做阐述和分析，争取打破以前"重政治、军事，轻文化"的思维惯式，将东北抗联文化的历史地位和时代价值延伸到学术研究的领域。

1.3 研究方法与思路

1.3.1 研究方法

文化的复杂性与多样性以及学科的交叉性，决定了东北抗联文化研究不能局限于单一的研究方法，要将多种研究方法相结合，现归纳如下：

1. 系统分析法

系统分析法是指把研究的主要问题作为一个系统，对系统各个要素进行分析。抗日战争时期中国形成了不同区域的抗战文化，如国统区文化、沦陷

---

① 张晓刚，邹圣婴，翁盛强. 战后日本学术界对东北抗日联军研究综述［J］. 日本问题研究，2016（4）.

区文化、敌后根据地文化。每个区域的抗战文化都有其独特的背景、丰富的内容、显著的特点以及深远的历史意义和价值，但同时作为抗战文化的一部分，所有区域文化形成一个大的系统，又具备相同的特质。本文在微观分析抗联文化的同时，必须要很好地运用系统分析法，才能准确提炼抗联文化的价值，尽可能地反映历史发展的全貌。

2. 历史分析法

历史分析法是剖析事物发展和演进的轨迹，总结归纳历史发展规律，进而推断事物将来发展的方向。研究东北抗联文化必须从东北抗联 14 年艰苦卓绝的抗日斗争历史中探寻其形成的背景、内容、特征和意义。只有把东北抗联放在一个更加纵向的历史长河中进行认识和分析，总结经验教训，才能发挥历史研究的基本作用。

3. 多学科交叉和实地调研法

东北抗联文化研究是一个复杂的研究课题，其涉及的学科领域也比较多，本课题运用历史学、文化学、社会学等学科的知识进行多学科交叉研究。为了深入阐释和研究东北抗联文化，一方面，对当年东北抗联指战员曾经战斗过的地方和相关遗址遗迹实地调研；一方面对健在的抗联老战士进行采访，这些都能为本课题的深入研究提供很好的资料补充。

1.3.2　研究思路

本文依据史料及文献，首先对东北抗联研究现状进行综述，然后以"文化"为切入点，以现有研究成果为基础，以马克思、恩格斯的经典著作为依据，在系统概述文化和抗战文化相关理论的基础上，梳理东北抗联文化形成的理论基础和实践条件。进而总结出东北抗联文化包含的丰富的内容与多样的形式，这是本文研究的重点之一。那么，结合抗联文化的内容概括其显著特征：革命性、地域性、群众性和国际性，这是本文研究的难点。最后归纳出抗联文化的历史意义与时代价值，东北抗联文化是在马克思主义的指导下，把马克思主义原理的普遍性和中国东北的特殊性有机结合而产生的文化，涵盖了诗歌、话剧、歌曲等多种形式。在革命岁月，作为先进的社会意识范畴，东北抗联文化对抗战的胜利有着无可替代的作用；当今时代，文化越来越成为民族凝聚力和创造力的重要源泉，越来越成为国家综合国力竞争的重要因素，抗联文化价值进一步突出。在十九大报告中习近平总书记指出："中国特色社会主义文化，源自于中华民族5000多年文明历史所孕育的中华优秀传统文化，熔铸于党领导人民在革命、建设、改革中创造的革命文化和社会主义先进文化……"① 因此，大力弘扬东北抗联文化，使其发挥其独特的时代价值，为实现中华民族伟大复兴的中国梦创造文化条件、提供思想支撑，这既是本文研究的重点也是难点所在。

1.3.3 相关概念界定

第一，文化与中国文化

文化概念的界定是一个复杂的问题，因为文化作为人类社会的现实存在，具有与人类自身同样长久的历史，一部人类史就是人类的文化史。因而文化的概念是一个内涵丰富、外延宽广的多维概念。国内外有关文化的概念，据统计已有260余种之多。本文根据搜集的资料现概括如下：

《辞海》对"文化"一词的注释：广义的文化，指人类社会历史实践过程中所创造的物质财富和精神财富的总和。狭义的文化，指社会的意识形态，以及与之相适应的制度和组织机构。一般认为，广义的文化还可分为物质文化、精神文化、制度文化三个层面。② 1982年世界文化政策大会《墨西哥宣言》曾指出，文化是兼具理性和感性特征的完整复合性，表现为文化的民族性、地域性、继承性和时代性。③

我国著名文化学家柳诒徵所著的《中国文化史》，曾从幅员、种族、年纪

---

① 中国共产党第十九次全国代表大会文件汇编 [G]. 北京：人民出版社，2017：33.
② 刘新科主编. 中国文化概论 [M]. 长春：东北师范大学出版社，2015：1.
③ 刘新科主编. 中国文化概论 [M]. 长春：东北师范大学出版社，2015：1.

三个方面概括中国文化的特征："就今日中国言之，第一，特殊之现象，即幅员之广袤，世所罕见也。第二，则种族之复杂，至可惊异也。第三，则年纪之久远，相承勿替也。世界开化最早之国，曰巴比伦，曰埃及，曰印度，曰中国。比而观之，中国独寿。"

英国历史学家汤因比认为，在几千年的人类历史上，中国文化长期以来以明显的先进性，多次"同化"以武力侵入中原的北方游牧民族，从而显示出自身强大的生命力和延续力。当然，华夏文化在"同化"北方游牧文化的同时，也从游牧文化中吸取了新鲜养料，如游牧人的骑射技术，边疆地区的物产、技艺等，从而增添了新的生命活力。我们今天所说的"中国文化"，是中国境内各民族文化相互融合的产物，是 56 个民族共同拥有的精神和物质财富。值得指出的是，中国文化在与外部世界的接触中，也先后吸纳了"中国"这一地域之外的文化，外来文化的输入和补充，使得中国文化和外来文化产生了激烈的碰撞，在碰撞的过程中是学习、是洗礼，更是一场思索，中外文化的结合没有使我国文化走向消亡，我们在探索的过程中做到了求同存异，保持了中华民族的文化本色，使我们的文化更具强盛的生命力和开放性。与此同时，中国文化通过海外华侨传播到域外，在世界各地形成众多中国文化社区，使中国文化的影响不再局限于"中国"这一地域之内。总之，中国文化是世界文化之瑰宝。"语言文字独具特色，文化典籍汗牛充栋，科技工艺精湛世界，道德伦理完备深刻等，可谓是中国文化的主要内容。"[1]

中国文化的特征集追求道德理想主义，追求和谐统一和延续性与内聚性于一身。

第二，革命文化与红色文化

革命文化，是中国共产党在马克思主义的指导下，领导全国人民为实现党的政治追求和完成近代中国历史主题而不断开拓进取、艰苦卓绝奋斗的文化结晶。[2]

---

① 张岱年，方克力. 中国文化概论 [M]. 北京：北京师范大学，2004：20.
② 李东朗. 革命文化是党和人民宝贵的精神财富 [N]. 人民论坛，2017-6-15.

　　革命文化就其形成过程而言，它继承和发扬了五四新文化传统，在新民主主义时期形成的，以无产阶级思想领导的人民大众的反帝反封建的政治文化。到社会主义时期，尽管它历尽曲折，但革命文化传统最终在解放思想、实事求是的氛围中变得成熟起来。① 革命文化蕴含着丰富的革命精神和厚重的历史文化内涵，反映了共产党人和革命群众的独特思想和精神风貌，是文化自信的重要构成和基础之一，在今天尤其值得重视和传承。

　　"红色文化"的概念在新世纪进入到人们的视野中，虽然这个概念未得到学术界的普遍认同，但相关研究已经在"红色文化"的名义下展开。

　　《辞海》中，对红色的解释除了有"吉庆"和"欢乐"之外，还有"共产主义的""与中国共产党有关的""革命的""强烈信仰的"等。② 从中国知网检索到，2003—2004 年间，学术界以"红色文化资源""红色文化"等概念指革命战争时期的文化。也有学者认为红色文化"就是无产阶级领导的人民大众的反帝反封建的文化。"③ 总之，"红色文化"概念刚提出来时，红色文化与革命文化界限比较模糊。

　　近年来，学术界对"红色文化"的界定比较明确。汤红兵指出，红色文化是指中国共产党领导人民在革命战争时期形成的，并在后来加以整理开发的革命历史文化，包括硬件和软件两个方面。④ 何克祥认为，从广义上红色文化包括新民主主义文化和社会主义文化；狭义上讲红色文化主要指大革命失败后中国共产党独立领导中国革命创建革命根据地（红色根据地）时期的革命文化。⑤ 魏本权认为，红色文化是在马克思主义中国化进程中，中国共产党

---

① 罗玉成，罗成翼. 关于五四以来革命文化传统的思考［J］. 西南民族大学学报（人文社会科学版），2002（3）：134-136.
② 辞海编纂委员会. 辞海［Z］. 上海：上海辞书出版社，1979：1686.
③ 汪木兰. 摧毁封建文化　缔造红色世界——论红色文化对创建红色体制的主导作用［J］. 江西师范大学学报，2004（5）：94.
④ 汤红兵. 湘鄂西红色文化的形成及开发——以洪湖、监利红色文化资源为主体透视［D］. 武汉：华中师范大学，2006.
⑤ 何克祥. 红色文化与马克思主义中国化要论［J］. 中共南昌市委党校学报，2007（1）：10.

在民族文化基础上创造的崭新文化形态，既区别于传统文化，也有别于近现代以来其他阶层与党派的文化创造。① 红色文化是物质文化、精神文化和制度文化的有机统一体。② 总之，红色文化是我们党在继承弘扬民族优秀传统文化并积极汲取人类先进文明成果的基础上产生的，其价值不仅在于过去，而且影响到现在和未来。2018 年两会期间，习近平总书记在参加山东代表团审议时强调，"红色基因就是要传承"，他特别提到了东北抗联，如杨靖宇、赵一曼、赵尚志等，让后代牢记，让国人明白，中国是怎样一步步站起来、富起来并向强起来迈进的，红色基因要代代相传。

革命文化与红色文化都是以革命为主导理念的文化形态，二者内涵一致，外延上红色文化比革命文化更广。③ 两者互相依存，相辅相成，缺一不可。

第三，抗战文化与东北抗联文化

抗战文化是指 20 世纪三四十年代一切为抗战服务和于抗战有利的文化，是在伟大的抗日岁月中积淀与孕育形成的所有物质文化与精神财富的总和，其内容丰富多彩。抗战文化不仅是红色文化的表现形式，也是革命文化的重要组成部分。

东北抗联文化是以抗联为主体，在中国东北产生的以抗战救国为主题的文艺创作和文化活动，它是马克思主义中国化的具体实践过程，是革命根据地文化有机的重要的组成部分，是由东北广大革命志士在白山黑水间继承和创造的优秀文化成果。东北抗联文化是抗战文化的重要内容之一。

本文对"文化"一词的理解，建立在广义的文化概念基础上。考虑到东北抗联的抗争在世界战争史上的特殊地位，所以东北抗联文化融入了东北抗联的物质文化。又因为东北抗联长时间与党中央的联系被断绝，但它一如既地通过共产国际等相关途径去了解党的政策并执行落实，所以东北抗联文化

---

① 魏本权. 从革命文化到红色文化：一项概念史的研究与分析 [J]. 井冈山大学学报（社会科学版），2012（1）：20.
② 马静. 红色文化教育理论与实践研究 [M]. 天津：南开大学出版社，2015：34.
③ 魏本权. 从革命文化到红色文化：一项概念史的研究与分析 [J]. 井冈山大学学报（社会科学版），2012（1）：20.

包含了东北抗联的制度文化。这样在对其内容进行介绍和阐释时就包括三部分：物质文化、制度文化和精神文化。此外，东北抗联文化是一种军旅文化，但更是以东北抗联为主要代表的整个东北人民抗战的文化。所以，本文在研究视角上，没有仅从单一的军队文化层面上去论述，因为东北抗联这支军队仅仅是参与东北抗战的四万万同胞之一部分。

1.3.4 创新点与不足之处

第一，创新点

本文选题在一定意义上讲，是导师在了解学术动态，把握全局基础上给予我的命题作文。东北抗联文化的研究目前是一个比较新的课题。因此在学术思想、学术观点等方面是本文创新之处，特别是对文化概念的理解上，采用广义的"文化"的概念。

（1）学术思想的特色与创新：本课题研究秉持"时间——空间——内容"三维立体的研究理念，时间上，立足现实，钩沉历史，在现已查阅的东北抗联的文献中追溯历史，同时将东北抗联文化同当今建设相结合，形成时空上的双向互动；空间上，史料匮乏是阻滞东北抗联历史研究的主要原因，在立足中国文献的同时，更需要吸收国外相关文献，而对东北抗联新资料的挖掘也是本课题的一个创新；内容上，不仅关注东北抗联的精神文化，而且还要更多地关注东北抗联物质文化和制度文化，从多个角度探究抗联在长期抗战中的社会文化生活史，使内容更加全面生动。

（2）学术观点的特色与创新：在学术观点上，以往对文化的研究主要采用狭义的文化概念，本书将打破这个限制，因为"东北抗联是在挑战人类极限的情况下，进行着世界战争史上最为艰苦卓绝的斗争"，必须要体现其特殊性，所以抗联文化融入了抗联的物质文化。尽管东北抗联长时间与党中央的联系被阻断，但其一如既往地通过共产国际等相关途径去了解党的政策并执行落实，直到抗战胜利，抗联文化必须融入抗联的制度文化。在此基础上，对东北抗联文化的历史传承和时代价值进行深入分析，一定程度上有利于

"重建、重构"复杂而丰富的中国抗战历史图景。

（3）研究方法的特色与创新：本课题以历史唯物主义为指导，在充分借鉴已有成果及相关原始资料的基础上，将通过利用逐书寻求史料、利用电子数据库等方法查找资料；本课题也积极采取对健在的抗联老战士和抗战后代采访调研的方法获得一手的口述资料；同时，本课题借鉴文化学、社会史学等研究方法分层次、有步骤地对相关论题进行分析论证，这些研究方法既避免了现有资料的自我循环论证，也是对目前薄弱记载和研究的夯实。

第二，不足之处

东北抗联文化是目前学术界研究比较薄弱的课题，本书是本人一个大胆的尝试，所以存在很多需要修改和完善的地方。

（1）在学科交叉方面，本书还未能实现文化学与历史学的深入融合，对于东北抗联文化的历史性解读不够深刻，未能将现代文化学中概念置于历史发展的环境之中。

（2）本书对于材料的挖掘不到位，对于东北三省地方性史料、档案材料的利用不够充分，对于部分与之相关但散见于东北抗联众多史学资料和学术著作中的材料引用不够充分。

（3）本书对于抗联文化内容分析不够透彻，本研究立足广义的文化概念，但是具体分析还停留于表面，未能深入挖掘其背后的文化内涵和核心要义。

由于本人专业水平、自身素质和理论功底的欠缺与不足，加之资料搜集的难度较大等因素，使得文章在行文中难免存在一些问题。敬请专家批评指正，希望本文的撰写能起到抛砖引玉的作用，也期待未来关于东北抗联文化的研究能更加深入和完备。

第 2 章

东北抗联文化的历史基础

东北抗联文化产生和发展具有深邃的理论基础以及一定的现实条件。毛泽东将马克思、恩格斯、列宁等关于文化的论述与中国的国情结合，提出了符合中国革命特征的抗战文化并用于指导实践；中国共产党的革命文化成为东北抗联文化的活水源头和燎原星火；"九一八"事变东北沦陷以后，东北人民奋起反抗是重要前提，尤其是东北抗联的建立和壮大是东北抗联文化产生的重要的实践基础；另外，中国传统文化蕴含的民族精神和东北地域文化自然成为抗联文化形成的重要基础和条件。

2.1　理论基础

东北抗联文化产生的理论基础包括四个方面。一是马克思主义经典作家关于文化的论述：主要包括对文化的本质、文化的构成内容等问题；二是毛泽东的文化思想，主要包括文化与政治经济的关系、文化战线是一条重要的战线、革命文化运动是群众性的运动等问题；三是中国共产党的革命文化思想；四是中华传统文化蕴含的民族精神。

2.1.1　马克思主义经典作家关于文化的论述

2.1.1.1　马克思、恩格斯的文化思想

（1）文化的本质

文化是人类特有的生活现实。马克思认为，人区别于动物的类本质特征，就在于人是自由自觉的类存在物。"一个种的全部特性、种的类特性就在于生命活动的性质，而人的类特性恰恰就是自由的自觉的活动。"① 从这一基点出发，马克思揭示了人与动物的本质区别。

文化是人类实践的产物，是人与动物本质区别的标志，它总是体现人的属性。因此，从与人的关系看，它的本质主要体现在四个方面：它是以实现人的存在价值为目的的活动；它体现人的超越性和创造性；它是人化自然与人的生活世界；它是人的理想和人的现实的统一。

（2）文化的构成与内容

文化的构成是指文化所包含的要素，是指文化的外延都包括哪些领域和层面。从马克思的文化观的历史演进过程中，我们可以得出文化主要涵盖了物质文化、精神文化、制度文化三个方面。

其一，物质文化是前提和基础

物质文化是人类文化中最基本、最常见的构成部分，它主要包括直接满足人的基本生存需要的那些文化产品。物质文化是人类文化的所有物化形式。对任何一个社会而言，物质文化都起着十分重要的基础性作用。因为任何一个国家的物质环境，都是其文化状况的直观体现，它反映着这一国家文化的整体发展水平，体现着该国文化的价值倾向。人类社会一直以来都致力于追求人类的幸福，鼓励个人的全面发展。这两方面都必须通过对物质环境的改造来实现。

---

① 马克思恩格斯全集：第 42 卷 [M]. 北京：人民出版社，1979：96.

其二，精神文化是动力和保障

精神文化起源于人类在满足自己最基本的生存需要时，超越这些最基本的需要而产生的新需要，这是一种创造性的和自由的需要。因此，精神文化是最能体现文化的超越性和创造性本质特征的。人与动物的最本质的差别之一，便在于人具有一个精神世界。

人对精神文化的本能追求，对意义世界的积极建构，既是人的本质的表现，也是人类追求和实现幸福的表现。物质生活的富足仅仅是人所追求幸福生活的一个方面，人对精神生活的追求和渴望，不但不会随着物质生活的极大丰富而降低，反而更加强烈，要求也更加提高。精神文化有个非常复杂的体系，它既有系统的、定型的、自觉的文化形式，也有不系统、不定型、自发的形式，前者将其称为社会意识形式，后者则称其为社会心理。

其三，制度文化是中介和手段

制度文化在整个文化世界中是深一个层次的文化。它以物质文化为基础，但主要满足于人的更深层次的需求。制度文化包括与人类个体生存活动和群体社会活动密切相关的各种制度，如社会的经济制度、政治制度、法律制度、商品交换制度、企业制度、公共管理制度。

马克思、恩格斯在《德意志意识形态》中，表述了生产与交往的相互作用关系，生活资料的生产是"第一个历史活动"，生活资料的物质生产是人同动物开始区别开来的标志，这种生产又是同交往不可分离的。"这种生产第一次是随着人口的增长而开始的。而生产本身又是以个人之间的交往为前提的，这种交往的形式又是由生产决定的。"① 人正是在物质生活资料和生产资料的生产中，以及在人自身的生产中，结成了人与人之间的交往关系和相应的各种生产关系。制度文化反映了人们在从事社会生产活动中逐步形成稳定的社会关系中既有的规则与已经形成的系统。② 马克思认为社会不断进步的体现就是社会文明制度的不断完善。新制度主义学派的主要代表道格拉斯·C·诺斯

---

① 马克思恩格斯选集：第 1 卷 [M]. 北京：人民出版社，1972：25.
② 马克思恩格斯选集：第 1 卷 [M]. 北京：人民出版社，1995：344.

阐述，所谓制度就是社会遵循的规则，也是人与人之间约定俗成的关系制约。①

恩格斯在《家庭、私有制和国家的起源》中指出，在历史背景下的决定性因素，最终直接体现在生产和生活中。生产有两种进行方式：一种界定为生活资料的生产；另一种界定为人对其自身进行的生产。制度文化追根溯源随社会的发展、革新而转变，同时其表现为相对稳定的规则系统。制度文化的变化性与稳定性的统一为人类社会历史文化的传承与存续提供保障。

文化是一个有机整体，物质、精神、制度文化是这个有机整体的三个组成部分。其中物质文化是基础和前提，精神文化是动力和保障，制度文化是中介和手段，三者相互作用，相互制约，共同推动着社会的发展。

2.1.1.2　列宁的文化思想

其一，文化本体的理论，包括文化发生发展论和文化内涵特征论。列宁认为社会实践才能产生文化，"世界不会满足人，人决心以自己的行动来改变世界。"② 人们追求个性和自由的发展是通过改造环境来实现的。但是，实践是物质性的，实践的根本性质就是自己的主观目标对象化，转变为物质形态。人们把自己看作是生活环境的主体，这种主体性把改造过的环境看作是自己的作品，因为环境凝聚着人的劳动和智慧，体现着人的自身价值。人们正是通过肯定自身的价值进而获得生命的意义和快乐，获得因对自身的本质力量的肯定而产生的美感。文化的产生发展有着丰富的理论基础，他认为文化内涵丰富，既包括物质层面，也包括精神层面，有反映人们内心的思维习惯，也有具体的科学、教育和艺术等方面的知识。列宁认为知识、教育程度、识字水平等是文化最基本的内涵。③

其二，关于文化建设的理论，主要体现在三个方面：文化建设任务论、

---

① 道格拉斯·C·诺斯. 经济史中的结构与变迁［M］. 陈郁，罗华平译，上海：上海人民出版社，1994：87.
② 列宁全集：第55卷［M］. 北京：人民出版社，1990：183.
③ 列宁全集：第43卷［M］. 北京：人民出版社，1987：379，37，131.

文化建设原则论和文化建设主体论。列宁认为文化可以激发无产阶级的自觉意识，为社会主义建设的顺利进行保障。马克思主义的实质和精髓即实事求是，在这种思想的指导下，列宁认为，解放思想、理论联系实际就成为文化发展所遵循的根本原则。文化发展离不开文化主体，马克思、恩格斯认为人民群众是历史的创造者，在革命运动和社会实践中起着决定性的作用，列宁坚持并发展了这一基本原理。

2.1.2　毛泽东的文化思想

毛泽东继承了马克思、恩格斯、列宁等经典作家对文化的基本论述，并将其与中国的革命及建设的实际情况相结合，提出了关于革命文化和抗战文化的基本观点。

2.1.2.1　一定的文化是一定的政治经济的反映

在马克思、恩格斯和列宁所论述的文化的基础上，毛泽东指出，一定的文化（当作观念形态的文化）是一定社会的政治和经济的反映，又给予伟大影响和作用于一定社会的政治和经济；经济是基础，政治则是经济的集中的表现。这是我们对于文化和政治、经济的关系及政治和经济的关系的基本观点。① 毛泽东不是一般地重复马克思主义关于经济基础和上层建筑的学说，而是有新的概括、新的发挥。经济基础决定上层建筑，上层建筑反作用于经济基础，上层建筑各个领域之间互相影响，这是马克思、恩格斯早就谈到了的，但是上层建筑各个领域中哪个部门起关键作用，马克思、恩格斯未曾论述。列宁根据他所处时代的特点对此作了补充，认为"政治是经济的集中表现"并在上层建筑诸领域中起着关键性的作用。② 毛泽东则更进了一步，把政治和经济并提，认为政治和经济一样，对文化和其他意识形态起着决定性的作用，

---

① 毛泽东选集：第 2 卷［M］. 北京：人民出版社，1991：663—664.
② 列宁选集：第 4 卷［M］. 北京：人民出版社，1960：441.

意识形态各个部门对经济基础的反作用也是通过政治这个中间环节的。①

人们在社会生活中，除了物质生活，还有政治生活和精神生活。文化就是在物质生活得到满足的前提下为了满足人们精神生活的需要而产生的。作为观念形态的东西，表面上看它同经济关系不大，有些东西也未直接涉及政治层面，但归根结底，它的发生、发展离不开政治经济的制约和支配，否则文化就是虚无缥缈的空中楼阁。

根据历史唯物主义观点，毛泽东对鸦片战争以后特别是"五四"以来我国的文化状况作了深刻的分析。他指出，外国资本主义入侵以后，中国逐步成为半殖民地半封建社会，因此，在文化上，出现了帝国主义文化和封建主义文化，两者结成文化上的反动同盟，反对中华民族新文化。在谈到五四新文化时，他指出，新文化是人民大众反帝反封建的文化，由于它是无产阶级领导的，因而具有社会主义的因素，而且是起决定作用的因素，但由于中国革命尚处于资产阶级民主革命阶段，不属于以推翻资本主义为目标的社会主义革命，因而从总体来说还不是社会主义而是新民主主义的。② 显然，在毛泽东看来，有什么样的政治经济，就有什么样的文化；文化是在观念上反映政治经济的要求，并为其服务的。③ 这些都说明，新文化是离不开政治经济的，研究文化问题如果不把握住这个基本观点，那便难以得出正确的、令人信服的结论。

同时，毛泽东强调政治对文化的影响，但并没有把政治等同于文化，否定文化工作自身规律及其特殊性。尤其作为观念形态的文化有其特殊的规律，文学、艺术（包括音乐、美术、舞蹈、戏剧、电影等）、教育、出版、新闻等文化部门也都各有其特点，忽视这一点，就会导致文化工作的简单化、庸俗化倾向，就会失去文化工作在社会生活中的特定地位和作用。诸如，关于政

---

① 罗洛，刘金，杨德广等. 毛泽东思想研究大系（文化系）[M]. 上海：上海人民出版社，1993：13.
② 毛泽东选集：第2卷 [M]. 北京：人民出版社，1991：705.
③ 罗洛，刘金，杨德广等. 毛泽东思想研究大系（文化系）[M]. 上海：上海人民出版社，1993：15.

治和艺术的关系，毛泽东明确指出："政治并不等于艺术，一般的宇宙观也并不等于艺术创作和艺术批评的方法。"① 凡此种种都说明，毛泽东是很重视文化工作和文艺创作的特殊性的。

2.1.2.2 文化战线是一条重要的战线

第一，革命队伍需要文化。毛泽东特别重视革命队伍的文化建设。他的一个基本观点："所谓新民主主义的文化，一句话，就是无产阶级领导的人民大众的反帝反封建的文化"。② 他强调，建立中华民族新文化的整个革命过程需要无产阶级的领导，需要人民大众的参加。③ 他还指出，"没有文化的军队是愚蠢的军队，而愚蠢的军队是不能战胜敌人的"。④ 在革命斗争中，"如果连最广义最普通的文学艺术也没有，那革命运动就不能进行，就不能胜利"。⑤

中国革命走的是农村包围城市、武装夺取政权的道路，武装队伍多数是翻了身的农民。而在旧社会绝大多数农民被剥夺享受文化教育的权利。毛泽东在抓革命队伍建设时很注意这个问题，他积极鼓励战士、干部学文化、学理论，并尽可能为他们提供一些必要的条件。正是在毛泽东的倡议下，**各革命根据地开办了许多党校和干部学校，有计划地培训革命将士，提高了革命队伍的文化素质和思想觉悟**。学文化，学理论，学科学，能够增长人们的知识，开阔人们的视野，使其思考问题时更加全面、更加周密、更加深刻。在毛泽东看来，不仅整个革命队伍需要文化武装，而且就每个人而言，也要有真才实学，才能够为革命做出切实的贡献。

毛泽东认为，革命队伍的文化建设是整个社会转型——"由农业基础到工业基础"所必需的。中国共产党所领导的革命任务就是要把旧中国建设成

① 毛泽东选集：第3卷 [M]. 北京：人民出版社，1991：869.
② 毛泽东选集：第2卷 [M]. 北京：人民出版社，1991：698.
③ 罗洛，刘金，杨德广等. 毛泽东思想研究大系（文化系）[M]. 上海：上海人民出版社，1993：26.
④ 毛泽东选集：第3卷 [M]. 北京：人民出版社，1991：1011.
⑤ 毛泽东选集：第3卷 [M]. 北京：人民出版社，1991：866.

繁荣昌盛的工业强国，这就是他强调干部努力学习科学文化、强调革命队伍的文化建设的立足点。随着民主革命的胜利，毛泽东更是把这一思想提到了新高度。中华人民共和国成立前夕，他就预言："随着经济建设的高潮的到来，不可避免地将要出现一个文化建设的高潮。中国人被人认为不文明的时代已经过去了，我们将以一个具有高度文化的民族出现于世界"① 新中国成立后，在党和国家领导人的亲切关怀下，我国的文化教育事业有了长足的发展，人民群众的文化水平普遍提高，并且从中涌现了一大批文学家、科学家、艺术家、马克思主义理论家，形成一支庞大的革命文化队伍，为社会主义革命和建设提供了基本保证。

第二，革命文化是革命的有力武器。革命文化事业乃是整个革命事业中的一个重要组成部分。正如毛泽东所说的："我们要战胜敌人，主要依靠手里拿枪的军队。但是仅仅有这种军队是不够的，我们还要有文化的军队，这是团结自己、战胜敌人必不可少的一支军队"。②

革命文化的作用是什么？毛泽东说："革命文化，对于人民大众，是革命的有力武器。革命文化，在革命前，是革命的思想准备，在革命中，是革命总战线中的一条必要和重要的战线，而革命的文化工作者，就是这个文化战线上的各级指挥员"。③ 没有革命的理论，就不会有革命的运动，可见革命的文化运动对于革命的实践运动具有何等的重要性。事实正是这样，五四运动的发生，中国共产党的成立，都有深刻的社会根源，同时又同革命文化的传播密切相关。没有《新青年》等杂志，没有科学民主思潮，没有"打倒孔家店"的反封建"呐喊"，就不会有五四新文化运动；没有五四新文化运动的影响，没有《共产党宣言》等著作的翻译出版，没有十月革命的胜利和马克思主义的广泛传播，也不会有中国共产党的成立。在中国革命的每一个历史时期，如北伐战争时期、土地革命时期、抗日战争时期、解放战争时期、社会

---

① 建国以来毛泽东文稿：第 1 册 ［M］. 北京：中央文献出版社，1987：7.
② 毛泽东选集：第 3 卷 ［M］. 北京：人民出版社，1991：847.
③ 毛泽东选集：第 2 卷 ［M］. 北京：人民出版社，1991：708.

主义革命时期，革命文化都起到了十分重要的作用。

毛泽东不仅从总体上给予革命文化对革命所作的思想准备作了高度评价，还通过一些具体作家、作品对革命事业产生的重大影响和作用，进一步阐发了"革命文化是革命的有力武器"这一重要思想。

第三，革命文化运动是群众性的文化运动。革命文化在整个革命事业中占据着不可忽视的地位，发挥着重要的作用。因此，革命文化运动必须密切联系群众，发动群众，成为毛泽东文化思想的一项重要内容。毛泽东明确指出："文化运动和实践运动，都是群众的"。① 因此，一切进步的文化工作者，在抗日战争中，都应有自己的文化军队，这个军队就是人民大众，革命的文化人而不接近民众，就是"无兵司令"，他的火力就打不倒敌人。凡是需要群众参加的工作，如果没有群众的自觉和自愿，就会流于徒有形式而失败。② 人民群众是文化的主要接受对象，革命文化要为广大人民群众所接受，发挥其应有的作用，文化工作者就必须深入群众，在思想感情上同人民群众打成一片，同时还要注意宣传艺术，所搞的东西要切合群众的需要。

联系群众、宣传真理，重要的一条就是要努力反映群众中的先进人物、先进事迹，使其广为传播，成为群众学习的对象。毛泽东曾说："任何有群众的地方，大致都有比较积极的、中间状态的和比较落后的三部分人。故领导者必须善于团结少数积极分子作为领导的骨干，并凭借这批骨干去提高中间分子，争取落后分子。凡属真正团结一致、联系群众的领导干部，必须是从群众斗争中逐渐形成，而不是脱离群众斗争所形成的。"革命文化既然是革命总战线中的一条重要战线，就应当努力宣传人民群众中的先进人物、先进事迹。这是由革命文化性质所决定的。在我国革命和建设中，不论哪一个时期，都确实产生了许多可歌可泣的英雄人物，值得文化工作者去广泛宣传。③

---

① 毛泽东选集：第2卷［M］. 北京：人民出版社，1991：708.

② 毛泽东选集：第3卷［M］. 北京：人民出版社，1991：1012.

③ 罗洛，刘金，杨德广等. 毛泽东思想研究大系（文化系）［M］. 上海：上海人民出版社，1993：33.

2.1.2.3 重视文化队伍的建设

在革命战争时期，毛泽东十分注意吸收知识分子到革命队伍参加文化工作和群众运动。1939 年，毛泽东起草的《大量吸收知识分子》一文中指出："一切战区的党和一切党的军队，应该大量吸收知识分子加入我们的军队，加入我们的学校，加入政府工作。"① 有些干部反对知识分子参加工作，毛泽东主张切实地说服这些干部，使他们明白知识分子参加工作非常必要。由毛泽东起草的这一决定，对全国广大知识分子产生了巨大的影响。大批爱国进步的知识分子，纷纷涌向延安，奔赴各个抗日根据地，积极参加文化运动和群众运动，为夺取抗日战争和解放战争的胜利做出了重大贡献。

建设宏大的知识分子队伍，和整个革命队伍的建设一样，其根本是要解决好"为什么人"的问题。毛泽东曾以《为人民服务》为题著文指出，"我们这个队伍完全是为着解放人民的，是彻底地为人民的利益工作的"。② 在抗日战争时期，毛泽东肯定了解放区的文化工作，也肯定了从事文化事业的知识分子，表彰他们为革命事业所作的努力和成绩。但他认为，还没有真正解决文化工作"为什么人"的问题，究其原因，便"在他们的情绪中，在他们的作品中，在他们的行动中，在他们对于文艺方针问题的意见中。"③ 显然，要造就一支献身于革命文化事业的知识分子队伍，并不是喊些空洞的政治口号，而是应该把为人民服务、为人民利益而工作的思想、观念、情绪渗透到知识分子的一切言行中，化为自觉的行动。在这里，毛泽东不仅把"为人民服务"作为文化工作的基本方向，同时也将其视为建设知识分子队伍的根本问题。

毛泽东文化思想在文化队伍的建设上，期望造就一支以工人阶级自己的知识分子为主体的文化新军。团结一切可以团结的力量，是我们革命统一战线应该达到的目标和任务。毛泽东强调，统一战线我们应该坚持两个原则：

---

① 毛泽东选集：第 2 卷 [M]. 北京：人民出版社，1991：619.
② 毛泽东选集：第 3 卷 [M]. 北京：人民出版社，1991：1004.
③ 毛泽东选集：第 3 卷 [M]. 北京：人民出版社，1991：854.

一是团结，二是批评、教育和改造。团结是前提，不仅要有团结的愿望，而且要有团结的行动。在中国革命和建设的不同时期，由于斗争环境与革命任务的不同，团结的对象会随着形势的发展而有所变化，有所不同。总之，团结一切可能团结的力量，组成文化工作的统一战线，是中国共产党开展文化革命的重要原则和历史经验，也是毛泽东文化思想的一个基本观点。在处理团结与批评、教育和改造的关系时，毛泽东反复强调要讲求辩证法。文化工作中统一战线的健康发展，需要正确处理团结与批评、教育的关系。教育与改造需要自觉自愿地进行，只有启发这种自觉性，才能收到教育与改造的良好效果。强迫教育、强制改造的做法是必须反对的。而拒绝实行自我教育和自我改造的态度也是不正确的。毛泽东在建立文化工作统一战线时，强调对知识分子的团结、批评、教育的积极意义也在于此。①

综合以上，马克思、恩格斯和列宁对文化的论断，以及毛泽东对革命文化和抗战文化的深刻分析，为东北抗联文化研究奠定了理论基础，指明了方向。

2.1.3 中国共产党关于革命文化的论述

革命文化，是中国共产党在马克思主义的指导下，领导全国人民为实现党的政治追求和完成近代中国历史主题而不断开拓进取、艰苦卓绝奋斗的文化结晶。② 革命文化蕴含着丰富的革命精神和厚重的历史文化内涵，反映了共产党人和革命群众的独特思想和精神风貌，是文化自信的重要构成和基础之一。

2018 年的政府工作报告也明确指出："要弘扬中华优秀传统文化，继承革命文化，发展社会主义先进文化，培育和践行社会主义核心价值观。"在长期的革命斗争中，中国共产党人铸造的革命文化是民族精神的支柱之一，同中

---

① 罗洛，刘金，杨德广等. 毛泽东思想研究大系（文化系）［M］. 上海：上海人民出版社，1993：49.

② 李东朗. 革命文化是党和人民宝贵的精神财富［N］. 人民论坛，2017-6-15.

华优秀传统文化和社会主义先进文化一道，都是中华民族宝贵的精神财富。

革命精神是革命文化的精髓所在，它是无产阶级世界观和人民军队本质的一种表现，是人民军队克敌制胜的重要精神因素，也是人民群众战胜一切敌人、克服一切困难的强大精神力量。中国共产党伟大革命精神，是在长期艰苦的革命斗争中发展形成的，它是我们党的宝贵精神财富和巨大政治优势，是东北抗联文化产生的重要理论基础。本书根据革命文化的丰富内涵和形成发展过程，撷取中国共产党在新民主主义革命时期形成的红船精神、苏区精神、长征精神和延安精神，概括它们的基本特点和主要内容。在此基础上全面理解东北抗联文化的精髓所在。

红船精神：2005年6月21日，时任浙江省委书记习近平同志首次公开提出"红船精神"的概念，并对"红船精神"的内涵进行了概括和论述："开天辟地、敢为人先的首创精神，坚定理想、百折不挠的奋斗精神，立党为公、忠诚为民的奉献精神，是中国革命精神之源"①，在"红船精神"的体系中，首创精神是灵魂，是动力之源；奋斗精神是支柱，是胜利之本；奉献精神是本质，是政德之基。"红船精神"这三个基本内涵之间有着递进的内在关系，是一个互相联系的整体。习近平总书记提出并阐释了"红船精神"的深刻内涵和时代价值，强调要结合时代特点大力弘扬"红船精神"，让"红船精神"永放光芒，这为学习研究、宣传弘扬东北抗联文化指明了前进方向，提供了根本遵循。

苏区精神：它是以苏区革命实践为载体而形成的无产阶级彻底革命的精神。中央苏区时期，外临国民党强敌，内需从事军事动员、政权建设等一系列工作，苏区党的最急切的中心任务是如何去动员民众、组织民众、武装民众，配合红军，用革命战争来击破敌人的"围剿"，最大限度地保卫和建设苏维埃政权。苏区精神正是在这种环境和任务中创造和培育出来的。苏区精神的内涵极为丰富，其核心就是在苏区革命根据地，以毛泽东为代表的中国共

---

① 习近平. 弘扬"红船精神"走在时代前列［N］. 光明日报，2005-06-21.

产党人领导广大军民，在长期艰苦的战争中磨练出来的彻底的革命精神。具体分析，苏区精神的内涵主要体现在：执政为民，真心实意地为群众谋利益；求真务实，反对本本主义；艰苦奋斗，廉洁奉公；争创第一，创造"第一等的工作"。①

长征精神：它是把国家和民族的根本利益看得高于一切，坚定革命的理想和信念，坚信正义事业必定胜利的精神，就是为了救国救民，不怕任何艰难险阻，不惜付出一切牺牲的精神；就是坚持独立自主、实事求是，一切从实际出发的精神；就是顾全大局、严守纪律、紧密团结的精神；就是紧紧依靠人民群众，同人民群众生死相依、患难与共、艰苦奋斗的精神。② 长征精神为中国革命不断从胜利走向胜利提供了强大精神动力。

延安精神：延安精神就是党中央在延安 13 年期间所形成，并辐射贯彻落实到全国各个解放区，包括国统区、敌占区和沦陷区在内的，我们党的组织和党员干部身上所体现出的好思想、好作风（理论、品质、道德、意志、人格魅力等）。延安精神是马克思主义中国化的基本原理，是毛泽东思想的立体化、生动化、形象化和具体化，是共产党性质、宗旨、作风及人格魅力的集中体现，是共产党加强自身建设的不竭动力和源泉。延安精神是共产党能使自己永葆青春活力，赢得老百姓的精神。主观上是共产党能使自己"干成事、得胜利"；客观上是老百姓对共产党"最拥护、最喜欢"。③ 延安精神主要内容：坚定正确的政治方向，实事求是的思想路线，全心全意为人民服务的宗旨，自力更生、艰苦奋斗的创业精神。④

东北抗联文化就是以红船精神为样板，继承了苏区的执政为民、真心实意地为群众谋利益的精神，以及长征时期顾全大局、严守纪律、紧密团结的精神，还有延安时期自力更生、艰苦奋斗的创业精神，在此基础上逐步形成

① 李小三主编. 中国共产党人精神研究 [M]. 北京：中央文献出版社，2008：210.
② 中华文化发展促进会编著. 追寻红军足迹 弘扬长征精神 [M]. 北京：华艺出版社，2007：3.
③ 李世明. 延安精神 [M]. 北京：中共党史出版社，2012：5.
④ 李小三主编. 中国共产党人精神研究 [M]. 北京：中央文献出版社，2008：216.

了伟大的东北抗联精神。东北抗联精神与中国共产党的其他革命精神是一脉相承的。

2.1.4　中华传统文化蕴含的民族精神

中国是一个历史悠久的文明古国，数千年来积累了丰富的传统文化底蕴，伟大的爱国主义情怀、威武不屈的民族气节、万众一心和衷共济的团结精神、自强不息和坚韧不拔的顽强意志，这种精神内核在东北抗联身上也得到了生动体现。

第一，爱国主义是中华传统文化和民族精神的核心，是中华民族生命力和凝聚力的的源泉。在中华传统文化中，关于爱国的表述比比皆是。春秋末年的《左传》中就有"临患不忘国，忠也"的词句；三国时的曹植曾写道："捐躯赴国难，视死忽如归"；明朝时的于谦曾写道："一片丹心图报国，两行清泪为忠家"；清朝时的林则徐曾写道："苟利国家生死以，岂因祸福避趋之"。在中华传统文化中，对祖国忠贞的情感，为国家奉献的行为，千百年来一直为人民所尊敬传颂。日本发动蓄谋已久的九一八事变后，短短的几个月，东北大片河山陷于敌手。然而，广大的东北同胞不甘被奴役，以"天下兴亡、匹夫有责"的爱国观念，在中国共产党的号召和领导下，在抗日民族统一战线旗帜的引领下，共同组成东北抗联，义无反顾的站到了抗战的最前线。

第二，视死如归，威武不屈的民族气节。气节是中华民族传统文化与民族精神的脊梁。《孟子·滕文公下》中有"富贵不能淫，贫贱不能移，威武不能屈"的表述。从屈原《九章》中的"苟余心其端直兮，虽僻远之何伤"，到于谦的"粉身碎骨浑不怕，要留清白在人间"；从李清照的"生当作人杰，死亦为鬼雄"，到文天祥的"人生自古谁无死，留取丹心照汗青"。就是这种对信念和操守坚贞不移的气节，支撑着中华民族走过一次次危境，始终屹立于世界文明之林。日本侵略者占领东北后，实行残暴的法西斯统治，对东北抗日力量进行不断的屠杀、镇压与"讨伐"。一场场战斗中，无数抗联将士血洒疆场，英勇牺牲，其中师以上领导人100余人，军以上者30余人。周保中曾在一封给党中央的信中写道："优秀忠实的干部不断的牺牲，群众斗争中提拔的、培养的、教育的，赶不上牺牲的多"，但他始终教育指战员们："我们必须时刻准备上刺刀和敌人短兵相接，做最后的冲锋肉搏。宁肯为民族解放而流血，保全革命的贞操和气节，不能丝毫放弃共产党的主张，不能变更共产党革命的态度"①。

第三，万众一心，和衷共济的团结精神。团结是由多种情感聚集在一起而产生的一种精神，指为了集中力量实现共同理想或完成共同任务而联合、配合。中华传统文化中历来注重团结精神，这是民族得以凝聚不散、生生不息的根本保证。《国语》中曾有"众心成城，众口铄金"的记载；《孙子》中写道："夫吴人与越人相恶也，当其同舟共济，遇风，其相救也如左右手"。十四年漫长的战斗岁月里，东北抗联眼前的形势极端险恶。面对装备精良、训练有素的日伪军，除了坚持战斗外，还必须要团结起各民族、各阶级、各阶层的一切抗日力量，发扬抗日民族统一战线和国际主义精神，凝聚力量，共同打击敌人。

第四，自强不息，坚韧不拔的顽强意志。自古以来，中华民族就是一个崇尚自强精神、坚韧意志的民族，《周易》有云："天行健，君子以自强不息"；《左传》有云："筚路蓝缕，以启山林"。"愚公移山"、"卧薪尝胆"等故事。这些无不体现了对意志的尊敬推崇，在艰难环境中不低头，不放弃；在遭遇磨难挫折时不灰心，不气馁，才能迎来最终的胜利。东北抗联所处的斗争环境之艰苦，是世界战争史所罕见的。日军不断进行残酷的"讨伐"、"围剿"，后来更以"集团部落"的形式割断部队与群众的联系；在长达十四年的斗争中，东北抗联独悬敌后，没有任何物资、兵力、金钱的支援，后来更完全失去了和党中央的联系；东北地处高寒，冬季漫长，雪深过膝、冷彻肺腑；夏季则穿行于丛林沼泽之中，日晒雨淋，蚊虫叮咬。部队经常断绝给养。可以说，东北抗联的将士们，是以当代人类最低的生存条件，进行着一

---

① 《周保中东北抗日游击日记》[M]．北京：解放军出版社，2015：43．

场中外战争历史上罕见的长期斗争。但就是这样艰苦卓绝的环境,却不曾磨灭战士们坚忍不拔的意志。

爱国情操、坚贞气节、团结精神和顽强意志,这些信念贯穿于中华五千年的文明历程中,闪烁在东北抗联将士们的战斗精神中。这是先贤留给我们的傲人财富,是先烈留给我们的珍贵遗产。

2.2 实践基础

东北是我国最早传播马克思主义的地区之一。马克思主义在东北的早期传播,极大地提高了东北工人的政治觉悟,有力的促进了国内马克思主义的发展,推动了周边国家反帝反封建革命高潮地到来。"九一八"事变东北沦陷以后,东北抗联艰苦卓绝的抗争是东北抗联文化植根的历史背景,东北地域文化中浓重的乡土气息是东北抗联文化发展的社会环境,主客体的相互融合形成了别具特色东北抗联文化。

2.2.1 东北地域文化的影响

东三省总面积 130 余万平方公里,人口近 3000 万(东三省总面积和总人口系按"九一八"事变前夕统计),幅员辽阔,土地肥沃,矿藏丰富,向来是我国的边陲重地和战略要冲。地域文化是在一个相对稳定的环境中,"在自然地理环境和人文社会因素等多重要素综合作用下,在一个相当长的历史时期中逐步孕育和形成的"。① 东北地域文化以地形地貌的多姿多彩、多民族文化的相容并蓄、中外文化的碰撞交融为特征,形成了独具地域色彩的多元性的东北文化。②

① 路柳. 关于地域文化研究的几个问题 [J]. 山东社会科学, 2004 (12): 89.
② 张亚冰. 东北地域文化的多元性探讨 [J]. 语文期刊, 2010 (12): 119-120.

第一，地形地貌的多姿多彩

东北地域广阔，植被丰富，东部山地、中部平原、西部草原和南部半岛丘陵。东北就经纬度位置来说，该地区是我国纬度最高，经度最偏东的地区，在温度带上属于寒温带与温带，以冷湿的森林与草甸草原景观为特征。东北地区的气候、土壤、植被等均表现出冷湿特征。

东北地区是典型的大陆性季风气候，冬季半年，太阳入射角小，昼短夜长，地面上获得的光热较少，成为我国最寒冷的区域。夏初，我国各地气温普遍升高，降水增多，季风从东南海面迅速涌入东北地区，形成一年中最多雨的季节，也易产生大雨和暴雨。东北地区有半年的冰雪天气，耕作制度只能一年一熟，这主要是东北地区冬季严寒而漫长，夏季温暖而短促所造成的。北邻北半球冬季的世界寒极——东西伯利亚最冷中心，大兴安岭1月平均气温接近零下50度，也是全国冬季最冷的区域。夏季受低纬，海洋上来的湿热气流影响，气温则高于同纬各地。这反映了东北地区大陆季风强烈而持久，海洋季风衰弱而短促的特点。因此，东北地区年温差大大高于同纬各地。

降雪是气候寒冷地区降水的一种重要形式。东北大部地区从11月至翌年3月都以固体形式降水。东北各地积雪日都很长，大兴安岭北部超过7个月，松嫩平原5~6个月。一般地说，平原地区积雪期最短，也有3个月左右。相对湿度是空气中实际水汽压与同一温度下饱和水汽压之比，它直接表示空气的湿润和干燥的程度。相对湿度的大小，对东北的抗日战争和百姓的日常生活都有直接的影响。7、8月份是东北地区最多雨的季节，相对湿度也最大，全区绝大多数测站相对湿度都达到75~30%，长白山地和大小兴安岭很多地方达到或超过80%。除了春季，相对湿度较低以外，其他时段相对湿度都较大。所以，本区气候的冷湿特点甚为显著。东北地区在气候和气温方面也有两个重要的现象即东北冷涡和夏季低温，这直接影响到东北人民的生产和生活。

东北冷涡是一种高空的冷性旋涡，强度较大，东北冷涡内，天气具有稳定的规律性特点。冬季，东北地区常是一种低温天气，可能引起很大的降雪，这种降雪天气向西可影响到内蒙古，向南可影响到河北和山东半岛一带。夏季，常造成东北、华北、内蒙古等地区的雷阵雨天气。移速缓慢的东北冷涡，也是东北地区产生冰雹的重要天气系统，尤其是高空冷中心与地面暖中心相叠合的情况下，更易产生冰雹。夏季低温是威胁东北地区农业生产的主要灾害性天气现象，低温年因温度不高，使作物贪青晚熟，如遇早霜问题就会更加严重。低温影响粮豆产量，且使粮食含水量增加，千粒重亦下降：一般叫做"哑吧灾"。具有群发性和持续性的特点。

根据东北抗联第三路军政委冯仲云回忆：在东北的抗日战争中，最残酷的是冬天。北满的气候，经常是在零下四十度左右，雪深没腰，寒风刺骨，服装既不整齐完备，肚里又缺乏发粮食，……加上敌人又不断地追踪着，他们只好踏着雪，燃起了柴火，以藉取暖和做饭。他们中有很多的人冻掉了手指和足趾，就是因此而死的也不在少数。很多的游击队员，遍身枪伤连行走都感到了困难和不便，但他们还是了若无事般地继续抗战下去①当时有一句很好的而又可凄惨的一句诗，来形容东北的地域环境，就是"火烤胸前暖，风吹背后寒"，东北抗联面临的困难便可想而知了。

第二，多民族文化的相容并蓄

"民族"这一概念，是由几个相互联系的要素构成的，即共同的地域、共同的语言、共同的心理因素和共同的文化习俗，正所谓人们常说的"一方水土养一方人"。从历史上看，东北地区多民族文化的聚合，是由肃慎系民族、秽貊系民族、东胡系民族和汉民族四大族系构成。东北地域文化多民族相融并蓄的特点体现在两方面：复合型的民族性格和多元性的民族文化。

一是复合型的民族性格。从民族文化的特征分析，肃慎系民族的性格粗犷豪放、勇武为荣；秽貊系民族的性格讲究礼仪、性情凶急；东胡系民族的性格是骑射为本、坦诚率直；汉民族的性格是温文尔雅、重文讲武。东北特殊的地理位置打造了各民族不同的性格；多元的移民文化也造就了人们更加

---

① 冯仲云. 东北抗日联军十四年苦斗简史［M］. 北京：中央文献出版社，2008：74.

坚韧和包容的胸怀。

东北人身上具有一种不排外、豁达的容纳性品格，① 历史上著名的"闯关东"就是佐证。在近代东北各民族交流与融合的历史旋律中，社会组织相对比较简单，人们与大自然打交道多于与人打交道。在这样环境熏陶下，人们养成了乐于在大自然面前坦露胸怀，思维方式比较简单，呈现了一种直来直去的直线型状。②"闯关东"身上洋溢着一种蓬勃旺盛的开发精神，这种精神表现为一种"与天斗其乐无穷，与地斗其乐无穷"的不怕困难的优良品格。清代、民国以来，开发东北的主体是来自关内及异国他乡的众多移民，其中，以关内迁移而来的移民人数与作用为最多最大。他们背井离乡、栉风沐雨、披荆斩棘，辛苦的耕耘，惨淡地经营，或从事农垦，或开荒森林，或挖掘矿山，或建筑城市与铁路。他们及其子孙挥洒汗水、血沃荒原，为东北地区的繁荣与昌盛，为民族的团结与融合做出了巨大贡献。这所有一切，都来源于他们身上存在的那种生存的渴望、开拓的精神。③

移民文化也铸造了新型东北人的地域观念与国家意识。④ 经过长时间的融合，移民者的后代已经把新居地从心理上当成了自己的故乡而自认为自己是东北人，东北即是故乡了。豁达开朗是东北人性情的体现，重情讲义是东北人性格的主体，这一切都是近代广大移民与东北原住居民在长期融合出来的一种结果。

中原文化的中"义"在这个移民社会中也起到了至关重要的作用，"滴水之恩当涌泉相报"的理念，使得后来者对先期到达东北并接纳了他们的人们表示了无比的感恩之心，于是，他们有了"回报"的愿望，这应该说是一种良性的互动。中原文化与东北地域文化相融合产生的一种复合型性格特征。文化学者余秋里在他的《流放者的土地》一文中说，最能产亲情和友情的地

---

① 董鸿扬. 东北人：关东文化 [M]. 哈尔滨：黑龙江教育出版社，1994：260.
② 马平安. 近代东北移民研究 [M]. 济南：齐鲁书社，2009：218.
③ 马平安. 近代东北移民研究 [M]. 济南：齐鲁书社，2009：219.
④ 马平安. 近代东北移民研究 [M]. 济南：齐鲁书社，2009：224.

域就是"东北"和"海南"。① 今天看来，近代移民们身上的那种不怕困难的精神，在他们的后代子孙——今日东北人身上，已经多少有些丧失。经过历史积淀下来的不畏艰难困苦的开发精神，亟待今日东北人去弘扬光大。

综观近代新型东北人性格的形成和定型，与流人制度、与关内民众"闯关东"的历史，与东北的地域史、自然史和文化史都有着密切的联系，是一个多种条件下综合作用下形成的一种结果，是中原文化与原东北文化多年融合、发掘出现的一个新成果。②

"九一八"事变之后，中国共产党为动员东北地区广大人民群众奋起抗击日本侵略者，除发动各阶级积极开展各种形式的抗日斗争之外，还要号召居住在这一地区的各族人民踊跃参加共同的抗日事业。在动员各少数民族中，朝鲜民族又是主要的动员对象③。这不仅是因为东北地区的朝鲜居民在少数民族中数量比较大，同时也是由于朝鲜居民中大多数是无法忍受日本帝国主义在朝鲜实施的残酷殖民统治，而被迫逃到中国东北来的，惟有武装反抗日本侵略者的一条路了。因此，在东北地区的反抗日本侵略者的斗争中，朝鲜族民众是继各地抗日义勇军之后的又一重要的抗日力量。

二是多元性的民族文化。东北地区由于自然环境恶劣，在历史上一直是少数民族活动的区域，直到伪满时期大量移民的涌入才带来了勃勃生机。这种文化虽以汉文化为主，但仍然包含着各族文化因素，应该称之为一种新型的关东文化。这是一种典型的以移民文化为主流的新文化，是在东北的土著文化与移民文化相融合的前提下发展起来的，是东北各族在移民社会中长期文化交流，转化的结果，这一过程主要表现在如下四个方面：

在语言方面：移民的语言对本地居民的影响很深远，东北是一个多民族聚居的地区，直到近代以来，由于关内汉人的涌入、各民族之间的相互融合，

---

① 马平安. 近代东北移民研究 [M]. 济南：齐鲁书社，2009：224.

② 曹保明. 闯关东与东北性格的形成 [N]. 协商新报，2007-12-25.

③ 李鸿文. 30年代朝鲜共产主义者在中国东北 [M]. 长春：东北师范大学出版社，1996：151.

才逐渐形成了东北地区贴近百姓、富有生活哲理的地区语言。

在建筑方面：东北地区土著居民，早期居住条件简陋，冬天居"地窨子"，夏季住"马架子"。清代以来，关内民众纷纷"泛海"、"闯关"，作为汉文化的载体，自然而然地把关内北方的传统居住方式带入了东北。当时关内北方农村传统的而居住方式有两种：土砖盖的人字形屋顶住房和土砖盖的平房。随着移民散居东北各地，这种住房形式也逐渐在防寒的基础上进行改造而为广大人们所喜用多建，分布在东北广大城乡之间。这体现了建筑居住文化上的融合度。

在饮食方面：满族人喜欢吃粘食，因为粘食耐饿，便于外出射猎活动。朝鲜族饮食文化的精髓在于"精"、"净"、"敬"三个字，打糕、冷面、泡菜等，泡菜做工精细，享有盛誉。在东北地区，除了南满的满族较早地接受汉族文化的影响而比较发达外，其他一些地区的少数民族在饮食生活方面还是比较落后。入清以后，特别是近代以来，汉族移民大规模的涌入。在汉族移民文化的影响下，少数民族饮食的品种丰富起来。

在服饰方面：东北北部地处"极边苦寒之地"，气候寒冷，南部则气候较暖。除了满、蒙两族其他各少数民族均以渔猎采集为生，所以他们的衣服多以兽皮制作，一般多用狍、鹿皮。男子冬季穿狍皮大衣，夏季则穿去毛的光皮板。女子穿鹿皮长衣，冬季多戴狍头皮帽。正如资料所载："索伦、达斡尔以狍头为帽，双耳挺然，如人生角，又后披狍皮，黄毛蒙茸"。[①] 后来随着汉族移民的增多，少数民族的布帛也逐渐多了起来，并有许多人穿上布衣了。在汉族移民文化的影响下，东北地区的少数民族服装文化有所发展，其服装颜色、式样均有所变化。蒙古人传统的服装多为皮制，但以后在和汉族移民的频繁交往中，也逐渐引进了绸布之类。满族的服装本来是比较简单原始的，尤其是满族平民的服装。但通过满族和汉族等其他各族的交往，满族吸收了其他各族服饰中的一些成分，逐步丰富发展起来。到清后期以来，满族已逐

---

① （清）西清纂：黑龙江外记 [M]. 卷六，北京：商务印书馆，1936.

步形成了自己的一套服装文化。清亡，到民国年间，满族基本上已经基本上改变了自己固有的服饰，完全接受了汉族的服饰，汉族也受到了满族服饰的影响，满汉在服饰上已没有什么差别了。

总之，在清代、民国、"满洲国"时期，东北地区的土著居民在汉族移民先进文化的影响下，在社会形态、语言文字、建筑、饮食、服装等方面都发生了极大的变化，因此东北地域文化是多元性的民族文化。

第三，中外文化的碰撞交融

东北地区在清代、民国、"满洲国"阶段，伴随汉族移民的涌入，形成了多元性的民族文化。除此之外，国外移民在这一时期也以各种方式纷纷进入东北地区，这一时期形成了中外文化的碰撞交融，具体表现：

部分的外国移民与东北人居住在一起，也必然在语言文化上给当地人带来重要的影响。尤其是俄、日、朝鲜三国移民，由于在东北居住时间长，俄、日在一定时期又借助军事力量搞语言同化，东北地区的人们俄语、日语、朝鲜语基础较好，是与外国移民的进入有一定关系的。在日本对中国东北的殖民统治时期，由于日本实行奴化教育，强迫东北居民学习日语。传入东北地区的日本语以日本语的音译假名为主。如"他他密"（铺在床板上的垫子）、"博役"（勤杂工）、"打八扣"（烟）等等，都是日本帝国主义在侵占中国东北时的语言遗留。当然，随之历史的推移，大部分外来语已经逐渐成了历史的陈迹。①

东北地区的建筑风格体现在外来文化上，是建立起俄式建筑体、日式建筑体、朝鲜式建筑体等。从1905年日俄战争结束，日本移民伴随着日本帝国主义的殖民势力延伸而踏上我国东北土地，到1945年日本投降，日本的侵略势力与移民在东北整整活动了40年，这样日式建筑风格也就出现在东北各地。尤其是"满洲国"时期关东军将长春改为"新京"，定为"满洲国"的首都，投入力量进行规划与筹建，在长春一地及各铁路沿线车站留下了很多

---

① 丛坤，丛小舟. 论关东文化在中华文化中的地位与作用［J］. 理论观察，2009（1）：12-14.

的日本式建筑。东北文化在与外来文化的冲突和交融中，吸收了外来文化的因素，具有多元碰撞的特点。例如，1930 年前后一批旅居中国东北地区的朝鲜共产主义者参加中国共产党，还有相当数量的旅居中国东北的朝鲜爱国者、朝鲜共产主义者先后参加中国革命运动和抗日战争，同中国各族人民和中国共产主义者及其所领导的武装力量一道，反对日本帝国主义侵略①。

综上所述，东北抗联的英勇斗争和大无畏的革命精神是东北抗联文化形成的主观条件，具有"洒脱"和包容的东北地域文化，是东北抗联文化形成的客观条件。

2.2.2 "九一八"事变前中共党组织在东北的建立与发展

（1）马列主义在东北的传播

"十月革命一声炮响，给中国送来了马克思列宁主义。五四运动促进了马克思主义在中国的传播。在中国人民和中华民族的伟大觉醒中，在马克思列宁主义同中国工人运动的紧密结合中，一九二一年七月中国共产党应运而生。中国产生了共产党，这是开天辟地的大事变，中国革命的面貌从此焕然一新。"② 东北地区位置优越，同时受到中东铁路的修建，马克思主义的传播要比关内更早一些，传播渠道也比较多。

早在十月革命前，俄国布尔什维克党就活动在中东铁路哈尔滨总工厂，并与中国工人一道，积极宣传全世界无产者联合起来的重要思想，中国工人阶级的觉悟因此也在逐步提高。1917 年俄国十月社会主义革命成功后，最早得到消息的是中东铁路的中国工人和沿线民众。1918 年 10 月，俄共（布）③帮助中国工人在中东铁路哈尔滨总工厂建立起第一个工会——三十六棚工业维持会，不断向中国工人宣传苏俄的革命斗争。此外，俄共（布）还把宣传

---

① 李鸿文.30 年代朝鲜共产主义者在中国东北 [M]. 长春：东北师范大学出版社，1996：1.
② 中国共产党第十九届中央委员会第六次全体会议. 中共中央关于党的百年奋斗重大成就和历史经验的决议 [C]，2021-11-11.
③ 1918 年 3 月，俄国布尔什维克党改称俄国共产党（布尔什维克），简称俄共（布）。

共产主义的读物和小册子译成中文,在哈尔滨销售。旅俄回国华工在中东路的宣传活动,使一部分先进的中国工人较早地接受了马克思主义思想。苏俄政府根据广大华工的要求,将旅俄华工免费送回中国,到1918年5月,已有4万工人经中东铁路返回东北、河北、山东等地。他们当中的许多人参加过十月革命的战争,热情向国人介绍这次革命革命胜利的情况,还带回了马列的书籍和十月革命的宣传书籍。与此同时,北洋军阀主宰下的北京政府视共产主义学说为"洪水猛兽",千方百计阻拦华工回国,惟恐华工回国带来"过激"思想,因而连连向吉林督军署和省长公署发急电,要求对从俄国回国的华工"从严检查,分别遣归原籍",以防止受"过激派"影响,"煽惑军民"①。尽管反动当局处处严加防范,但是仍有许多回国华工躲过反动军阀当局的严格检查,巧妙地把载对十月社会主义革命胜利消息的报道和对马克思主义思想宣传的报刊等带回国内。

五四爱国运动之前,新文化运动的浪潮就涌进了吉林。以陈独秀为代表创办得《青年杂志》为标志,在思想文化领域开展了向传统的封建思想、道德、文化宣战的新文化运动。新文化运动高举民主和科学两面大旗,提倡民主,反对封建专制;提倡科学,反对迷信盲从;提倡新文学,反对旧文学。其目标是使人们的思想从封建主义的禁锢下解放出来。新文化运动,是一场前所未有的启蒙运动和空前深刻的思想解放运动,为马克思主义在中国传播开辟了道路。五四运动后,新文化运动又发展到一个新的阶段,增添了传播马克思主义的新内容。

另外,传播马克思主义另一个有效途径就是发行出版刊物。1919年,营口县行政公署卷422号内有传播刊物的记载,共列出83种:《新世纪》《无政府主义讨论集》《教育革命》《世界风云》《俄国革命之两要人》《社会主义讨论集》《战争与资本主义》《国家与革命》《工人宝鉴》《世界工会》《社会主义讲演集》《社会主义与共产主义》《资本论》《列宁事略》等。1920年7月

---

① 吉林省档案馆编:《吉林省大事记》,第134页。

1日，在傅立鱼等人倡议下进步团体"大连中华青年会"成立，该会通过开展各种文化、教育、体育活动，把进步青年组织起来，教育和启迪在日本殖民统治下的大连青年，培养和激发他们的民族意识和爱国进步精神。1923年2月，大连中华青年会出版的会刊，经常向人们介绍马克思主义哲学、政治经济学和科学社会主义的文章，如：李大钊的《史学概论》，恽代英的《民治的教育为现代必要之问题》；《俄罗斯之赤心》《苏俄之新印象》等。1924年2月，《新文化》会刊发表题为《列宁氏逝世》未署名的文章，文章用大量的篇幅介绍了列宁生平和他所领导的苏维埃政权8年来的成就，颂扬列宁"发挥马克思主义，极为有力"。①《大东日报》于1915年由长春巨商史敬齐等人创办，1924年1月21日，无产阶级伟大导师列宁逝世，《大东日报》出专刊进行纪念。张云责写出《论出列宁专刊》《列宁之死》等许多政治评论文章称颂列宁，向往苏联社会主义，讴歌"列宁之为人，其思想，其丰功""绝非一乡之善士、一国之伟人所可等量齐观"②。同年8月14日，他在"选评"栏目《告反帝国主义者》一文中，号召青年把"喊反抗帝国主义"口号变为实际行动。《大东日报》经常公开刊登和代售中国共产党中央机关刊物《向导》《新青年》和共青团中央机关刊物《中国青年》及新文化运动主将陈独、李大钊、鲁迅等人的作品。有资料记载：李震瀛分别于1924年1月20日和2月20日，在《向导》刊物上发表了文章，即《东三省实情分析》（上、下），针对四个问题：民众的现象、政治的现象、经济的现象和文化的现象，进行了具体的分析和介绍，指出："帝国主义的潮翻腾起来了，我们看出四种现象：（一）各帝国主义者利用旧俄盘据东路，牵制中俄结纳。（二）日本帝国主义者藉借美资开发南满，缓和太平洋上的恶潮，乘虚假手旧俄垄断北满，以达其地震后从容移拓南满的大陆政策。（三）法国帝国主义者以道胜银行的债权者，觊觎东路，结交旧俄。（四）美帝国主义者利用外交系进窥中东路，以投资满蒙。眼看着收回领土主权的区域，又被帝国主义者固在核心了，我

---

① 中国共产党辽宁史：第一卷［M］. 沈阳：辽海出版社，2001：29.
② 中国共产党吉林历史：第一卷［M］. 长春：吉林人民出版社，2005：29.

们不要短视的欢欣，应该趁着潮泛去弄潮啊"！①

马骏，作为马克思主义传播者，是最早在吉林省开展革命活动的共产党员，住在他的南开校友、东华学校校长邓洁民办公室的里间，将党的机关也设在这里，并以东华学校为基地，积极开展革命宣传活动。马骏于1920年底加入社会主义青年团，1921年初在济南、天津、南京及哈尔滨组建社会主义青年团，在哈尔滨加入中国共产党，主要负责和管理党的工作。另外，就是吉林私立毓文中学，也是马克思主义传播的重要基地。该校是由天津南开学校的吉林籍学生、进步知识分子韩梓飏、李光汉、张云责等人倡议，并得到吉林开明士绅于慕忱、老同盟会会员松毓及孙荫南、初鹤皋、王可耕等人的支持和赞助而创办的。1917年3月1日，吉林私立毓文中学正式开学。1920年，学校选定无产阶级伟大导师马克思的诞生日5月5日作为校庆纪念日，每年这一天，都借举行校庆宣传马克思主义，这在当时是件了不起的大事。

总之，马克思主义的传播与东北地区各进步团体的成立和报刊的发行相互促进。因此，各地的反帝爱国运动此起彼伏，就为中国共产党在东北的组建和发展提供了思想、组织和群众的基础。

（2）东北党组织的建立与活动

五四运动以后，党的早期革命活动家积极在家乡宣传共产主义思想，开展反帝爱国运动。许多早期的马克思主义者，如张太雷、陈独秀、李大钊、罗章龙等人赴苏参加共产国际会议途径哈尔滨，更扩大了马克思主义在东北地区的影响，提高了东北人民的思想觉悟，推动了东北人民革命运动的发展，为东北地区党组织的建立奠定了基础。1921年中国共产党成立不久，就有部分党员被派到哈尔滨、沈阳、大连等东北地区重要的城市，着手建立和发展党团组织。

黑龙江省。1922年1月，罗章龙被中共北京区执委和中国劳动组合书记部派到到哈尔滨考察工运，宣传革命，筹备建党。他曾说："北满是沙俄势力

---

① 中央档案馆、辽宁省档案馆、吉林省档案馆、黑龙江省档案馆编．东北地区革命历史文件汇编（甲1）［G］. 1991：21-22.

范围，哈尔滨工业比较集中，工人阶级因受十月革命影响较早，觉悟程度较高，特别是铁路工人举行三次大罢工，对苏联红军消灭高尔察克匪帮和保卫苏维埃政权做出了重要贡献，哈尔滨也具备了发展党的条件。"① 1923 年 7 月，陈为人、李震瀛在哈尔滨成立了中国社会主义青年团支部。10 月，中共哈尔滨组成立（也称哈尔滨独立组），此时有党员 3 人，团员 6 人，隶属中共中央。宣传教育工作由负责人陈为人兼顾，青年学生运动由彭守朴负责，平民教育工作由李铁钧负责。1924 年 6 月 24 日，在《团哈尔滨支部给林育南等的信》中指出："工作方面，现在青年学院内附设之学术研究会业已成立，政治经济及实业两组，每星期日为各组会同研究或公开演讲之初，意在接近并吸收平民学徒及学生"。② 1925 年夏，中共哈尔滨组改组为哈尔滨支部。

中共哈尔滨组的建立，给东北地区的工人阶级和广大劳动人民带来了光明和希望，使东北的革命群众运动有了无产阶级的领导，并增强了人民反帝反封建斗争必胜的信心。由于它是东北地区较早建立的地方组织，因此它又肩负起全东北的建党任务。1924 年 10 月，吴丽石受到北方区执委派到哈尔滨开展党的工作。他根据中共中央扩大执行委员会议上提出的"在大产业的工人里扩大我们党，是现实的根本任务之一"③ 的精神，决定组织力量深入到工人较集中的哈尔滨机务段和三十六棚铁路局工人中开展革命活动。吴丽石以学徒工的身份为掩护，打入三十六棚，在工人中秘密宣传马列主义，培养进步工人，成立了"东铁青年协进会"，发动工人进行斗争，并发展了 4 名党员，成立了中共铁路党支部，这是东北地区第一个产业工人党支部，吴丽石任书记。1925 年初，《吴丽石给任弼时的信》中提到："青年运动虽未大发展，然也有相当成绩。此刻所极需者，就是宣传品，请你按期多多供给我们

---

① 王秀文. 中共党组织在东北地区的建立及早期革命活动 [J]. 黑河学刊，1996 (1).
② 中央档案馆、辽宁省档案馆、吉林省档案馆、黑龙江省档案馆编. 东北地区革命历史文件汇编（甲 1）[G]. 1991：35—36.
③ 王秀文. 中共党组织在东北地区的建立及早期革命活动 [J]. 黑河学刊，1996 (1).

一些"①。伴随形势的需要和发展，中共哈尔滨组建立后，使东北地区工人阶级的运动逐步由自发的发展成为有组织、有领导的斗争，并使经济斗争同政治斗争结合起来。

吉林省。1925年5月30日，英帝国主义在上海制造了震惊世界的"五卅"惨案，消息传来后，东北地区的广大人民无不义愤填膺，反帝情绪异常高涨，掀起了有史以来规模最大的反帝爱国运动。吉长两市学生首先奋起，工、商各界和广大市民纷纷响应，连日举行集会、罢课、游行示威、街头演讲及募捐。吉林毓文中学校刊《毓文周刊》连续发行"沪案专刊"，长春《大东日报》副刊"曙光"专栏连续出刊"沪案专号"达半月之久，以评论、论述、讽刺、诗歌、短文等形式，揭露帝国主义在上海的暴行。这些战斗檄文的发表，对吉林省人民声援"五卅"反帝爱国斗争，起到了重要的鼓舞和推动作用。除此之外，全省人民还开展了抵制英、日货，提倡国货运动。学生们头戴写着"抵制日货、畅销国货"的苇莲头草帽，分组到各个商店查封日货，有的还把洋草帽、洋花布、洋烟草统统销毁，一时国货大振。吉林省群众声援五卅的斗争，一定程度上沉重地打击了帝国主义的嚣张气焰和奉系的军阀统治，唤起了各界群众的反帝爱国热情，也使很多进步青年从中得以锻炼，特别是党的积极分子经受了考验，为吉林省党组织的建立和发展作了准备，并从此揭开了中国共产党直接领导吉林地区人民群众奋勇革命的新高潮。

辽宁省。在声援"五卅"惨案而掀起的反帝爱国革命斗争中，各地学生运动相继而起，代表性的有奉天"六十"学生运动，可谓规模之大，波及之广，也是东三省空前的一次。在五卅运动的影响下，辽宁学生运动逐步走上了一个新的阶段，从以往的自发运动走向了有组织、有领导的政治斗争，锋芒直指英日帝国主义。在学生掀起反帝斗争的同时，工人阶级也积极行动起来。沪案发生后，大连团特支闻风而动，立即进行了研究和部署，由大连中

---

① 中央档案馆、辽宁省档案馆、吉林省档案馆、黑龙江省档案馆编. 东北地区革命历史文件汇编（甲1）[G]. 1991：58.

华青年会、中华工学会、印刷工会、增智学校、觉民学校发起成立了"大连沪案后援会"①，由傅立鱼、杨志云、傅景阳、王世平、林升亭等 8 人组成执委会。担负起了发动和组织学生罢课、工人罢工、游行示威、宣传演讲等任务，成为全市声援沪案运动的有力领导机构，深受各界拥护。在 1923 年底，中共哈尔滨组创始人陈为人、李震瀛就从哈尔滨到大连，向群众积极宣传革命思想，发展并培养了大连地区的工人运动骨干。资料记载："在大连沪案后援会成立后，继有旅顺工科大学、第二中学、师范学校、大连工业专门学校、第一中学、商业学校等加入。进行如下各事：（1）学生罢课。（2）工人罢工。（3）游行示威。（4）散传单讲（演）。现在各学校学生均罢课，只示威游行一次，半途即被解散。募捐情形尚好，捐者很踊跃，将来可收有一笔款子汇沪。惟此地现已无形戒严，散传单及讲演，均许被捕。不过，我们现已预备好一部分人情愿被捕而去做散传单暨讲演工作，以鼓动民气"②。在 1924 年建立社会主义青年团的基础上，1926 年 1 月中共大连特别支部建立起来。辽宁人民声援五卅运动的反帝爱国斗争，不仅给帝国主义和封建军阀以很大打击，支援了上海工人、学生运动，同时扩大了革命影响，锻炼了革命青年，在工农民众中播下了革命火种，揭开了辽宁人民革命斗争的新篇章。

中共北满地委的成立。经过"五卅"斗争的洗礼，党的组织在东北地区各地逐渐地发展和壮大。1926 年 2 月，吴丽石在马家沟召开支部扩大会议，会议决定将中共哈尔滨特别支部改组为中共北满地方委员会（简称"北满地委"），吴丽石任书记，高洪光任组织委员，海涛任宣传委员。北满地委下设学生运动、职工运动、妇女运动、军事运动委员会。会议还决定成立共青团北满地方委员会，吴晓天任书记。中共北满地委领导机关设在哈尔滨，实际担负着领导长春以北哈尔滨及中东路沿线各地党的工作。1926 年 10 月，中共北满地委由中共北方区委领导改为直属中共中央，并由吴丽石为中共中央驻

---

① 中国共产党辽宁史：第一卷 ［M］. 沈阳：辽海出版社，2001：76.

② 中央档案馆、辽宁省档案馆、吉林省档案馆、黑龙江省档案馆编. 东北地区革命历史文件汇编（甲 1）［G］. 1991：67–68.

东北三省特派员。11 月，中共中央派黄埔学校学生胡步三到中共北满地委负责军事运动委员会的相关工作。在胡步三的主持下，北满地委开办了军事训练班。1927 年 4 月初，吴丽石到上海向党中央汇报工作，并准备参加党的第五次全国代表大会，由高洪光代理中共北满地委书记。同年蒋介石悍然发动"四一二"反革命政变，大批共产党员被捕杀害，中共北满地委遭到破坏，党员由 140 余人锐减至 30 余人。吴丽石在上海得悉情况立即返哈，改派胡步三去武汉参加中共五大，他随即召开地委扩大会议，着重分析了组织被破坏的原因，总结经验教训，决定重新恢复和整顿组织，会议还商讨了其他内容，决定开办干部训练班，加强党的保密工作等。中共北满地委成立后，党的工作迅速由哈尔滨向外地发展，影响不断扩大。

中共满洲省委的成立。随着斗争的深入和形势的发展，在东北建立一个统一的党的领导机关，已迫在眉睫也势在必行。第一次国内革命战争失败了，全国革命形势处于低潮。1927 年 8 月 7 日，中共中央在汉口召开紧急会议，确定了土地革命和武装反抗国民党反动派的总方针。会后，党中央为了加强东北地区党的工作，派陈为人到哈尔滨传达"八七"会议精神，并着手筹建中共满洲省委。因此，1927 年 10 月东北地区第一次党员代表大会在哈尔滨召开，来自哈尔滨、大连、奉天、长春、吉林等地的党员 14 人参加，满洲临时省委机关设在奉天城（今沈阳市），主要指导奉天、吉林、黑龙江三省的党务工作。会议制定并通过《我们在满洲的政纲》，成立了中共满洲临时省委（下简称"满洲临时省委"），选举陈为人为书记兼宣传部长，吴丽石任组织部长兼农运负责人，胡步三任军委书记。会议确定满州临时省委的主要任务是领导全满群众开展工人运动、农民运动、军事运动，反抗国民党统治，建立革命政权，同时要求各地迅速恢复党的组织，做好党的工作，壮大革命力量。会后不久，东北地区党的组织得到了基本的恢复和发展，也标志着东北人民革命斗争进入了一个新的阶段，这对于共产党领导东北人民深入有效开展反帝反封建斗争有了根本的保证。

在中共满洲省委的领导下，东北各地特别是哈尔滨、奉天等建立了群众性的"反帝大同盟会",反帝爱国斗争有了进一步发展。例如,奉天、大连、哈尔滨等地和南满路、北宁路工人多次举行大罢工,均取得很大的胜利。农村革命运动也如火如荼的推进,影响较大的有 1928 年保卫路权斗争和 1929 年的中东路工人的斗争。满洲省委发出《告同胞书》号召工农商学联合起来,力争路权,强烈反对本帝国主义要修筑满蒙五路的行为,在空前反日爱国浪潮下,日本侵略者吓得不暂时停止筑路活动.特别要指出的是,1929 年 6 月—1930 年 3 月,刘少奇同志出任满洲省委书记期间,由于他制定了正确的白区工作的策略方针,使东北地区的革命斗争形势发生了显著的变化,工农运动此起彼伏,蓬勃开展。1929 年 7 月,他亲自领导和指挥了中东路工人的斗争,组织群众揭露中东路事件的真相,谴责帝国主义和蒋介石的反苏,反共,镇压人民群众的阴谋和罪行,并通过斗争保护了工人阶级的切身利益,提高了广大群众的觉悟。1930 年 1 月 18 日,在《刘少奇给全总的信——关于中东铁路工人斗争情况》中记载:"这里的形势更是很快的发展,高潮的形势业已具备,东路即日有总罢工的实现。学生反帝游行有很大的可能,新的失联络的同志数人在工人群众中发生很大的作用,争斗的领导是在同学手中,而且是公开的进行一切群众的工作。……官厅对斗争是压迫的形势,但群众发动的——一天一天的多,政治经济的环境很好,有发动示威的可能,这是第二次大战前唯一好的机会给我们开展工作。①

综上,从五四运动以来特别是中国共产党成立后,一直到国民大革命结束,这个阶段是党在东北建立组织,发动群众开展革命斗争时期。主要任务是在集中城市、铁路、矿山等地方的青年学生和工人群众进行反帝爱国宣传,传播马列主义,建立和发展党团组织。客观的讲,该阶段党在东北各地的组织虽有一定的基础,但还没有形成统一的领导机关,在组织上也存在着党团不分的现象。直到满洲临时省委成立后,党在东北地区有了统一的领导机关,东北人民的革命斗争也随之进入了一个新的阶段。总体而言,这个时期的革

① 中央档案馆、辽宁省档案馆、吉林省档案馆、黑龙江省档案馆编.东北地区革命历史文件汇编(甲4)[G].1991;117.

命斗争，为东北抗日战争提供了组织保证和奠定了群众基础。

伴随形势的发展，1928 年 8 月 29 日，共产国际第六次代表大会通过了新修正的《共产国际章程》，其中第 2 条和第 37 条是处理移居他国的共产党人党籍问题的有关规定，即："加入共产国际的各政党定名为某某国共产党（共产国际支部）。每一国家只能有一个共产党加入共产国际并成为它的支部。""共产国际各支部的成员，须经所在支部的中央委员会批准，方能移居他国。共产党员移居他国后，应即加入该国的支部。"① 此即通称的"一国一党"原则。各国共产党都严格执行共产国际的这个规定。1925 年 4 月，朝鲜共产党作为共产国际的一个支部，得到共产国际承认，但是由于外部遭受日本殖民统治者的严重破坏，内部派系复杂争斗不断，到 1928 年已呈现瓦解状态。共产国际于 1928 年底决定重新组建朝鲜共产党，重建工作失败后，旅居中国各地的前朝鲜共产党人，加入中国共产党和中国的革命斗争中。1930 年 1 月 30 日，《朝鲜共产党满洲总局的报告——满洲朝鲜人的一般情形及对中共中央提议的见解》一文就指出："朝鲜人散居满洲各地的数目，无处寻得可靠的统计，有时在报上传出已达于二百万之谱，但据我们向各地询问的综合起来，统共不过为一百三十万上下之数。至于照这些朝鲜人移住之原因看来，则（1）少数是从前（在韩日合并以前）或为打猎，或在国内犯罪逃亡出来，或因国内发生大歉年（例如前已年距今六十余年前的朝鲜大慌灾），求生路而渡江未曾回国者等等，居住图们、鸭绿两江沿岸稍近朝鲜的地方，而作成该地土户农民外，其余的大多数则（2）均是从二十余年以来（在韩日合并当时及其后），被掠夺了土地的贫农，不服日本政治的政客及青年，为日本帝国主义驱逐，迫不得已而出境者。所以满洲的朝鲜人——尤其是已在朝鲜尝验过日本帝国主义横暴无所不至的贫农群众的排日感情，是非常坚固而且深大的"②。

---

① 中国共产党吉林历史：第一卷 ［M］. 长春：吉林人民出版社，2005：98.
② 中央档案馆，辽宁省档案馆，吉林省档案馆，黑龙江省档案馆. 东北地区革命历史文件汇集（甲 4）［G］. 内部资料，1991：379-380.

其实，从 1929 年 7 月开始，中共中央和满洲省委为接受朝鲜共产主义者加入中国共产党做了一系列组织准备工作。同年秋，中共中央派遣相关负责人到东北的磐石和吉林一带，在朝鲜共产主义者中进行调查研究。1930 年春，曾在黄埔军校学习过的朝鲜族兄弟二人也回到东北，按照上级要求在磐石县朝鲜族群众中开展相关宣传活动。他们最先为朝鲜共产主义者加入中国共产党组织做了大量的准备工作，先后吸收前朝共党人朴允瑞、李东一（李东光）、王平山（金昌根）等人先期加入中国共产党。1930 年 1 月 30 日，在讨论"在满洲的朝鲜共产主义者的运动"这个问题时，满洲省委就曾指出，"满洲朝鲜人运动，既是不能孤立的、排他的、可以做下去的特殊的运动，乃是全满洲运动之部份，而且是中国全体运动的一部份，这个事实，是最近满洲的情势（过去民族的对立，显着的转变阶级的对立化），更明显的、具体的证实他。自从中东铁路问题发生以来，我们更痛切的感觉着"①。今后我们应按照中央的提议，即召集满洲总局的扩大委员会讨论之结果，全体委员对于"认定满洲的朝鲜人运动，乃是全满洲运动之一部份，包括在中国全体运动之体系内。那么，究竟应当受中国组织的支配"的见解，一致可决。有一部份的见解是，在最短时期内，把从来的组织根本更换；其次讨论的是关于改造的方法及时期问题。在讨论这个问题的时候，最有力的见解，是暂时在中国组织之下，须要有为改组的特别组织②。最后提案是，"须在最短时期内，将我们的组织改组为中国组织指导下的组织。但现有的农民同盟、青年同盟等的表面团体，是暂时不必解散（第一步我们同中国农民及青年群众，要展开广大的共同斗争，同时广大的宣传。（1）满洲运动为中国运动的一部份；（2）中国劳农革命成功之前，不能得到土地问题的根本解决）。由满洲的现在情势看，朝鲜人在中国革命中部分的任务非常重大。因满洲处于特殊情势之

---

① 中央档案馆，辽宁省档案馆，吉林省档案馆，黑龙江省档案馆 . 东北地区革命历史文件汇集（甲 4）[G]. 内部资料，1991：395.

② 中央档案馆，辽宁省档案馆，吉林省档案馆，黑龙江省档案馆 . 东北地区革命历史文件汇集（甲 4）[G]. 内部资料，1991：396.

下，依照中国方面的提议，朝鲜同志须参加于中国组织的指导机关中，暂时除在中国工场、矿山、学校的同志，和懂得中国话并能作中国方面的工作的同志以外的下级组织，不必混合。由各方面的情势看，东满四县则仍归朝鲜党部直接指导，而与南北满运动须要有特别的联络。满洲运动的指导机关，虽必属于中国组织之支配，但由特殊的情势而看——满洲为中、韩、俄、日四民族杂居的关系上——指导机关应参加韩、俄日的同志来组织，以促进在各自民族中的阶级分化和联系各民族间的阶级团结的运动。这一段是我们满洲总局扩大委员会，决定建议中国中央的议案"①。

1930 年 1 月和 3 月，满洲省委先后在哈尔滨和吉林召集旅居东北的朝共各派代表举行联席会议，研究朝共各派在满洲组织的解散问题，以便开展接受前朝共党人加入中共的工作。3 月 20 日，拥有成员最多的朝共 ML 派，首先以朝鲜共产党满洲总局的名义，发表解体宣言。指出，在满洲的广大朝鲜劳苦群众只有在中国共产党的领导下，才能得到解放，解决土地问题。号召前朝共党人为彻底扬弃错误而斗争，接受中国共产党"严格的战斗的检阅和审查"②。接着，火曜派和汉城——上海派在满洲的组织也相继宣布解散。前朝共各派统一了认识，为加入中国共产党做了思想准备。1930 年 7 月 1 日，满洲省委、共青团满洲省委发表《致在满韩国共产主义者的公开信》（下简称《公开信》），具体阐明了朝鲜共产主义者加入中国共产党的原则、条件和办法。《公开信》指出：凡是赞成中国共产党党纲，执行党的决议，参加中国革命的实际斗争，"政治观念正确、工作积极、毫无宗派观念的一切积极勇敢革命的群众"，都可以加入中国共产党。其入党办法不是团体移交登记的办法，而是"不分派别的，一个一个的加入"。《公开信》号召朝鲜共产主义者"不单应具有参加革命的决心，而且应具有消灭一切非阶级的、非政治的、无原

---

① 中央档案馆，辽宁省档案馆，吉林省档案馆，黑龙江省档案馆. 东北地区革命历史文件汇集（甲4）[G]. 内部资料，1991：398.

② 中国共产党吉林历史：第一卷 [M]. 长春：吉林人民出版社，2005：99.

则的派别争斗的决心"①，在入党之前彻底消灭派争，肃清派别观念。此后，旅居东北的前朝共党人和其他朝鲜共产主义者积极要求参加中国共产党。

举例说明，延边地区的是朝鲜共产主义者最早的活动地区之一，朝鲜族占当地总人口的半数以上，1930 年 4 月，满洲省委派到东满的巡视员朴允瑞，与中共延边特支一起在延边地区发动了"红五月斗争"，使朝鲜共产主义者在斗争中经受了考验。同时，朴允瑞对延边地区要求加入中共的朝鲜共产主义者进行了初步的审查和整理。经过严格审查，东满工作组批准大批朝鲜共产主义者加入中国共产党，使东满党员数量增加到 323 人。根据东满党员队伍迅速发展壮大的实际情况，东满各地成立 50 个党支部、5 个区委。8 月 13 日，在和龙县平岗区召开东满地区第一次党员代表大会，成立了中共延（吉）和（龙）中心县委，延和中心县委隶属中共满洲省委领导。中共延和中心县委成立后，遂成为领导延边地区人民开展革命斗争的领导核心。在延和中心县委的领导下，各地工作得到迅速发展。

至 1930 年 8 月，满洲省委吸收朝鲜共产主义者加入中共的工作基本结束。东北地区各地的朝鲜共产主义者纷纷加入入中国共产党，党的力量空前壮大。特别是广大朝鲜族党员多是农民出身，从而使东北地区党员和组织多集中于城市、工矿的状况有了改观，在东北农村有了一定基础，农村基层党组织成为带领农民群众进行反帝反封建斗争的战斗堡垒。

东北党组织的革命活动与反日活动。在满洲临时省委成立的第一次党员代表大会上通过的《满洲工人运动决议案》《满洲农民运动决议案》等纲领性文件，提出党在东北领导工农运动的纲领，并主张"农运、工运同时并进"②。

在大连，1927 年底大连装卸工人发动了抗暴斗争；1928 年初，大连油篓工人发动了罢工斗争。在奉天，在满洲临时省委的领导下 1928 年初，先后爆

---

① 中国共产党吉林历史：第一卷［M］. 长春：吉林人民出版社，2005：100.
② 中央档案馆，辽宁省档案馆，吉林省档案馆，黑龙江省档案馆. 东北地区革命历史文件汇集（甲 1）［G］. 内部资料，1988：215.

发迫击炮厂工人反抗压迫的怠工斗争，印刷厂工人增薪斗争，东北大学工厂青年工人罢工斗争等。满洲临时省委还相继派员到抚顺、本溪湖、鞍山、营口等地开展工作，他们深入煤矿、工厂，广泛接触工人群众，积极发动和领导工人向反动当局开展针锋相对的斗争。1929 年下半年到 1930 年春，东北地区人民群众的革命斗争，在满洲省委"扩大的发动群众工作"指引下，进入新的时期，其中尤以哈尔滨各行各业的工人斗争，由于受中东路工人斗争的直接影响以及刘少奇两次亲临哈尔滨的直接指导，较其他地区发展更为猛烈。

满洲临时省委在开展工人运动的同时，还十分重视对农民运动的领导。满洲临时省委针对东北农村和农民的现状，不受"左"倾盲动错误思想所左右，在《满洲农民运动决议案》中提出"目前农运的主要工作，应是从发动农民日常争斗开始"，从理论上提出了符合实际的，从日常经济、政治斗争开始逐步发动与组织农民斗争的思想。满洲临时省委在中东线的牡丹江流域、辽沈地区、关东州各县、柳河一带及热河、蒙古接近区域划出 5 个农运区域，相继派出党的干部，动员知识分子、失业工人到农村中去开辟工作。在中国共产党的领导下，各地陆续建立了农户组织，很多农村地下党的力量，也有了雄厚的基础。

综上，中国共产党党组织在东北的建立、发展以及开展的反帝爱国运动，为东北抗日武装的建立和发展壮大，奠定了极为重要的组织基础和群众基础。

2.2.3 日本占领中国东北，实行殖民统治

日本帝国主义要变中国为其殖民地，这是明治维新后的国策。1904 年 2 月，爆发了争夺中国东北的日俄战争，俄国战败。在中国完全不知情的情况下，日、俄两国于 1905 年 9 月 5 日签订了《朴茨茅斯和约》，使中国东北的南部地区成为日本的独占势力范围，日本在满蒙取得了很多特权。奉系军阀张作霖东北时期，日本在东北掠得了更多的权益，它们设置了不同的殖民机构，对东北进行政治控制、军事侵略和经济剥削与文化渗透。1927 年 4 月 17 日，日本政友会总裁、退役陆军大将田中义一出任日本首相兼外相。田中义

一一上台，便加紧了对中国侵略的步伐。1927 年 6 月 27 日至 7 月 7 日，他亲自主持"东方会议"，制定日本侵华特别是侵略东北的新政策，形成一个"帝国对满蒙之积极根本政策"① 的文件向日本天皇上奏。这个秘密奏折进一步提出了欲先独占东北、内蒙，进而侵占全中国的大陆政策，即后来通常所称的"田中奏折"。"田中奏折"确定的内容赤裸裸地暴露了日本帝国主义灭亡满蒙、征服亚洲、称霸世界的狂妄野心。此后，日本帝国主义所走的罪恶道路完全是按照"田中奏折"拟定的侵略步骤发展的。

（1）日本发动"九一八"事变，占领中国东北

1929 年爆发的世界性经济危机，给日本以沉重打击，导致日本国内阶级矛盾激化。同时，张学良采取的抵制日本势力的措施和东北工农大众的反日斗争，也使日本加快了发动侵略中国东北的战争步伐。

日本不断制造舆论，煽动战争狂潮，加紧军事部署，秘密进行突然发动战争的准备。1931 年 6 月，日本陆军省定了《解决满洲问题方策大纲》，决定对中国东北"采取军事行动"，并由参谋本部和关东军提出作战计划。9 月 18 日，日本关东军在沈阳北郊柳条湖附近距离北大营 800 米处炸毁了南满铁路一段路轨，诬系中国军队所破坏。实施爆炸后，河北末守用电话向守备队第二队队部报告，关东军高级参谋、大佐板垣征四郎得到报告后，立即以关东军代理司令官、先遣参谋的名义发布了攻击北大营和沈阳城的命令。这就是震惊中外的"九一八"事变。事变后，蒋介石一再电令东北军"绝对不抵抗"，"缴械任其缴械，入占营房听其侵人。"因此，日军顺利地占领了营房，城内的中国军警，也被日军缴械。到 19 日晨，沈阳城全被日军占领。接着，日军分兵侵占了安东、营围、凤凰城、牛庄等地。日军在侵占沈阳的同时，也攻占了长春。至 9 月底，日军侵占了除辽西地区之外的辽宁、吉林两省。10 月起，日军开始进犯黑龙江省，遭到黑龙江省军民的顽强阻击。临危受担任代理省主席兼东北军驻黑龙江总指挥的马古山，不顾蒋介石不抵抗的命令，

---

① 鹿岛和平研究所编 . 日本外交史：第 18 卷，《满洲事变》，鹿岛研究所出版会，1973：63-64.

率部奋起抗战。在重创日军之后，至 11 月 19 日晨，率军政人员退出省垣齐齐哈尔。日本侵略者后又集中兵力在辽西的北（平）宁（沈阳）路沿线发动进攻，1932 年 1 月 3 日，占领锦州，控制了北宁路关外段。1932 年 1 月末，日军迅速调兵北上，2 月 5 日，多门二郎所率日军第二师团占领哈尔滨。就这样，日军仅用 4 个月零 18 天，便占领了整个东北三省。

（2）日本实行野蛮的殖民统治

傀儡政权的建立。日本以武力占领东三省后，随即依其预定计划，着手在东三省建立傀儡政府，使之脱离中国统治，达到吞并之目的。"九一八"事变后，日本关东军司令部迅速设立了"自治指挥部"，笼络了一批汉奸，组织"维持会"，供其利用。日本军部对占领中国东北后如何统治东北，早有预谋。1931 年 10 月 21 日，关东军在本庄繁指示下，又制定了《满蒙共和国统治大纲草案》，提出在东北成立由日本帝国主义控制的"新国家"，并提出了有关"新国家"组织结构的具体设想，日本帝国主义在东北炮制傀儡政权，进行殖民统治的轮廓已基本形成。1932 年 1 月 6 日，关东军派板垣回国向政府汇报。1 月 13 日，板垣征四郎带着这个《纲要》回到东北。

吉林省，伪政权建立较早，它是由关东军策动汉奸熙洽组织的。熙洽作为参谋长代理军政大权，乘机打着奉命不抵抗的幌子，公然开门揖盗，于1931 年 9 月 23 日把日本侵略军多门第二师团部队迎进吉林省城。翌日，熙洽在日本侵略者的授意下，召开会议，宣称将原有军政两署撤销，合并成立一个吉林长官公署，与南京国民政府脱离关系。熙洽任伪吉林省长官，日本人大迫通贞任长官公署军事顾问，滨田有一、三桥政明任伪长官公署顾问，花田孙平任伪民政厅顾问，宇山兵土任伪财政厅顾问，饭泽重一任伪实业厅顾问，桥口勇九郎任伪教育厅顾问，日本关东军通过这些顾问控制着吉林省军政实权。

辽宁省，1931 年 9 月 24 日，在关东军的操纵下，"奉天地方维持委员会"宣告成立，袁金铠任委员长，于冲汉、阚朝玺任副委员长，丁鉴修、赵欣伯、金梁等 9 人任委员。26 日，"奉天地方维持委员会"改名为"辽宁省地方维持委员会"，暂时代行伪省政府的职能。11 月 10 日，"辽宁省地方维持委员会"迁入原辽宁省政府院内，举行代行政权典礼。11 月 20 日，辽宁省改名为奉天省。一个月后，伪"辽宁省地方维持委员会"被解散，伪奉天省政府宣告成立。伪奉天省政府成立后，立即接收了伪"维持会"的财政厅和实业厅，任命赵鹏第为财政厅长，冯涵清为实业厅长，阮振铎为省政府秘书长。同时关东军派出一批日本顾问，到不同的部门任职，掌握辽宁省政治、经济、交通、司法等大权。

黑龙江省，伪政权建立较晚。1931 年 11 月，黑龙江省代主席马占山掀起了著名的江桥抗战，揭开了东北抗日斗争的序幕。日本侵略者强取不得又施伎俩，加紧拉拢引诱汉奸为其效力。早在"九·一八"事变后的第二天，关东军参谋板垣征四郎便召见张景惠抛出诱饵，拨给他三千支步枪，他便在哈尔滨成立起"特区治安维持会"①，组织伪警察武装，准备策应日军侵占哈尔滨及黑龙江。江桥抗战后，关东军司令官特派板垣与哈尔滨日本特务机关长土肥原秘密策划诱降马占山，张景惠积极参与这一活动。1931 年 12 月 7 日，板垣强行会见了马占山，但诱降活动没能得逞。接着板垣一面指使张景惠和已投日的韩云阶、赵仲仁继续出面劝说，一面又怂恿张景惠于 1932 年 1 月 3 日公开发布黑龙江省"独立宣言"②，解散地方维持会，组织伪省政府，宣布就任黑龙江省省长。伪黑龙江省政府也和伪吉林省政府、伪辽宁省政府一样，是个傀儡政权，它的实权完全操纵在首席顾问村田怼磨等日本人手中。

东北三省伪政权成立后，日本关东军开始积极拼凑伪满洲国政权。1931 年 11 月，溥仪被日本帝国主义从天津挟持到东北。1932 年 1 月初，关东军侵占锦州之后，开始了炮制伪满洲国的切实步骤。2 月 18 日，发表所谓"独立宣言"。2 月 23 日，板垣亲自到旅顺会见溥仪，说明决定成立新国家的情况。

---

① ［日］信夫清三郎编．日本外交史（下册）［M］．天津：天津社会科学院日本所译，商务印书局，1992：567.

② ［日］信夫清三郎编．日本外交史（下册）［M］．天津：天津社会科学院日本所译，商务印书局，1992：573.

在关东军的逼迫下，溥仪同意暂任"执政"，并由"东北行政委员会"公布了一个《新国家组织大纲》。"新国家"定名为"满洲国"，首都设在长春，改称"新京"，推溥仪为"执政"，3月1日，宣布"满洲国"正式成立。3月9日，溥仪在长春粉墨登场，出任"满洲国执政"，年号"大同"。9月15日，日本正式宣布承认"满洲国"。这里有个细节，伪满洲国出笼后，日本政府迫于世界人民正义舆论的强烈谴责和中国人民及南京国民政府的强烈反对，未敢立即公开承认伪满洲国，一直拖了半年时间，才于9月6日的内阁会议上作出承认伪满洲国的决定。1934年3月，日本又把伪满洲国改称满洲帝国，溥仪也由"执政"改称"皇帝"，年号"康德"。汉奸头目郑孝胥、张景惠、熙恰等被任命为伪国务总理和各部大臣，但在各部大臣下面又任命日本人担任次长，实际控制各方面的大权。在伪满洲国政府中，还设有一个由日本人任长官的总务厅，总揽伪政府的一切大权。

日本在东北的侵略机构有关东军、关东厅、领事馆和南满洲铁道株式会社4个机构，当时称之为"四头政治"。"四头政治"的统一，加强了日本军部在日本统治中国东北中的地位和作用，确立了关东军主宰伪满傀儡政权的实权。因此，日本侵略者就是通过它一手炮制的汉奸傀儡政权，对东北地区实行极端残暴的军事占领和殖民统治，主要表现在以下三个方面：

其一，军事统治。根据1932年9月16日签订的《日满协定书》规定，日本侵略军可以无限地"驻扎于满洲国内"。就这样，日本侵略者在"日满共同防卫"的名义下，不断增派军队，广大的东北同胞被杀害。除此之外，他们还在东北普遍实行保甲制和征兵制，尤为惨无人道的是日本为进行细菌战在东北建立细菌试验场。伪满警察是帮助日本侵略者维持殖民统治的重要工具，在东北沦陷期间，干了许多残害东北人民的罪恶勾当。他们不仅经常以各种罪名迫害反日爱国党派人员和进步志士，还经常联合日伪军对"讨伐"与"围剿"抗日武装的。在日伪推行"集家政策"，设置"集团部落"时，伪警察更全部出动，掠夺民众和烧毁民房，给东北人民带来了无尽的痛苦。此外，宪兵队是日伪军警宪特镇压东北人民的主力和急先锋。同时，为了加强特务活动，日伪还于1937年"七七"事变之后，在伪满洲国成立了特务机构——伪保安局，用以充当日本特务机关的辅助力量，配合日本特务进行间谍活动。伪协和会的建立与活动，使得日伪的殖民统治更是变本加厉，伪协和会自成立时起，在进行欺骗宣传、搜集情报、政治诱降、奴化群众、毒害青少年等方面的作用更为突出。可以说它起到了其他殖民机构难以起到的反动作用，是地地道道的为日本侵略者在中国东北的殖民统治而竭力效劳的法西斯组织。

其二，经济掠夺。除野蛮的军事统治外，日本侵略者还在"日满经济一元化"的口号下，不择手段对东北人民进行敲诈勒索。首先是操纵了整个东北的金融。"九一八"事变后，日本帝国主义把原有的"东三省官银号"、"边业银行""永衡官银号"、"黑龙江省官银号"等四大金融机关合并，组成伪满的"中央银行"，发行纸币，统治金融领域。然后以"开发实业"为幌子，对东北进行大量的投资，掠夺资源。在商业贸易方面，日本商品垄断了整个的东北市场。在1932年到1937年中，日本商品输入增加了三倍半以上，同时东北输向日本的原料，特别是军需工业原料，1937年比1932年增加了36.4%。至于东北的对外贸易，则完全掌握在日本的手里。日本帝国主义对东北的土地掠夺更是对付殖民地的最野蛮的掠夺方式。1932年到1936年，日本对东北进行过5次武装移民，强占农民土地18万垧（一垧等于十亩），并设立"满洲拓植会社"来负责处理移民和强占土地的活动。日本侵略者还采用特殊方式控制农产市场，利用政治势力，实行贸易统制政策，从棉花、烟草、大豆到米麦粮食，强迫农民以低价卖给日本资本家的垄断织——满洲棉花公司、满洲烟草公司等，实行野查的掠夺。

其三，文化渗透。日本帝国主义在东北推行奴化教育和鸦片毒化政策。所有中国教育机关或令停闭或由日本监视改组，规定学校里不准读中国历史、地理，而一律学习日文，提倡读经复古，向学生灌输"同文同种""共存共荣""王道乐土""一德一心"等思想，以麻醉中国青年，削弱中国人民的民族意识。日本的毒化政策政策，尤为残酷。它诱骗东北人民广种鸦片，吸食鸦片，妄图从思想上和肉体上推行灭亡中国的政策。日本帝国主义在伪建国大学先后进行 3 次大逮捕，总计逮捕 33 人。在日本人苦心经营大讲"民族协和"的最高学府里，被逮捕人数竟如此之多，无疑是个莫大的讽刺。从伪满成立到 1935 年末，由于日伪对吉林等东北爱国的中小学教师实行大逮捕、大屠杀，因而教师人数陡然减少，仅中学教师就减少 60%，即从 1932 年的 3100人，降到 1300 人，东北教育事业遭到了极大的破坏和摧残①。资料记载：1936 年冬，日本宪兵队把省立第六师范（设在通化县城，即今通化市第二中学的前身）前任校长马骥北从辽阳老家抓回来之后，又把现任校长冬儒也抓了起来。不久，女中校长修禄、原教育股长马清川（文字泉）和农中校长杨培伍都接连被抓。每次审讯大都灌凉水、辣椒水，严刑逼供②。

同时，为了强化所谓"日满一体"的"亲善关系"，加强殖民统治，日本侵略者强制东北人民供奉日本天照大神和日伪亡灵，为此颁布了《对于建国神庙及其摄庙不敬罪处罚法》，该法规定"对于建国神庙有不敬之行为者，处 1 年以上有期徒刑"，"对建国神庙之摄庙有不敬之行为者，处 7 年以下之徒刑"。该法还特别规定了无论何人，对于在帝国领域外犯不敬之罪者，亦适用本法的处罚规定。③ 另外，为更加有效地发挥"建国神庙"维护殖民统治、毒化东北人民思想的反动作用，日伪于 1942 年 7 月 15 日规定伪新京东南的净月潭为供奉"建国元神"的"永久圣地"，建造"建国神庙"，后来由于各种原因，该神庙未建成。但不论怎样，"建国神庙"的筹备及日本侵略者强迫中国东北人民祭拜天照大神，均是他们进一步奴化东北人民思想不择手段的行径。

由此可见，日伪统治者竭力鼓吹的所谓"王道主义"的奴化教育方针，

---

① 赵瑞军，赵聆实，刘辉主编：《东北抗日联军》[M]．长春：吉林人民出版社，2015：39.

② 赵瑞军，赵聆实，刘辉主编：《东北抗日联军》[M]．长春：吉林人民出版社，2015：39.

③ 赵瑞军，赵聆实，刘辉主编：《东北抗日联军》[M]．长春：吉林人民出版社，2015：43.

是企图利用中国固有的封建思想来麻痹东北人民，混灭民族意识，从而接受日本帝国主义的殖民统治，这就是所谓"王道主义"教育方针的实质所在，是一条典型的殖民主义教育方针。

（3）日伪当局镇压东北抗日斗争的毒辣手段

日本侵略者一手炮制的伪满洲国，是在东北人民的抗日运动此伏彼起的浪潮中出笼的。为了推行殖民统治，实行白色恐怖，巩固其殖民统治秩序。日本在伪满初期制定了"以讨伐为主"的"治安第一主义"镇压方针，并相继发布了一系列旨在残酷镇压东北人民、维护殖民统治的反动法令。

日本侵略者为了消灭反抗力量，在东北各城镇开展所谓有偿"检举"工作，发动日伪军对各反抗力量及团体进行搜查与破坏，大肆捕杀抗日爱国人士。中国共产党在各地的许多地下组织及各种反日的群众团体遭受了极大地摧残与破坏，东北到处出现白色恐怖的景象。所有这些都是对日本侵略者所喧嚣的"王道乐土""五族协和"等论调的极其有力的揭露。日本在侵占东北之后，为什么把"民族协和"、"王道乐土"等口号，喊得这么响亮呢？首先，它利用"民族协和"这个口号，大搞民族离间和民族对立，破坏民族团结，妄图以分而治之的办法，维护它的殖民统治。其次，他们利用"王道乐土"这个口号，所谓"王道"，是儒家主张以仁义治天下的思想。日本侵略者打出这个招牌是硬要把他们对东北的殖民统治，粉饰为"以仁义治天下"而施的"仁政"。同时，日本侵略者还对中国传统的封建礼教进行了别有用心的修正，"赋于它法西斯主义和殖民主义的内容，使中国的儒家思想和日本的'惟神之道'溶为一体，成为服务于殖民统治的陪衬"。①

日伪军以武力残酷地"讨伐"东北各路抗日武装，实行野蛮的杀光、烧光、抢光的"三光政策"，制造了无数起骇人听闻的惨案。如，1932 年抚顺的平顶山惨案；1935 年伪奉天省锦西下五家子惨案；1936 年伪吉林省通化县白家堡子惨案等。日本侵略者制造的惨案不仅仅是上述几例，而是遍及东北

---

① 王希亮. 日本对中国东北的政治统治［M］. 哈尔滨：黑龙江人民出版社，1991：148.

的各地。无论是共产党和其他抗日团体、组织，还是一般民众，无论是男女老少或工农商学，只要他们对日伪的统治表示了不满或反抗，都会被残酷镇压。而且日伪军采取的手段也是极其野蛮、凶残的。除枪杀、刺杀外，还有活埋！这些都是日本在东北沦陷时期所一贯推行的屠杀政策的写照，其目的是妄图以此来压服中国人民，使东北成为它永久性的巩固的殖民地和继续侵略扩张的基地。这些血腥屠杀给东北人民带来了深重的灾难。

伪满政权建立之后，日伪军采取军事"讨伐"和清乡"肃正"的手段。对威胁其存在的遍于东北各地的抗日武装力量，进行大规模的"围剿"和"大讨伐"。这些"讨伐"大体可分为四个阶段。第一阶段：1932年3月至1933年5月，这个时期对抗日武装进行"讨伐"的主力是关东军。采取的策略是划分区域，以东北义勇军各部为主要目标，集中兵力，进行"大规模的战术性讨伐"。① 第二阶段：1933年6月至1934年3月，由于第一阶段日伪军大规模的"讨伐"，至1933年5月，东北大多数义勇军队伍已溃散，主力部队转移至热河或关内。但在东北的余部还有十五六万人，以游击战术与日伪军周旋。对此，日本关东军采取了"分散部署的体制"，即将关东军各师团、独立守备队、混成旅团等分散布置于抗日游击区内的重点城镇。指挥权由日军负责，分散东北各地继续"讨伐"各路武装抗日力量。同时，于1933年6月4日，从伪中央到各伪省、县，设置了"治安维持会"，其各级领导全由日本人担任。制定"讨伐"计划，企图用半年时间，平定各地的抗日武装力量。第三阶段：1934年4月至1936年3月，随着时局的变化，关东军逐渐将维持治安的"主体转到满洲国方面来，而日军则处于指导和支援的地位"。② 此阶段日军的主要"讨伐"目标为中共领导下的东北人民革命第一军至第六军。第四阶段：从1936年4月以后，关东军为了彻底消灭各抗日武装力量，于1936年3月制定了《满洲国治安肃正大纲》；并于当年4月制定了《三年治安肃正计划纲要》，妄图在3年之内消灭一切抗日力量。根据上述纲

---

① 吉林省公安厅公安史研究室等编译. 满洲国警察史 [M]. 1980：170.
② 吉林省公安厅公安史研究室编译. 满洲国警察史 [M]. 1980：174.

要，日伪把一部分地区作为重点，进行"肃正镇压"，采取所谓"治标"（即武力"讨伐"）工作和"治本"工作（与军事"讨伐"相配合的各项工作，如收缴散在民间的枪械，进行政治诱降与思想瓦解的宣抚工作）相结合的办法，企图进行军警行政于一体的"治安肃正"工作。

自东北沦为日本侵略者独占的殖民地之后，虽然日本侵略者竭尽全力对东北各反抗力量进行了极为残酷的镇压和"讨伐"，但东北人民不屈不挠、英勇斗争的事实，迫使日伪当局逐渐意识到，仅靠军事镇压是不足以维持稳固统治的。军事镇压只不过是一种"治标"手段，要彻底扼杀东北的反抗力量，必须实行"治本"的策略。经过谋划，日本侵略者的"治本工作"出炉，其中强行并屯、建造"集团部落"，是"治本"决策中的重要的内容之一，实质上是日本侵略者对东北人民实行殖民统治的一座座法西斯集中营而已。日本侵略者就是这样，在东北以集家并屯的政策对付人民的反抗，主要是防止共产党的力量深入群众。他们把无数村庄拆掉毁灭，将中国民众500余万被强制迁入，这个数量占东北总人口的14%以上，可以说使东北的抗日武装力量受到极大损失。这样的"集团部落"被老百姓称为"人圈"。

日本侵略者除了推行"集团部落"政策外，还有一项重要的内容，就是推行保甲制度。保甲制度特别是十户连坐法，规定"一人犯法，十人连坐，用以压制东北人民的反日运动。日本侵略者把中国历史上封建统治阶级为维护封建专制统治而制定的保甲制度，注入法西斯统治的内容，并把两者结合起来，使其成为维持法西斯统治、残酷镇压东北人民的制度。再就是，关于"撤销法制外权"。日本统治集团，一方面，大肆炫耀撤销"治外法权"，是为了把伪满洲国整顿为"近代法制国家体制"①，用以进行招幡撞骗；另一方面，抛出《撤销治外法权要纲》与《关于在满洲国撤硝治外法权及南满铁道附属地行政权的调整乃至移让之件》两个文件，作为"指导"这场"撤销治外法权"骗局的"纲领"。在上述两个文件中，日本统治当局强调了撤销治外

---

① ［日］满铁总裁室编. 满铁附属地经营沿革全史（上卷）[M]. 1939: 1319-1320.

法权应秉持的原则。换句话说，日本侵略者在东北实施的特权按照他们的意愿行使，其殖民统治的政策也参照执行。随后，在这种单方面原则"指导"下，开始了所谓撤销治外法权的工作，而且愈演愈烈。

总之，日本帝国主义建立伪满洲国，通过政治控制、军事侵略、经济掠夺和文化渗透等方式和手段，实行殖民统治，压制东北人民的反抗，尤其是对东北抗联实行极为残酷的"讨伐"，使东北抗联的抗日斗争处于十分恶劣的境地。

综上所述，东北作为我国最早传播马克思主义的地区之一，马克思主义在东北的早期传播，伴随东北党组织的建立与发展，东北工人的政治觉悟大大提高。东北抗联艰苦卓绝的抗争是东北抗联文化植根的历史背景，东北地域文化中浓重的乡土气息是东北抗联文化发展的社会环境，主客体的相互融合形成了别具特色东北抗联文化。

第 3 章

东北抗联文化的孕育形成

承载东北抗联文化的东北人民和东北抗日联军（以下简称"东北抗联"或"抗联"）是在中国共产党号召和领导下，在吉林省、黑龙江省、辽宁省抗击日本帝国主义侵略，反对伪满洲国统治，独立坚持 14 年的人民武装。这支抗日武装的成立和斗争不是一帆风顺的，而是在长期复杂的斗争中经历了艰难曲折的历程，大体可以概括为如下五个阶段：

3.1　东北抗日义勇军揭竿而起

毛泽东同志在《论联合政府》一文中指出："中国人民的抗日战争，是在曲折的道路上发展起来的。这个战争，还是在 1931 年就开始了。1931 年 9 月 18 日，日本侵略者占领沈阳，几个月内，就把东三省占领了。国民党政府采取了不抵抗政策。但是东三省的人民，东三省的一部分爱国军队，在中国共产党领导或协助之下，违反国民党政府的意志，组织了东三省的抗日义勇军和抗日联军，从事英勇的游击战争。这个英勇的游击战争，曾经发展到很大的规模，中间经过许多困难挫折，始终没有被敌人消灭。"

3.1.1 东北抗日义勇军举旗抗日

东北抗日义勇军，是"九一八"事变以后由一部分东北军爱国官兵、山林队为基础，自发组织起来的一支抗日武装力量，他的活动遍布东北全境，于 1932 年形成高潮，到 1933 年初随着时局的变化发展，这支武装力量逐步失利和走向瓦解。

黑龙江省的抗日义勇军，开始于马占山率部的江桥抗战。"九一八"事变前后，在黑龙江省约有三万的东北军，马占山为黑龙江省代主席，兼东北边防军驻黑龙江省司令官，与军事副指挥兼参谋长谢珂，共同维持该省局面。江桥抗战从 1931 年 11 月 4 日开始到 19 日结束，历时 16 天，分为两个阶段。第一阶段，日军主力约四千人，在飞机、大炮掩护下向江桥守军发起攻击，守桥部队奋勇还击，与敌展开白刃格斗，日军攻势受挫。江桥守军虽然连续三次反击获胜，但也付出了相当大的代价。从 7 日开始，江桥抗战进入第二阶段，即三间房阻击战①。三间房守军虽只有四千余人兵力，仍击退了日军十余次攻击。18 日，日军在飞机、坦克掩护下再次发动进攻，并对三间房一带形成包围态势，为保存力量，当日晚马占山下令守军各部队沿齐（齐齐哈尔）昂（昂昂溪）铁路向齐齐哈尔撤退，日军一部已抵省城齐齐哈尔南端并继续向前逼近，19 日晚，日军五千余人进占齐齐哈尔。黑龙江省守军沿齐齐哈尔铁路北撤至克山、拜泉线集结。

江桥抗战是东北军爱国官兵违反蒋介石和南京政府不抵抗政策，奋起抗击日本侵略者的英雄壮举，虽然以失败告终，但它激发了全国民众的抗日热情，得到全国人民的声援，赢得了国际进步舆论的赞扬，更获得了东北人民的支持。尽管江桥抗战不能改变蒋介石和国民党南京政府的不抵抗政策，却推动了东北各地抗日义勇军的兴起，揭开了东北军民有组织地奋起抗击日本帝国主义武装入侵的序幕。

---

① 三间房是洮（南）昂（昂溪）铁路线上的一个车站，北距齐齐哈尔三十五公里。

吉林省的抗日义勇军，主要包括两股力量，即吉林自卫军和吉林救国军。

第一，吉林自卫军的抗日斗争。1931 年 9 月 21 日，日军占领吉林后利用傀儡政权控制了吉林全省。同年 10 月 5 日，原吉林省政府主席兼东北边防军副司令张作相，致电吉林省副司令长官公署卫队团长冯占海，任命他为吉林省警备司令，全权负责吉林省的抗日斗争。10 月下旬，冯占海率领部队渡过松花江，向舒兰、五常方面开进。冯占海率部在五常与马锡麟部伪军作战，经过七天的围攻，占领了舒兰县城。此后，冯占海将兵力集中部署于五常、阿城一线，以保卫哈尔滨和宾县吉林省政府，沿途受到各界人民的拥护和支援。1932 年 1 月下旬，日军开始向哈尔滨进犯，李杜和冯长海率部浴血奋战，哈尔滨第一次保卫战胜利。1 月 30 日，李杜和冯占海召开抗日将领军事会议，决定由各部队联合组成吉林自卫军和抗日联合军。省委曾在一份向中央的报告里指出："从今年 1 月底日本帝国主义进攻哈尔滨时，丁超、邢占清、冯占海等部下的士兵积极与日本帝国主义作战，且获得了许多胜利，二十六旅的士兵英勇地向日军进攻……"对自卫军的斗争做出了客观评价。

日伪军第一次进攻哈尔滨失败后，关东军本部迅速调来南线日军增援哈尔滨，吉林自卫军各部在哈尔滨外围与日伪军展开激战。2 月 4 日拂晓，日军先后突破顾乡屯、南岗防线，5 日晨，日军从哈尔滨总站突入道里，晚上自卫军全线撤退，哈尔滨沦陷。自卫军各部相继撤至方正、延寿一带，广泛吸收当地的民众，凝聚起民众的抗日力量，继续向日本侵略军展开游击作战。吉林自卫军的创建及早期抗日战斗的表现，一方面打击了日本侵略者，另一方面也鼓动了人民群众抗战的斗志。

第二，吉林救国军的抗日斗争。1932 年 2 月初，以原吉林步兵第 27 旅第 676 团第三营为基础，广泛吸收各阶层的爱国人士，组建了吉林救国军，王德林为总指挥，孔宪荣为副总指挥。同年，2 月 13 日吉林救国军下达动员令，计划进攻敦化，派出一批人员到吉敦路附近破坏桥梁、断敌通讯。敦化城外沙河沿驻有伪军一个团，其中一部分下级军官与士兵对救国军抗日有同情感，所以在 5 日晨 6 时救国军主力攻击南门之际，伪军一直保持中立态度，对攻城部队极为有利，7时许南、东、北三门相继被占领，击毙日军大尉以下50余人，其余日军从西门溃退。但是，1月17日，由长春增援的独立守备大队赶到后，日军重夺敦化。救国军撤出敦化以后，在宁安南湖头集中整顿，此后即在宁安、绥棱、穆棱一带开展游击战争。1932年3月18日佛晓，一大批日伪军行至镜泊湖南湖头墙缝一带，被日军逼迫带路的猎人陈文起不顾自己生命安全，把敌人领进救国军的阵地，救国军突然猛攻，一个营的伪军投降，日本大尉小川松本等120余人被击毙。同时救国军也受了极大创伤，陈文起壮烈牺牲。3月19日晚，敌宿营于小嘉吉河上沟，救国军得此情报后，即在镜泊湖西岸再设伏兵，并派兵诱敌深入，将日军包围在一个狭长地带。双方激烈厮杀。日军上田支队132人被击毙。①

辽宁省的抗日义勇军主要包括辽西、辽北、辽南和东边道（今丹东岫岩一带）义勇军。

辽西一带的反日义勇军主要由以下几部分组成：东北国民救国军，它是由绿林首领高鹏振在黑山组成；东北抗日义勇军第三纵队，由东北军少校张海涛组成；东北民众抗日救国会，由耿继周、郑桂林等人组成；辽西抗日救国义勇军，由已退伍的下级军官王显隧等组成。到1931年底，在辽西一带已有抗日义勇军队伍十几支。1931年12月17日，日本内阁通过了荒木增兵东北的提案，21日，向锦州进攻。辽西各地义勇军在营沟、北宁线上坚持与日军积极抵抗，但因中国驻军缺乏坚守锦州之决心，加之武器装备的落后，在日军的进攻之下开始向关内撤退。辽西大好河山即将陷入敌手，抗日义勇军将士于31日在沟帮子发出通电，谴责国民党政府不抵抗政策，表明抗日义勇军誓与敌人血战到底的气概。电文略称："日本倭寇压迫已亟，竟分三路向西猛进，寇迹所至，杀掠奸淫，我义勇军为自卫计，乃与当地驻军，协力抵抗，惟日军陆空并进，炮火尤烈，致我军前仆后继，死亡枕藉。然我义勇军决不以此而退却，而屈服，不过弹药将尽，来源已绝，大敌当前，势难徒手生擒。

---

① 东北抗日联军史料编写组. 东北抗日联军史料（下）[M]. 北京：中共党史出版社，1987：380-381.

辽西之半壁山河，势将沦陷，国事之危，燃眉不足以喻其急矣！而党国之公，于此民族危亡千钧一发之时，仍从事高位之分配，权利之攘夺。且更有丧心病狂之党国败类，以此空前国难，为其获取政之唯一利器，使三千万纯良民众，陷于水深火热之中，数万里大好版图，断送于狭狄铁蹄之下。痛心惨目，莫此为甚。东北者，全国人之东北也，非仅东北三千万民众之东北也。吾东北三千万民众，相信吾国四万万同胞，共同要求，只有和平统一，对于国难，完全一致，并无南北畛域之念，对我为国杀贼，为民族生而奋斗之义勇军，当能表热烈之同情。"①

辽北、辽南和东边道义勇军：1931年10月初，原东北军军官高文斌发动和组织了辽北骑兵第一、二路义勇军，编为九个支队，后经东北民众救国会改编为第五军团。1931年11月底，辽宁公安骑兵总队在沈阳盘山镇压了汉奸凌印清，并将这次杀敌反正有功的首领项青山、张海天、盖中华分别委任为东北抗日义勇军第一、第二、第三路司令长官。不久，原东北军军官李纯华与上述三路司令相互切磋，宣传共同抗日的道理，统一组建辽南救国军。

1932年4月，在东边道以唐聚五为首的辽宁民众自卫军成立，使辽东地区的抗日斗争规模扩大。辽宁民众自卫军的成立标志着辽宁的抗日斗争进入了高潮。同年，《盛京时报》载文惊呼："安奉线警匪频传，凤凰城被袭焚，通讯断绝，形势严重。"② 日本《协和》杂志在1932年1月20日发表《安奉路线遭难记》文章，惊呼："安奉线上的事情使我们胆战心寒"，凤城站日人站长遭到义勇军攻击之后，哀叹"万事休矣，现在只有待毙别无他路"，事后还心有余悸地说："从那以后，大约一周左右根本不能入睡。"当时指挥日本守备队作战的西河小队长也承认，那次战斗虽然不是大仗，也却是一次艰巨的战争。③ 夜袭凤城是"九一八"事变以来，辽东地区军民共同反日的一次努力，此次战役鼓动了士气，振奋了人心，燃起了抗日斗争的烈火。

---

① 陈觉. 国难痛史 [M]. 东北问题研究会，1931：1-2.

② 《盛京时报》，1931年12月27日。

③ 《安奉路线遭难记》，载《协和》杂志，1932年1月。

3.1.2 东北抗日义勇军的发展与失败

黑龙江省：江桥保卫战撤退后，马占山、谢珂等一面整顿部队，一面以省政府的名义，令各地区广泛组织地方武装，同时注意收编各地自发组织起来的武装部队，不断壮大黑龙江省的抗日武装力量。1932年4月，马占山召集军事会议，并邀请吉林自卫军代表参加，共同研究两省抗日义勇军的联合作战问题，做出相应的战略部署。但因马占山一度降日，尽管重举抗日旗帜，响应者已不及江桥保卫战之时。

1932年9月25日，原黑龙江省防军步兵第二旅旅长苏炳文在海拉尔召集军官会议，酝酿举兵抗日大计，最终决定组成东北民众救国军，亲任总司令，张展九任副总司令，谢珂任参谋长。10月中旬，驻拜泉的马占山旧部朴炳珊，经苏炳文联络后，就任东北民众救国军东路总指挥，后兼救国军副总司令。东北民众救国军成立之初，朴炳珊率部连克泰安、克山等县城，并切断克山至齐齐哈尔铁路运输线，给日军以沉重打击。随后，东北民众救国军组织部队强渡嫩江，但因日军有备，导致东北民众救国军较大人员伤亡。11月中旬，正当黑龙江省各路义勇军计划联合夺取齐齐哈尔时，日军从南满、吉东地区抽调大批精锐部队向义勇军各部发动攻击，义勇军李海青部在昂昂溪附近被强敌包围，损失近五百人。日军随即犯富拉尔基，东北民众救国军苏炳文、张展九等率部迎击，激战三昼夜后，救国军被迫退至朱家坎一带。11月底，日军又以飞机轰炸苏炳文在海拉尔的兵营，同时向扎兰电、七棵树、朱家坎等地进犯。苏炳文部仅剩二千余人，无法挽回败局，遂于当年12月初进入苏联境内。与此同时，朴炳珊部在泰安也遭强敌围捕，至此黑龙江各地义勇军联合围攻齐齐哈尔计划遂告失败。部分抗日义勇军从扎兰屯出发，经索伦山进入热河省估源一带活动，后会同其余黑龙江抗日义勇军部，于1932年底到达开鲁，也转至估源一带活动，后被北平军收编，坚持游击战至1933年底。

吉林省：1932年2月，吉林自卫军撤出哈尔滨后，冯占海率部退至松花江下游一带休整，李杜集中部队于依兰一带进行整顿，并在下江一带与日军形成对峙局面。为争取时间调集兵力，日军派汉奸熙恰等赴乌吉密与自卫军进行停战议和。3月中旬，日军第二师团和伪军李文炳等部向自卫军进犯。在敌人的突然袭击下，邢占清等部损失严重，冯占海指挥方正城内义勇军正面迎击和袭击敌侧后，虽毙敌千余人，但自身也付出沉重代价，且弹药消耗殆尽，所以4月初放弃方正县城，推至依兰一带休息调整。日军利用松花江水运将重兵运送至自卫军后方，随即先后攻陷依兰、汤原、佳木斯、富锦等沿江各地。由于自卫军总司令部与各部联系中断，各路队伍只好各自为战。同年5月下旬，冯占海在宾县整顿队伍，改为吉林救国军部队，迅速发展壮大到三万余人，利用日军主力在松花江沿线的驻守，吉林救国军攻克吉林、直逼长春，给日伪统治带来极大威胁。

1932年5月，中共满洲省委派周保中到吉林救国军中开展工作，在周保中的指挥和建议下，先后取得了攻克敦化、额穆县城等战斗的胜利。东北各地义勇军抗战的胜利极大推动了人民群众的抗日斗争，促进了各地抗日武装的建立和发展。从1932年起，在延寿、宾县、吉林、榆树、扶余等地先后组织了名目不同的义勇军，少则几百人，多则数千人，互相策应，互相联络，不同程度地给日伪军以沉重打击。

辽宁省：为加强统一领导，东北民众抗日救国会常委会决定，将辽宁各地义勇军队伍划分为五个军区，任命彭小秋、王化一等分别为第一至第五军区总指挥。1932年7月至8月间，辽宁各地抗日义勇军队伍约为十五万人。

在与日军的斗争中，辽宁各地的抗日义勇军也积累了丰富的对敌经验。1932年初，日军占领锦州后，企图进犯山海关，但是被辽西义勇军队伍所牵制，日军曾多次出兵讨伐，但均以失败而告终。同时，活动在营口、海城一带的项青山等亦多次打破日军的封锁和"讨伐"，逐步向北发展。据当时的"满铁""匪情统计"，仅7月中下旬的20天内，"满铁"沿线被义勇军袭击、破坏事件就达1063起。[①] 平均每天50余起，使敌人的铁路运输几乎陷于瘫

---

① 《盛京时报》，1932年8月23日。

痪。1932 年 5 月到 8 月，唐聚五、王凤阁等部率领东北抗日义勇军攻占新宾，攻克柳河，捣毁日领事馆，进逼山城镇，威胁伪东边道保安司令部，迫使敌人从沈阳等地调兵增援。1932 年 8 月下旬，由冯基平等组建并领导的辽宁抗日义勇军第二十四路军从三个方向攻击沈阳，并在大南门沈阳北大营以及兵工厂等地与日伪军激战。虽然在军事上未取得重大战果，但在政治上打击了日伪统治者的嚣张气焰，扩大了抗日义勇军的影响。

日军软硬兼施，1932 年 10 月伪凤城县府派出友田俊章等六人，到东北民众自卫军驻地劝降，被邓铁梅下令处决，日军恼羞成怒，自 1932 年 10 月至 1933 年秋，日军进行了五次较大范围的"讨伐"，但均未能消灭邓铁梅部。邓铁梅部义勇军因为连年战斗，部队人员大量减少，武器弹药缺乏，处境十分艰难，无法开展大规模的军事活动，所以通过分散活动与日伪军周旋于深山密林之中。1934 年 5 月，邓铁梅身患重病，在养病期间，被敌人抓捕，押送沈阳，同年 9 月，邓铁梅在沈阳陆军监狱惨遭日军杀害。自 1932 年底起，辽宁各地抗日义勇军逐渐瓦解，形势朝不利的方向发展，至此，辽宁抗日义勇军的大部队活动宣告结束，但在有些地区也有一些零星的游击抗日活动。

据不完全统计，总数在 30 万以上的东北抗日义勇军，在对日作战中牺牲 5 万人，负伤 8 万人；退入苏联境内约 6-7 万人；自动溃散者 7 万余人。① 这支风起云涌、可歌可泣的东北抗日义勇军，尽管它的成分极其复杂，几乎包括了当时社会的各个阶层，虽然经过两年多的斗争后，大部分失利瓦解，但是仍然具有重要的历史作用和意义。第一，东北义勇军的兴起，代表了中华民族救亡图存意识的新觉醒；第二，东北义勇军的武装反日斗争，打响了反对日本帝国主义侵略的第一枪，歼灭了日军的有生力量，打击了其嚣张气焰；第三，东北义勇军的反日武装斗争，为中国共产党制定和提出建立武装抗日统一战线提供了依据；第四，东北义勇军在东北抗日游击战争中锻炼了一批军事领导人才，积累了丰富的斗争经验，为日后人民解放战争的进行积累了

---

① 此数据系参照 30 年代形成的各种资料综合而成。

宝贵财富。

东北抗日义勇军最后溃散了，原因是多方面的：一是由于东北义勇军得不到政府的支持，孤军奋战，无粮无饷，甚至使用大刀、长矛等冷兵器，这与装备精良的日军相比差距过大，这样的基本条件使义勇军受挫失利是不可避免的。二是由于东北义勇军没有统一作战的领导指挥系统，组织上涣散。东北抗日义勇军在创建过程中的领导系统在黑吉辽三省各不相同，仅辽宁省的抗日义勇军就有两个系统，再加上日伪军的封锁隔绝，也使得东北抗日义勇军无法形成一个统一强大的领导和指挥系统，不能使黑吉辽的抗日武装义勇军连成一体，形成一派。甚至一省之内的抗日队伍，抗日义勇军也不能很好地配合，互相联系，互相支援，加之义勇军大部分组织队伍都源于民间，或者是一些爱国将士的义愤，也缺少严密的组织纪律，更缺乏共同的奋斗纲领，特别是在关键时刻很难协调统一。在日本强大的进攻面前，不能为全局的需要而做出局部的牺牲，尽管中共满洲省委和东北地方党组织曾派出一些党员干部到抗日义勇军中开展工作，但力量较小，也无力解决其内部成分和思想复杂等问题。

鉴于以上各种原因，东北抗日义勇军不到两年就陷于瓦解，东北人民群众的抗日斗争高潮随之转入低潮。但是东北人民自发英勇抗击日本侵略者，在强敌入侵面前不畏艰险，在中国人民反帝反侵略的历史潮流中，在东北抗联 14 年斗争的历史上，都留下了浓墨重彩的一笔。

3.2　反日游击队奋起抗日

3.2.1　中共提出创建反日游击队的方针

"九一八"事变后，日本帝国主义以精锐的装备和兵力对中国领土的野蛮侵占，激起了中华民族一切爱国力量的同仇敌忾。中国共产党在事变之初，虽然没有明确地提出以自己的武装来反击日本侵略者，但已经认识到除动员一切爱国民众起来反对敌人的野蛮侵略外，还必须用武力与日本侵略军进行战斗，这样才能将日本帝国主义赶出中国。为此，中共满洲省委于 1931 年 9 月 23 日在《对士兵工作的紧急决议》中提出："党应加紧领导与号召士兵群众，发动他们不让日本帝国主义军队缴械"，动员他们"叛变到农村去，帮助与发动农民的斗争，并深入土地革命，进行游击战争"。① 不久，中共中央也就开展士兵工作并进行武装游击战争发出指示，指出："目前满洲有三个很好的条件利于游击战争的发动，一是广大的士兵群众在生活上、政治上都陷于无出路的境地，在那里等待党去领导与组织他们。二是满洲的局面是混乱与恐慌。不但中日统治阶级无法统治，相并而来的工人、贫民、士兵在城市的骚动与抢米的斗争。三是灾民骚动的蜂起与以前东满、北满、南满游击战争的基础。"指示信要求党组织"要不迟疑地、大胆地，有计划地"加紧组织武装。同时提出"在组织游击战争的时候，要特别注意到游击队本身在政治上、军事上、阶级成分上的巩固，更要计划到领导游击队干部的分配、训练。在发动游击战争的时候，要找出群众斗争比较活跃、统治阶级力量比较薄弱的地方。游击队要作群众武装斗争的前锋，群众要作游击队的基础。游击队与群众斗争配合起来，这样才能开展游击区域与加强扩大游击队。"②

第一，中共满洲省委关于创建抗日武装的方针及组织工作。根据中共中央的指示精神，中共满洲省委于 1931 年 11 月召开会议，确定创建反日游击队的方针和措施，作出了加强党对创建游击队工作的领导、举办训练班培养游击队骨干、夺取敌人武装、创办刊物指导游击队工作、派巡视员具体指导各地创建游击队的工作等一系列决定。中共中央和满洲省委在"九一八"事变后不久，提出了在东北开展抗日武装斗争的问题，这在当时党中央的指导

---

① 中央档案馆、辽宁省档案馆、吉林省档案馆、黑龙江省档案馆编. 东北地区革命历史文件汇编（甲 9）［G］. 1991：72.
② 中央档案馆编. 中共中央文件选集：第七册［G］. 中共中央党校出版社，1991：431.

思想还十分"左"倾、以进行苏维埃土地革命为中心工作的情况下，是非常必要的。这说明在党内，一些负责同志在日本侵略者强占东北、民族危亡的关键时刻，能够认识到抗日救国是中国共产党义不容辞的责任。特别是新任满洲省委书记的罗登贤，他上任伊始，即根据东北已被日本占领的事实，排除困难，实事求是地提出了把反抗日本帝国主义的侵略、积极开展抗日民族战争、创建党领导的反日武装作为党的中心工作。

创建党领导的抗日武装工作在艰难中起步。因为东北是中国共产党力量较为薄弱的地区。虽然 1923 年这里已经有了党的组织，但是由于长期处于奉系军阀的严酷统治之下，党的活动经常遭到破坏，加之东北地处边远，开发较晚，人烟稀少，群众没有经受过第一次大革命的锻炼和洗礼，阶级和政治意识比较淡漠，所以，党组织一直是在极为困难的情况下，缓慢发展着。到1932 年 1 月，中共满洲省委所属党员只有 2132 人，其组织主要分布在沈阳、哈尔滨、大连等中心城市和中东铁路、南满铁路沿线的一些城镇；在农村，除东满地区、磐石、珠河、汤原、宁安、饶河等地外，绝大部分地区尚未建立党的组织。但是党员干部的缺乏，并没有影响省委进行抗日武装创建工作，他们克服重重困难，把许多重要和优秀的干部派往义勇军和农村，宣传党的反日主张，为建立自己领导的队伍而努力工作。如周保中、李延禄被派到吉东地区的义勇军王德麟部；满洲省委军委书记杨林、杨靖宇被派到南满地区工作；大连市委书记童长荣被派到东满地区；满洲省委军委书记赵尚志被派到北满地区的巴彦工作；曾任满洲省委秘书长的冯仲云被派往汤原。他们到达各地后，紧紧依靠当地党组织，深入群众中调查了解情况，然后针对实际，着手组织反日武装。到 1932 年秋，在南满、东满、北满、吉东 4 个地区相继建立了磐石、海龙、延吉、珲春、汪清、和龙、安图、巴彦、珠河、汤原、宁安、饶河、密山等十余支中国共产党直接领导的抗日游击队。

第二，北方会议"左"倾错误对东北的影响及纠正。1932 年 6 月，五省委代表联席会议在上海召开。主要讨论的问题是：反对右倾，推行四中全会的"左"倾机会主义路线，要求北方各省的党组织武装起来进行土地革命，积极创建苏维埃政权。何成湘作为满洲省委组织部部长出席了此次会议并在会上做了重要发言，指明了满洲地区与其他省份的不同之处：（1）满洲与关内隔绝，已成为日本独占的殖民地。（2）东北的工业基本被日本帝国主义所控制。（3）日本即将在东北成立傀儡政权——伪满洲国。（4）中共在东北的组织还很薄弱，群众基础也不广泛。（5）东北群众的政治和文化水平都很低，加之日本人在满洲的统治时间长，殖民统治体系健全且严苛，要求党在东北地区的方针政策可能要区别于其他地方。何成湘的建议是符合东北地区当时的实际情况的。但北方会议根本无视东北地区的特殊处境，指责其是"满洲特殊论""北方落后论"，会议通过了三个文件。

因北方会议的精神严重脱离了东北广大民众一致要求抗日的要求，以罗登贤为书记的满洲省委积极采取了正确的对敌斗争政策和策略，但其做法却遭到"左"倾临时中央的无情打击，随即罗登贤便被撤销了满洲省委书记职务。1932 年 7 月，新一届满洲省委在哈尔滨召开省委扩大会议，在这次会议上，以李实为书记的省委完全接受了"北方会议"精神。这些过"左"的政策，使在基层从事具体工作并深知广大民众心声的党员干部极为反感，产生了强烈的抵触情绪。李实曾回忆说，无论是省委还是市（区）委，找一个支部同志谈话都很困难。召开支部会议更是困难重重，因为基层党员不敢接近省委同志，使省委的工作很难开展。

在东北地区实施的上述一系列"左"倾政策给党的工作带来了很大影响和困难，使得刚刚开展起来的反日工作也受挫了：一是在城市和工人运动中，暴露了我党的力量，使敌人变本加厉地进行镇压和破坏。二是在农村中进行的抗租以及没收地主土地等政策，使一些原本具有民族意识的地主乡绅开始恐慌起来，直至与共产党发生对立；党在农村中的基础极其薄弱，不具备建立苏维埃政权的基本条件，这样党的"星星之火"也很快被敌人扑灭，有的则自己垮掉了。三是将已经建立起来的抗日游击队统一改为工农红军，并迫使其建立红色苏区的任务。如把巴彦游击队改为"工农红军三十六军江北独立师"，并搞"左"倾政策，结果原先对游击队大力支持和援助的地主不仅不给游击队粮食和武器，反过来还对游击队进行攻击。磐石游击队改为中国工农红军三十二军磐石游击队、汤原游击队改为红军三十三军汤原游击队后，情况也大体如此。另外为了贯彻省委"要求把游击队的人数以最快的速度成倍地增加"的指示，对成分较为复杂的山林队生拉硬拽地收编到游击队，结果有些山林队的首领不接受我们的一套做法，而被我们处决，他们为了保护自己，或是脱离游击队，或是杀掉我们派去的党代表，缴游击队的枪，均对共产党产生不满，我党领导的抗日游击队自己把自己孤立起来。四是对各种名目的反日义勇军以较"左"的态度对待他们，认为他们是旧军阀和地主阶级手里的工具，要求共产党员把向他们宣传反帝纲领与土地革命、反帝战争与土地革命结合起来。结果使义勇军对我党疏远起来，导致东北地区的抗日斗争受到严重损失。总之，"北方会议""左"倾冒险主义的方针政策，给东北地区刚刚兴起的抗日斗争形势带来了诸多不良影响，给东北中共地方党组织还十分薄弱的组织系统造成了损失。这种不顾东北已沦为日本殖民地、中日矛盾已成为东北地区主要矛盾的事实的做法，必然要使党在这一地区的工作遭受挫折。

根据共产国际斗争策略的转变，1933年1月26日，中共驻共产国际代表团以中共中央的名义给满洲省委发出了《中央给满洲各级党部及全体党员的信》（简称"一二六"指示信），明确提出了在东北地区建立反日统一战线、建立人民革命军、建立农民会和反日救国会等指示。1933年5月，中共满洲省委召开省委扩大会议，决定接受中央的"一二六"指示信精神。并通过了《关于执行反帝统一战线与争取无产阶级领导权的决议》。此后，我党在东北地区领导的抗日斗争出现了新的局面。

3.2.2　反日游击队的建立与发展

中国共产党领导创建的东北反日游击队，活动在南满、东满、吉东和北满等广大地区，是以武装反对日本帝国主义侵略为斗争宗旨、具有明确革命目标的人民抗日武装。游击队在创始阶段人数一般较少，武器装备也都很差，力量较为薄弱，缺乏武装斗争经验。但由于其骨干队员多数是党、团员，政治觉悟高，组织纪律性强，并能团结其他抗日武装和广大群众并肩战斗，在军事斗争上机智勇敢、坚韧不拔，具有旺盛的战斗力，因而各反日游击队在不断打击日本侵略者斗争中逐渐发展壮大。

南满地区："九一八"事变后，中共满洲省委派军委书记杨林帮助磐石中心县委组织群众的抗日斗争。在中共磐石中心县委的协调组织下，广泛建立了反日会等抗日群众组织，并于1932年2月9日至5月7日，举行了三次较大规模的群众性反日斗争。

斗争初期，磐石县委首先组织起一支武装赤卫队，由共产党员李红光任队长，队员有31余人，至1932年6月初，在此基础上正式组成满洲工农义勇军第四军第一纵队（即磐石工农义勇军），李红光任队长，杨君吾任政委，全队增到40余人。同年秋，磐石工农义勇军协同另一支起义部队攻克磐石县城，但是由于磐石县委贯彻北方会议精神，在刚刚建立的游击区内实行普遍没收地主土地，强迫收缴地主和山林队枪支等"左"倾政策，使磐石工农义勇军接连受挫，一度被迫撤离到玻璃河套地区。1933年1月，随着斗争形势的变化，中共满洲省委派军委代理书记杨靖宇到南满一带指导，帮助磐石工农义勇军整顿改编，改名为中国工农红军第三十二军南满游击队。翌年春，中共满洲省委任命杨靖宇为南满游击队政委，从1934年1月到5月南满游击队作战30余次，先后取得了大坑砖庙子、玻璃河套、萝卜地等战斗的胜利，歼敌近千人，游击队也扩大到200余人。据资料记载，1933年3月底，日本守备队气势汹汹的南满游击队袭来。杨靖宇和李红光指挥部的游击队员奋起反击，激战数小时后，日伪死伤20余名，而游击队则无人员伤亡。这次战斗的完全胜利使游击队员精神更加振奋，"当地广大群众也非常高兴，更清楚地知道：只有共产党领导的工农红军游击队，才是真正彻底反日民族革命的武装，并且也只有红军游击队才有这样的战斗力"[1]。在战斗的同时，南满游击

---

① 中央档案馆、辽宁省档案馆、吉林省档案馆、黑龙江省档案馆编. 东北地区革命历史文件汇编（甲44）[G]. 1991：22.

队也非常注意改善与东北抗日义勇军的关系，协同作战，开展如火如荼的抗日游击斗争。

在胜利形势的推动下，驻烟筒山伪军第十四团迫击炮连，在共产党员曹国安、宋铁岩的策划下宣布起义，并率 50 余人携带武器加入南满游击队序列，编为迫击炮大队。至此，南满游击队已成为南满地区抗日武装的骨干，以磐石玻璃河套、红石矿子为中心的游击区已扩大到邻近的四五个县境。1932 年 8 月，海（龙）柳（河）工农义勇军在中共海龙中心县委的领导下，由十几名中共党员为骨干组成。由于人员少，活动较困难，一度加入了民众自卫军。同年底，民众自卫军在日伪军的进攻下濒于瓦解，只好在原海柳工农义勇军的基础上整顿改编，改名为中国工农红军第 37 军海龙游击队，由王仁斋任队长，刘山春任政委，活动在海龙、清原、山城镇一带。

东满地区：即现在的延边地区，自古以来就是朝鲜族民众聚集的地区，也是抗日武装斗争开展较早的地区之一。在日本侵略者对东满地区实施一次"大讨伐"后，中共东满特委在给中央的一份报告里曾这样写道："日本军队来到东满就首先收缴地主与警察的武装，焚烧赤色区域附近地主的粮仓（因为武装与粮食是当时群众斗争的主要要求），开始大规模地屠杀韩国与中国的农民，焚烧农村。秋收斗争以来，日本帝国主义的'讨伐队'以满洲国'和国民党军阀与中韩地主走狗做先锋，更是大规模空前的大屠杀'"，"仅仅延吉湾湾沟一个地方，就屠杀了一百五十多人。日本帝国主义毁灭了无数的农村，湾湾沟二十几里长及其附近一条沟十余里长，汪清永昌间以及其他各县的许多大小农村的一个房屋也不剩，他甚至把农民在房屋被烧毁临时盖的土幕（类似马架子）也烧毁'。"① 在中共东满特委和朝鲜共产主义者的统一领导下，先后发动了 1931 年的秋收斗争和 1932 年的春荒斗争，通过这两次斗争，东满地区各县普遍建立了赤卫队和农民协会等群众组织。

东满的反日游击队，怀着对日伪统治者的无比仇恨，积极投入到反"讨

---

① 中共延边州委党史研究室. 东满地区革命历史文件汇编（上）[G]. 2000：196.

伐"的斗争中。中共东满特委书记童长荣对所属各县委组建党领导下的游击队的工作抓得很紧。1933年2月，中共满洲省委发出明确指示，要求把开展反日游击斗争，建立抗日游击队作为东满地区党的主要任务。随即，中共东满特委召开党团联席会议，号召党团组织，开展创建反日游击队的竞赛，到1932年秋，东北地区各县相继建立了十几支反日游击队。

1932年春，延吉游击队成立，负责人为林承奎、崔贤、朴春、朱镇等，游击队员40余人，先后在太阳帽、依兰沟、春兴街等地袭击日伪军，缴获一部武器弹药。同年9月，延吉游击队扩编成延吉游击大队，任胜奎为队长，朴吉任政委，全队人员扩大至130余人，有步枪51支，手枪15支。另一支游击队——珲春游击队也正式建立，负责人为姜锡焕、申朗东、孔宪深等人，初期共有队员130余人，分岭南、岭北两个队活动。同年底，两个队合并成立珲春游击总队，孔宪深任总队长，白玉平任政委，下辖两个大队。珲春游击大队总队成立后，曾联合救国军孔宪荣部攻占珲春县城，缴了日伪军的枪械，并先后化装奇袭河南伪自卫团和驻罗子沟的伪军，缴枪50余支。1932年11月，和龙游击队成立，负责人是张承汉、车龙德，全队共30余人，先后多次夺取反动地主武紫的枪支装备自己，并取得了土城堡、大村等地战斗的胜利。到1933年春，和龙游击队发展到80余人，并扩编为和龙游击大队，张承汉任队长，车龙德任政委。东满地区较有影响力的革命队伍还有汪清游击队和安图游击队，两队共有队员80余人。1932年冬，两支队伍合并成为汪清游击大队，由梁成龙任队长，全队扩至91余人。1933年春，日伪军向汪清游击大队根据地马家大屯进攻，汪清队联合当地的救国军进行了奋勇地反击，经过近三天的激烈战斗，毙敌200余人，缴枪200余只。

东满各县游击队建成后，都很重视选择有群众基础的山区，建立游击根据地。如延吉游击队的依兰区、珲春游击队的荒区、和龙游击队的渔郎村，汪清游击队的嘎呀河和大、小汪清等多块游击根据地。游击根据地的建立，获得了人民群众的支援，到1933年5月以后，东满全区游击队已发展到约500人，成为东满地区打击日伪军的一支有生力量。

吉东地区：1932年4月，中共满洲省委派军委书记周保中到吉东地区指导创建抗日武装的工作。经过中共宁安县委的积极工作，同年9月，李荆璞率所部从救国军中分化出来，成立平南洋总队。1933年5月，平南洋总队改编为党领导下的宁安工农义务队，李荆璞任队长。

随着抗日斗争形势的变化，吉东地区的各抗日游击队先后组建。1933年1月，吉林救国军领导人王德林等部越境进入苏联境内，部队溃散后，李延禄以救国军余部补充第一团和第二团为基础，不断编成东北抗日救国游击军，亲自担任司令，孟泾猜任政委，张建东任参谋长。随后，东北抗日救国游击军北上密山，开辟新的游击革命区。1932年10月，崔石泉、金文亨等6名共产党员在饶河组成特务队，创建了抗日游击队。1933年4月，饶河工农反日游击队正式成立，由崔海泉任队长，金文亭任政治部主任，初期全队只有40余人，随后很快发展到100余人。1933年秋，中共密山县开始组建抗日游击队，翌年正式成立，全队共30余人，协同抗日救国游击军共同在密山地区开展抗日游击斗争。

北满地区：1932年初，清华大学学生张甲洲、张文藻等回到家乡巴彦县，5月组成了巴彦游击队，并命名为东北义勇军江北独立师，全师约200余人。为加强对这支队伍的领导，中共满洲省委派军委书记赵尚志等到该师工作，张甲洲任师长，赵尚志任师参谋长。同年7月，部队发展到700余人，多次取得战斗胜利。8月攻克巴彦县城后，部队遭受一些损失。11月，按中共满洲省委指示对部队进行整顿后，义勇军江北独立师改编为中国工农红军第三十六军江北独立师，师长张甲洲，政治部主任赵尚志。改编后，部队远征庆城、铁力、安达等地，虽取得一些胜利，但因扩大了打击面，部队内部也产生分裂现象，处境比较困难。1933年初部队在铁力地区战斗中溃散，赵尚志被错误处理。

1933年初，中共珠河（今尚志）中心县委积极筹划建立游击队。与此同时，赵尚志到宾县义勇军孙朝阳部当马夫。在一次危难之中，赵尚志提出建议，化险为夷，并使战斗获得胜利，被孙朝阳任命为参谋长。同年秋，在好细的挑拨下，孙朝阳准备杀害赵尚志，赵尚志得知消息后，于9月间，与李启东等七人携带步枪十一支、轻机枪一挺离队，并最终找到珠河中心县委。10月，在县委领导下于珠河三股流成立珠河反日游击队，赵尚志被推举为队长，建队时仅有队员13人。珠河反日游击队成立后，立即开展游击活动，扫清了三股流周围的伪政权，缴获伪警察署和反动地主枪支装备了自己，并粉碎了日伪军的两次进攻。到翌年初，队伍扩大到70余人，建立了党的支部，由李福林任政委。

1932年，中共满洲省委派省委秘书长冯仲云赴汤原指导游击队的创建工作。中共汤原中心县委经过积极宣传和认真培训骨干，于同年10月上旬建立了汤原游击队，但很快被强敌缴械。尔后几经挫折，在1933年底重建了汤原游击队，戴洪滨任队长，张兴德任政治部主任。重建的汤原游击队，打击并清除了太平川附近的伪军警武装，在太平川建立起游击根据地，使游击队有了立足和休整的地方。

总之，在满洲省委贯彻"一二六"指示信以后，不仅各反日游击队积极与附近的抗日队伍建立联系、相互配合，扩大了抗日民族统一战线，而且使各游击队和游击区也得到了迅速的发展。从1932年初到1933年底，中国共产党领导下的东北反日游击武装主要活动在南满、东满、吉东、北满等广大地区，经过艰苦战斗，给予日本帝国主义以沉重的打击。中国共产党领导下的东北反日游击武装的英勇斗争是继东北抗日义勇军之后，成为东北抗日斗争的主要力量，已经汇合成为一支不可抗拒的洪流，开辟了东北抗日斗争新的历史局面。从此，中国共产党成为领导东北人民抗战的中流砥柱。

3.3　东北人民革命军英勇抗日

1933年7月至1935年底，在东北各反日游击队迅速发展的基础上，东北人民革命军应运而生。

3.3.1 东北人民革命军的组建

东北人民革命军第一军：1933年9月18日，中共磐石中心县委在磐石县西玻璃河套召开了会议，南满游击队正式编成东北人民革命军第一军第一独立师，杨靖宇任师长兼政治委员，下设两个团、一个政治保安连和一个少年连，会上发布了《东北人民革命军第一军第一独立师成立宣言》。1934年11月7日，在东北人民革命军第一军第一独立师和第二独立师的基础上，东北人民革命军第一军正式成立，杨靖宇任军长兼政治委员，政治部主任宋铁岩，第一师师长李红光，第二师师长曹国安。杨靖宇率教导团活动在临江、金川地区，第一师主要活动于临江，第二师活动于濛江、抚松等地。

东北人民革命军第二军：1933年秋，中共中央"一二六"指示信与满洲省委关于贯彻"一二六"指示信的决议传达到东满地区。在东满特委书记童长荣和政委王德泰等的领导下，吉东南抗日根据地建立，并成立了苏维埃政府。在根据地内成立赤卫队和少先队等组织，将苏维埃政府改为人民政府，并主动争取联合赞成抗日的山林队等协同作战。仅1933年就与敌"讨伐"队进行大小数百次的战斗，粉碎敌人的连续"围剿"，队伍扩大到千余人。1934年3月，东满游击队改编成东北人民革命军第二军独立师，师长朱镇，政治委员王德泰，将原四个中队改编为四个团。为了进一步加强对第二军独立师部队的领导，根据中共满洲省委指示，中共东满特委和独立师于1935年5月30日发表《东北人民革命军第二军军部正式成立宣言》，宣布东北人民革命军第二军正式成立，军长王德泰，政治委员魏拯民，政治部主任李学忠，下辖四个团，另设机关枪连、教导队和游击大队。游击大队大队长钱永林，政委金山浩，全军总兵力1200余人。宣言指出：东北人民革命军第二军是"中高工农及爱国志士的武装力量"，"是东满一切反日部队的中心部队"。第二军政治部还发表了《告民众书》和《告各反日部队书》。

东北人民革命军第三军：1934年10月20日，中共满洲省委发出了关于粉碎敌人的冬季"讨伐"指示，珠河中心县委和哈东支队着手建立东北人民革命军第三军。哈东支队经过整顿后，将部队分成三部分，赵尚志直接指挥哈东支队第七、第十一大队直趋大青川，将日本稻田公司供日军食用的2000石稻谷焚毁。随后，刘海涛率第七大队留在当地活动，赵尚志率领第十一大队又返回西部，到珠河铁道北宋家店、黑龙宫烧毁伪军营房，打击了敌人的军事据点。然后又去延寿、方正活动。赵尚志领导的哈东支队，自成立之日起就英勇善战，常常出奇制胜。日军对哈东支队英勇善战感到十分惊奇，认为此次战斗"必有名将指挥"。哈东支队在三股流又与伪军接连展开战斗，击毙击伤伪军连长以下19名。

冯仲云被中共满洲省委派到达珠河指导工作，并同部队一起参加了冬季反"讨伐"战争。哈东支队此时一方面派人去五常县冲河、向阳山一带，调查了解建立新的游击根据地和抗日人民政府的可能性，另一方面即按省委要求积极地筹备建立东北人民革命军第三军。得知该支队要扩编为东北人民革命军时，哈市反日会员连夜绣制了锦旗，由交通员送到了游击队。1935年1月28日，在纪念上海抗战三周年的当天，东北反日游击队哈东支队在珠河县正式宣布改编为东北人民革命军第三军，军长赵尚志，政治部主任冯仲云，下辖六个团。

东北抗日同盟军第四军：李延禄领导的抗日救国游击军的主要活动区域集中在宁安一带。日寇曾派重兵对游击队进行疯狂"讨伐"，但都被英勇的游击队战士所粉碎。1934年秋，抗日救国游击军到达密山，与密山反日游击队会合。为了解决战士的冬装严重缺少问题，经过游击队员共同研究决定攻打密山。仅仅经过短短三个小时的激战，该城被攻克，抗日救国游击军缴获大量枪支弹药等军需物资，不仅解决了全军的冬季服装，而且取得了对敌斗争的一次重大胜利。同年8月，满洲省委派吴赤峰来巡视工作，传达了省委的指示，听取了各方意见，决定将游击队改编为人民革命军。1935年9月，将抗日救国游击军和密山反日游击队合并为东北抗日同盟军第四军，军长李延禄，政治部主任何忠国，下辖三个团和一个独立营。

东北反日联合军第五军：1934 年，宁安游击队主要活动于石门子和庙岭一带，在周保中、李荆璞、付显明等领导下，一年时间内与敌进行过大小数十次的战斗，先后袭击了伪警察署，毙敌几百人，缴获了大批枪支弹药。在付显明领导下的另一支游击队，于 1934 年春，得知田春所部百余人去宁安，旋即机动灵活应战，攻打了团山子日本守备队，打死日军 20 余名，同年秋，围攻了在黄旗屯驻扎的民愤极大的伪自卫团，使 80 多人全部被消灭，以致敌再不敢在黄旗屯驻防。在斗争中不断发展壮大的宁安游击队，于 1935 年 2 月改编为东北人民革命军第五军（当时也称东北反日联合军第五军），军长周保中，副军长柴世荣，政治部主任胡仁，下辖两个师，三个独立营，一师师长李荆璞，二师师长付显明。

3.3.2 东北人民革命军的抗日斗争

东北人民革命军第一军成立，南满游击战争广泛开展。东北人民革命军第一军成立后，根据中共南满第一次代表大会精神，划分了游击区域，以机动灵活的游击战术打击敌人。第一师依托龙岗山脉，主要活动区域集中在通化、临江、柳河和兴京等地；第二师依托濛江，主要活动区域集中在磐石、海龙、东丰、永吉等地。1935 年 8 月之后，敌人开始秋季"讨伐"，一面加紧瓦解各路抗日义勇军，以此孤立人民革命军；一面调动伪军围攻抗日游击区周围。东北人民革命军被迫向桦甸、濛江、金川、柳河等县山林地带收缩。在反"讨伐"战斗中，第一师副师长韩浩不幸牺牲。为摆脱被动局面，第一军军部经过协商决定先脱离被敌围攻地区，采取两面夹击，伺机回师作战，以开辟新游击区和保卫老游击区。经过激烈战斗，最后将敌击溃，毙伤敌 50余人，俘敌 10 余人，缴获步枪 50 余支、迫击炮 1 门及大量军用品。战斗一经结束，该地区的许多抗日义勇军和山林队积极参加江南的东北抗日联军总指挥部，与第一军协同作战。同时，该军第二师又联合江北山林队等 11 支部队，重组东北抗日联合军江北总指挥部，协同抗击日寇。

东北人民革命军第二军成立，分兵开展东满游击战。东北人民革命军第二军成立后，于 1935 年 6 月发表了《东北人民革命军第二军为成立东满抗日联合军指挥部致各反日部队的信》。信中认真总结了以往抗日武装"各自为战，没有统一的指挥，互不联系，常受敌人各个击破的打击"的经验教训；认为"东满一带的各反日部队亲密的团结起来，成立东满抗日联合军指挥部，有计划、有组织的指挥和领导东满的反日革命战争，是目前抗日救国的唯一紧急任务"；提出了抗日联合军的宗旨。

东北人民革命军第二军第一团主力部队最先战斗，于 1935 年 4 月末从安图县车厂子根据地出发，向敦化、额穆等地区进军。5 月 2 日，第一团第四、第五连等部共 170 余人，决定在长（春）图（们）铁路哈尔巴岭至大石头之间颠覆敌人火车。他们参照提前得知的铁路运行表，在火车未到之前将路轨拆开，致使由朝鲜清津开往长春的第 202 次国际列车在此段颠覆，然后我军继续集中力量向火车尾部频繁射击，最后 30 余人被击毙，日伪军政要员 13 人被俘虏。该事件让日伪统治者极为震惊，相关报纸均在显著位置以大字标题做了报道："京图线开车以来发生的最大惨事"。而后，第一团主力部队不断向西挺进，5 月 12 日，该团在敦化县伏击尾追日军"讨伐队"。之后，第一团主力一部分继续留在敦化，一部分返回安图游击区继续作战。8 月、9 月间，第一团在长图铁路东部沿线进行破袭战，破坏了敌人的运输线，缴获了大量物资，补充了部队的物资储备。

1935 年 10 月 4 日，杨靖宇率第一军军部及所属教导团，从金川河里根据地出发来到濛江县那尔轰，举行了第一、二军的会晤式和军民联欢大会，近1000 人出席会议，第一、第二军代表杨靖宇和李学忠在大会上作了重要讲话。杨靖宇指出：第一、第二军会师后，我东满、南满游击区打成一片，第一、二、三、四、五、六军与各抗日军，共同组织东北抗日联军，更能集中力量，统一领导，顺利地打击日匪。杨靖宇的讲话鼓舞了抗日军民的士气，两军互送礼品，共同演绎节目和表演投弹、射击技术助兴，整场气氛特别热烈，军民备受启发和鼓舞。

东北人民革命军第三军成立，哈东各县游击战普遍发展。东北人民革命军第三军宣告成立，是哈东人民抗日斗争中的一件大事，激发了军民的抗日热情，把哈东的抗日游击战争也推新向了一个新的发展阶段。1935 年 2 月，敌人从一面城、呼兰、延寿等地调集伪军孙团、警察大队向宾县、方正延寿一带进攻，总兵力共约 1000 余名。第三军第一师与其他抗日武装随即开始了反"讨伐"作战。第三军司令部直属队在赵尚志率领下，突然南下五常攻占方城岗和小山子，摧毁几处大排防所。然后北上抵达宾县，接连围攻和缴获了三道街、驻财神庙等地的几十余支枪，而后横扫延寿又围缴附近的伪警察所，延寿日伪统治者大为震惊。

第三军联合抗日义勇军各部所取得的胜利，鼓舞了抗日义勇军的士气，严重威胁了日伪的反动统治。1935 年 3 月下旬，日伪当局开始发动"春季大讨伐"，欲图打击中国共产党领导的人民革命军第三军，消除人民对中国共产党和第三军的期望。3 月 25 日，第三军司令部在老黑顶子召开了一次抗日部队会议，参会 40 余名。经协商同意分别成立了延方、路北、路南三个联合军指挥部，分别由刘海涛、王惠同、张连科担任指挥，决定由各抗日部队分区保卫抗日游击区。从而进一步将许多抗日义勇军部队团结在人民革命军第三军第一师周围，调动了各种抗日力量共同与日伪军作战。

东北人民革命军第三军在反对敌人的历次"大讨伐"战争中，由于敌人集中优势兵力、采取极其野蛮的烧杀手段，加之珠河中心县委和第三军某些"左"的政策尚未彻底清除，结果哈东各县游击根据地均不同程度地遭受破坏。但是，因珠河中心县委和第三军司令部没有固守死守，而是在坚持原有游击区斗争的同时，机动灵活地开辟新游击区，为第三军部队和根据地的壮大发展奠定了坚实基础。

东北抗日同盟军第四军成立，向勃利、方正伸展游击战。1935 年 11 月，面对日伪军冬季"讨伐"、对松花江和牡丹江沿岸严密的封锁、企图一举消灭抗日武装等阴谋和计划。第四军军部与第三军司令部于方正县五道河子会师。第三军从第四军处学习了《八一宣言》，进一步了解了中共中央关于建立抗日统一战线抗日联军和国防政府的精神。之后，两军的主要领导人面对当前的严峻形势，经共同协商制订了对敌作战方案。决定第四军第二团、第三军第四团坚持方正、依兰、勃利地区游击战争；第四军第五团开赴桦川、集贤一带活动，借以分散敌人目标；第四军军部及该军第一团与第三军司令部及该军第五团，联合民众救国军谢文东部、自卫军支队李华堂部，共同突围，跨松花江北上，会合汤原反日游击总队，根据《八一宣言》精神共同组建"东北反日联合军总司令部"和"东北反日联合军临时政府"。

1935年12月12日，李延禄领导的第四军部会同第三军自方正跨过松花江抵达对岸的通河县境东六方屯，围缴了当地保安队枪支和棉军装一部。李延禄与赵尚志研究决定智取二道河子，第三、四军各选几十名指战员穿上缴获的伪军服装，由东六方屯保董带路骗开伪警备队大门，很快占领了院中各炮台要点，击毙敢于顽抗的日本指导官，缴获了大批军用物资，特别是棉军装数百套，这样第四、第三军部队全部换上了新棉衣，两军共同挺进汤原。1936年1月实现与汤原反日游击总队会师。

东北反日联合军第五军成立，绥宁地区游击战的扩展。东北反日联合军第五军经过半年多在绥宁地区的战斗，部队从1934年的困难中不断发展壮大，逐渐开辟了新的根据地。该部队连续奋战，屡获胜利。此时，敌人视这一地区为重要统治地区，派3000余众的日伪军和警察武装驻扎于此。鉴于严峻形势，在中共吉东特委写给第五军党委的信中，明确指出为避免孤军作战危险，要扩大游击活动区域，创造广阔的抗日局面，第五军应分别与第一、第二、第三、四军取得联络，以期各军统一配合作战，相互牵制敌军。于是，第五军部1935年5月15日召开领导干部会议，会议经研究决定执行分头行动的战斗方略，除留出一部分部队在宁安活动负责全军行动外，将主要作战部队组成东西两支部队：一支由宁安向西部活动，以苇河与中东铁路沿线为目标，兼及西南额穆、敦化，以期联络第一、第二、第三军；一支由宁安东出穆棱、密山等，联络第四军。

东北反日联合军第五军在中共吉东特委和宁安县委的指导下，在周保中等抗联将领的努力运筹下，经过一年多的战斗，虽几经曲折，但转危为安。

第五军抗日游击根据地已发展到整个绥宁地区，在战斗中将士也经受了的严峻考验和历练，部队得到很大发展，队伍也不断扩大，东北反日联合第五军的声望不断提升。至此，过去松散的绥宁抗日同盟军现已经成长为中国共产党直接领导下的东北地区抗日武装中的重要基本部队之一。

总之，东北人民革命军各部认真贯彻反日统一战线方针，在成立两年多的时间里，采取机动灵活、切实可行的战略战术，歼灭了大量日伪军，沉重地打击了敌人，发展壮大了自己。抗日游击根据地的范围不断扩大，为东北抗日联军的组建打下了坚实的基础。

3.4　东北抗日联军艰苦抗日

3.4.1　组建东北抗日联军的方针政策

1935 年是国际和国内形势发生重大变化的一年。5 月，日本帝国主义按照既定的大陆政策，制造华北事变，策动汉奸进行所谓"华北五省自治运动"。由于蒋介石国民党政府的退让政策，华北危机日益加深，中日矛盾进一步尖锐。

1935 年 7 月 25 日至 8 月 20 日，共产国际在莫斯科召开了第七次代表大会。大会的主要任务是决定共产国际和各国党在反法西斯斗争中的策略方针，提出了关于建立反法西斯统一战线的政策。会上，共产国际总书记季米特洛夫作了题为《法西斯的进攻和共产国际为建立反法西斯统一战线而斗争的任务》的报告。共产国际完全同意在中国建立一个"反对日本帝国主义及其走狗的广泛的反帝统一战线"。这次会议，促进了中国共产党政策的转变和抗日民族统一战线政策的确定。中共代表团在大会上正式提出了建立"反帝人民统一战线"的主张，起草了《为抗日救国告全体同胞书》（即《八一宣言》），明确地把原来的下层统一战线扩大为各党各派各军各界各个民族的联合。① 同年 12 月，中共中央根据共产国际的指示，在瓦窑堡举行政治局会议，确定了抗日民族统一战线策略的总路线，将苏维埃工农共和国"改变为苏维埃人民共和国"，并调整了各项政策。瓦窑堡会议后，中共采取下层和上层相结合的方式，积极开展各阶层的抗日民族统一战线工作。

满洲省委派魏探民同志以东北抗日游击队代表身份去莫斯科汇报工作，参加了中国共产党代表团，出席了这次大会。会上他深深感受到全世界无产阶级和劳动人民对中国人民抗日斗争的支持。他在写给亲友的信中说："我们第一次感到这样的幸福，全世界各兄弟党的代表欢聚一堂，讨论制止血腥的侵略战争，全世界劳动人民都在支持我们，都在关心着我们每一个斗争的胜利。"接着，中国共产党在 1935 年 8 月 1 日发表了著名的《八一宣言》，指出在日本帝国主义疯狂侵略和国民党政府加紧卖国的情况下，亡国灭种的大祸迫在眉睫了。近年来，我国家我民族已处在干钓一发的生死关头。抗日则生，不抗日则死，抗日救国，成为每个同胞的神圣天职！积极号召"无论各党派间在过去和现在有任何政见和利害的不同，无论各界同胞间有任何意见上或利益上的差异，无论各军队间过去和现在有任何敌对行为，大家都应当有'兄弟阋于墙，外御其侮'的真诚觉悟，首先大家都应当停止内战，以便集中一切国力（人力、物力、财力、武力等）去为抗日救国的神圣事业而奋斗"②。

《八一宣言》提出了建立抗日民族统一战线的具体办法：组织全中国统一的国防政府；与红军和东北人民革命军及各种反日义勇军一块，组织全中国统一的抗日联军。抗日联军应由一切愿意抗日的部队组合而成，在国防政府领导之下，组成统一的抗日联军总司令部。《宣言》号召全体同胞：有钱的出钱，有枪的出枪，有粮的出粮，有力的出力，有专门技能的贡献专门技能，

① 中央档案馆编. 中共中央文件选集：第十册［M］. 北京：中共中央党校出版社，1991：518—524.

② 中央档案馆编. 中共中央文件选集：第十册［M］. 北京：中共中央党校出版社，1991：518—524.

以便我全体同胞总动员，并用一切新旧式武器，武装起千百万民众来，一定能够战胜日本帝国主义。

《八一宣言》和红军北上抗日的消息传到东北后，使东北的抗日武装斗争和广大人民群众的抗日热情受到很大鼓舞。在《八一宣言》的指导下，东北党组织进一步开展建立东北抗日联军的工作。1936年1月，在汤原境内召开了北满各抗日部队首脑的联席会议，学习讨论了中共中央的《八一宣言》，会议经过协商决定成立东北抗日联军总司令部，以便统一指挥对日作战，并选举赵尚志为总司令；决定筹备成立国防政府，组织联军政治、军事学校。2月20日，《东北抗日联军统一军队建制宣言》发表，指出："现在根据全国运动的进展，必须进一步巩固抗日军队的组织，统一抗日军队的行动。因而就要改革抗日军队的建制，废除抗日军一切不同的名称，全部一律改成为东北抗日联军第一、二、三、四、五、六军及××游击队。"并宣布：（一）东北抗日联军在政治上、在民众救国运动紧密的关系上，完全接受东北反日救国总会领导。（二）凡中国同胞及一切反日武装军队，不分宗教，不分政治派别，不论任何社会团体或个人，不分派别，不分穷富，只要是抗日救国，我东北抗日联军便与其行动一致。因此对海内外同胞，暨南京政府内反日派别，在野政党、军政名流以至中国苏维埃红军，最近抗日救国的一切主张，均竭诚拥护。（三）东北抗日联军随时准备参加统一之抗日联军军队并由公意建立东北抗日联军总司令部。（四）凡被压迫民族，高丽人、内蒙古人、台湾人，个人或团体或军队，我东北抗日联军均一律欢迎参加，结成弱小民族联合战线，对抗日本强盗，并愿与反帝国主义的社会主义国家苏联友好提携，同时与目前在国际政治上对日寇立于反对地位，例如：美、法等其他反日国家，均为我联军所同情，互为赞助。（五）昨天即为国贼，作日寇的间谍走狗者，今天若能悔过自新，回念中华祖国民族的生存而欲反正抗日救国者我联军完全不咎既往，愿诚意与之作今后抗日新提携。① 宣言发表之后，东北抗日联军各军

----

① 东北抗日联军史料编写组. 东北抗日联军史料：上［M］. 北京：中共党史出版社，1987：167.

相继建立，人数迅速增加，进一步突显了东北人民抗日武装斗争力量的伟大。

在此期间，中共东北党组织也发生了很大变化。由于 1935 年 2 月中共上海中央局被破坏，中共满洲省委与中共中央失掉联系，遂改由中共驻共产国际代表团直接领导。同年 11 月，中共驻共产国际代表团决定取消中共满洲省委，建立南满、东满、吉东、松江（北满）4 个省委和哈尔滨特委。1936 年 1 月 9 日，中共满洲省委正式撤销。改组后的中共东北党组织根据中共驻共产国际代表团的指示，将原来的东北人民革命军统一改编为东北抗日联军。

3.4.2 东北抗日联军的成立和发展壮大

东北抗联是中国共产党领导的东北人民抗日武装，包括第一军到第十一军：

东北抗联第一军，发祥地是吉林省磐石县，主要活动在包括吉林省中部、东南部和辽宁省东部广大南满地区。人数最多时达 3500 人以上。东北抗联第一军的前身是 1932 年 6 月 4 日成立的磐石工农反日义勇军，同年 11 月改称中国红军第三十二车南满游击队，1933 年 9 月又改称东北人民革命军第一军独立师，1934 年 11 月扩编建立了东北人民革命军第一军。1936 年 7 月正式改编为东北抗日联军第一军，同时又与在东满一带发展起来的东北抗日联军第二军联合，组成东北抗日联军第一路军。其主要领导人是伟大的民族英雄、东北抗联第一路军总司令兼政委杨靖宇将军。

东北抗联第二军，是"九一八"事变后，在中国共产党领导下建立的一支人民抗日武装，是东北抗联的一支劲旅。它产生于东满，活动范围由东满逐步扩大到南满、吉东等地区；它经历了东满各县抗日游击队、东北人民革命军第二军、东北抗联第二军三个发展阶段，人数最多时达 4000 余人；它在军长王德泰、政委魏拯民、政治部主任李学忠、参谋长刘汉兴等率领与指挥下，依靠广大汉族、朝族人民群众，协同东北抗联第一军与第五军，联合其他反日武装，在东南满和吉东地区进行了英勇卓绝的抗日游击战争，配合了全国抗战，为中华民族的解放事业建树了不朽功勋。

东北抗联第三军，其发展大致经历了珠河东北反日游击队、东北反日游击队哈东支队、东北人民革命军第三军、东北抗联第三军等几个阶段，涌现出了赵尚志、李兆麟、冯仲云等许多抗日名将。东北抗联第三军与抗联第六、第九、第十一军一起最后编成东北抗联第三路军。东北抗联三军创建初期只有13名同志，到1937年迅速发展成一支有600余人的抗日劲旅，成为北满地区抗日武装斗争的重要力量。游击根据地的创建是从珠河县三股流的仅仅一小块区域，逐步发展到松花江下游两岸的广阔地域。战斗经历和活动范围遍及北满（系指哈尔滨以北、松花江中下游的广大地区），从小兴安岭以东的国境线，到小兴安岭以西的黑嫩平原，抗联三军积极与抗联其他各军配合作战，在山林险峻、冬季奇寒、冰雪连天的恶劣自然环境中，在日伪军残酷"讨伐"封锁，生存条件极端困难的情况下，用钢铁般的意志力，克服了常人难以忍受的艰难困苦，始终保持旺盛的革命斗志，长期坚持抗日游击战争，给日本侵略军以沉重的打击，有力地配合了全国的抗日战争。资料记载：1937年秋，三军某团在汤原县唐利川一带袭击了强迫劳工修铁路的700-800名日军，使敌筑路工程被迫停工。5天之后，8名战士与敌相遇激战30分钟，击毙日军30人，我军安全冲出包围。同年冬，该团主动出击敌给养车，乘敌不备，缴获雪橇8个，敌不忍丢掉给养，派兵跟踪追击，我乘敌追兵在草地休息时，回师猛击，敌除10余人跑掉外，追兵全部被我毙俘。当敌来收尸时，三军九师一团300余人在雷炎的率领下，携带轻机枪8挺，于三股流屯高地伏击敌人，击毙日伪军30余人，缴获轻机枪5挺，掷弹筒两个，击毁汽车4辆，而我军无一伤亡。期间，三军给敌人打击最大。根据第四军管区司令部1938年冬的《公报》中的材料，仅在三江省（今黑龙江省合江地区）一年来联军第三军主力部队即与日伪作战427次，使日伪军伤亡达7690人。[①] 1938年后，中华民族历经挫折，顽强苦斗，终于在中国共产党的领导下，配合苏联红军和八路军、新四军打败了日本侵略军，赢得了抗日战争的最后胜利。

---

① 孙凤云. 东北抗日联军斗争史 [M]. 哈尔滨：黑龙江人民出版社，1991：129.

东北抗联第四军，经历了东北抗日救国游击军、东北人民抗日革命军、东北抗日同盟军第四军、东北抗联第四军四个时期。其鼎盛时期曾发展到近2000人。1933年1月至1938年12月，该军先后转战于中东路东段、松花江南北的宁安、穆棱、勃利、方正、汤原、富锦等县，与其他部队密切联合，有力地抗击了日本侵略者。东北抗联第四军军长由李延禄担任，他为创建第四军可谓呕心沥血。1936年春李延禄奉调进关后，由李延平继任军长。1938年5月，四军主力部队积极参加第二路军西征。同年12月，不幸陷入敌军重围，东北抗联第四军一直坚持奋战到弹尽粮绝，军长李延平、副军长王光宇先后壮烈牺牲，东北抗联第四军失利，后于1938年冬并入第二路军总指挥部，东北抗联第四军遂告结束。

东北抗联第五军，发源于吉林省东部，是由周保中亲自创建并不断发展壮大起来的，大体上经过了反日游击队、绥宁反日同盟军、东北反日联合军第五军、东北抗联第五军四个阶段。这支队伍鼎盛时期达到3000余人，是战斗在吉东地区的抗联各军的骨干力量。东北抗联第五军所进行的英勇顽强的抗争沉重打击了日本侵略者，破坏了敌人后方，阻滞了敌人进关，有力地配合了全国的抗战。1938年10月以后，东北抗联第五军是抗联第二路军所属的抗联第四、第七、第八、第十军及其他抗日武装的核心力量。所以在东北抗联第五军军史中，自然包含抗联第二路军的主要活动情况。

东北抗联第六军，是"九一八"事变后，中国共产党领导松花江下游地区人民抵抗日本侵略者，经过多次挫折创立起来的一支抗日武装。它经历了红军三十三军汤原反日游击中队、汤原反日游击总队、东北人民革命军第六军、东北抗日联军第六军四个历史阶段。全军总人数曾达2500余人。其领导人先后为夏云杰、张寿篯、冯仲云、戴鸿宾、冯冶纲等。1938年8月，东北抗联第六军二、三、四师主力部队英勇地冲破了日本关东军策划的伪三江省大"讨伐"，先后到达松嫩平原，继续坚持抗日游击战争，开辟了龙南、龙北抗日游击区。1940年4月，东北抗联第六军接受东北抗联第三路军总指挥部的命令，取消了东北抗联第六军的番号，同东北抗联第三、第九、第十一军合并，编为第三、第六、第九、第十二支队。当时抗联六军部队编入第三、第九支队，成为龙北抗日武装的主力部队。1941 年深入大兴安岭，联合鄂伦春等少数民族，开展甘阿（甘南县、阿荣旗的简称）平原游击战并转战敌人后方打击日伪军。1942 年 9 月，第三路军第三、九支队全部转入苏境，编入东北抗日联军教导旅，不断以小部队的活动方式回国侦察日军情报，直至抗战胜利。

东北抗联第七军，诞生在黑龙江省饶河县，以饶河为中心转战在宝清、同江、密山等地，与日本侵略者进行了顽强的抗争。该军发展大体经历了饶河农工义勇军、饶河民众反日游击大队、东北抗日同盟军第四军第二师、东北抗日联军第七军、东北抗日联军第二路军第七军、东北抗日联军第二路军第二支队等六个时期，高峰时期队伍曾发展到三个师十四个团。东北抗联第七军在党的直接领导下，坚持了长达 11 年（1932 年 10 月至 1943 年 12 月）之久，以暴马顶子为中心的游击根据地，坚持党的抗日民族统一战线政策，团结各民族人民共同抗战，利用东北边陲的自然地理条件，克服了常人难以想象的困难，特别是 1941 年以后，七军在极其艰苦的环境下，奋力开展小部队活动，侦察敌情，组织伪军哗变，在群众中创建反日组织和团体等，为赢得抗日战争的最后胜利提供了条件。我党优秀的抗日将领陈荣久、李学福、张文偕、王汝起等先后壮烈牺牲。

东北抗联第八军至第十一军的形成过程。东北抗联第八军，前身是 1934 年土龙山农民暴动组织起来的民众救国军。1934 年 10 月，该组织遭到日军毁灭性打击，后克服重重困难，绝处逢生，先后得到了东北人民革命军第三军、东北抗日同盟军第四军和东北抗联第五军的帮助，逐步走上了共同抗日的道路，于 1936 年 9 月 18 日改编为东北抗联第八军，其主要负责人是谢文东。1937 年 6 月该军总人数达到 200 余人，曾经为东北抗日游击战争做出了贡献。1938 年以后，面对日本帝国主义的"大讨伐"，东北抗日游击战争进入了更加艰苦的时期，该军主要领导人谢文东等经受不住考验，在面对日侵略者的军事"讨伐"和政治诱降的双重压力下，于 1939 年 3 月叛变投敌，东北抗联第八军瓦解。东北抗联第九军，是在东北抗日义勇军余部的基础上逐步建立起来的，其前身是东北军镇守依兰的李杜二十四旅九十六团第二营，营长李华堂，后与东北抗联第三军、第四军、第五军共同作战。在中国共产党抗日民族统一战线的旗帜下建立了东北抗联第九军。东北抗联第九军先后集中在依兰、方正、汤原、宝清等地，与日本侵略者抗争达九年之久，打击和牵制了日伪军，有力地支援了全国抗战，同时也为东北的解放战争做出了的贡献。东北抗日联军第十军，是在中国共产党抗日民族统一战线政策和东北抗联第三军的团结与帮助下，以"双龙"反日山林队为基础而编成的一支抗日武装队伍。在东北抗日游击战争时期，东北抗联第十军开辟了九十五顶子山区抗日根据地，坚持抗日游击战争达十年之久，队伍曾发展到1500多人。其主要领导人是汪亚臣。东北抗日联军第十一军，是中国共产党领导下的一支抗日武装。其主要领导人是祁致中、金正国、李景荫、于天放等，它的发展大体经历了明山队（义勇军时期）、东北抗日联合军独立师、东北抗联第十一军三个阶段。它由最初的几个人不断扩大，一直发展到1500余人。这支队伍在后方基地建设、建立兵工厂方面具有突出的成绩。1938年后，队伍遭受严重挫折，损失很大，但始终坚持斗争。最后与抗联第三、第六、第九军一起，合编为东北抗日联军第三路军。东北抗联第十一军的战士坚持长期抗战，为东北人民的解放事业做出了应有的贡献。许多革命烈士用他们的鲜血和生命，谱写了悲壮的抗日诗篇。

1936年1月，中共满洲省委被中共驻共产国际代表团撤销之后，东北地区相继成立了中共南满、吉东和北满省委，分别领导按照东北抗日联军活动的区域组建的三路东北抗联路军。七七事变以后，东北抗日战争成为全国抗战的一部分。1936年7月，东北抗日联军第一路军由东北抗日第一、第二军组成，杨靖宇任司令，归属中共南满省委领导，魏拯民为省委书记；同年10月，东北抗日联军第二路军由东北抗日联军第四、第五、第七、第八、第十军和东北义勇军姚振山部、救世军王荫武部组成，周保中任总指挥，由中共吉东省委领导；1939年5月，东北抗日联军第三路军由东北抗日联军第三、第六、第九、第十一军组成。李兆麟任总指挥，冯仲云为政治委员，归中共北满省委领导。东北抗日联军三路军的成立，实现了东北抗日联军在中国共产党领导下统一领导、统一指挥、统一军事、统一纪律的局面，有力地促进了东北抗日游击战争的深入发展，将东北抗日游击战争推向了高潮。

自 1937 年以来，日本不断增兵东北，以强大的兵力对东北抗日联军进行"大讨伐"，极力强化法西斯统治，在农村推行"集团部落"政策，以隔断抗联部队与人民群众的联系，断绝了抗联部队的给养来源，使得东北抗日联军在反"讨伐"的斗争中遭到重大损失。抗联部队人员由原来的 3 万余人锐减到不足 2000 人。为保存实力，培养干部，坚持斗争，1941 年东北抗联大部相继进入苏联境内建立南、北两营进行整训，只留少数抗联部队同敌人斗争。

东北抗联之所以能够在严酷的环境中，以落后的武器装备同日本侵略者奋战 14 年之久，其根本原因就是他是在中国共产党领导下的一支真正的革命军队，有着严格的纪律和高度的政治觉悟。面对敌强我弱的严峻形势，东北抗联果断采取游击战术，并依托东北广袤的山林为掩护，机动灵活地与日本侵略者周旋，并与兄弟武装部队建立反日统一战线，积极寻求外部支持，获得了苏联和朝鲜的帮助。但遗憾的是，东北抗联的斗争和全国其他地区的革命斗争一样，难免有缺点和错误，即在某种程度上缺乏统一的领导和指挥，在面对强大的敌人进攻时，不能按照统一计划反击敌人。

东北抗联在漫长的 14 年抗战历程中，由于所处的环境不同，形成了一些有别于其他抗日战场的斗争特点：一是长期持久。自日本军国主义发动"九一八"事变至 1945 年"八一五"日本宣布投降，东北抗联开展的游击战争长达十四年，期间经历了局部抗战和全国抗战两个历史阶段；二是艰苦卓绝。主要表现：日伪当局对东北抗联的疯狂剿杀、东北自然条件恶劣、东北抗联长时间与党中央失去联系。东北抗联进行的抗日斗争是在极其恶劣的条件下，进行的极为残酷的战争；三是孤悬敌后。东北抗联当时基本得不到关内的军事援助和经济救济；四是曲折复杂。由于在敌强我弱的条件下，缺乏领导游击战争的经验，加之党的"左"倾错误影响，东北抗联从开始就遇到很多困难和干扰。同时，由于东北地域及有关情况的特殊性，东北抗联还要面临很多重要关系的处理。

东北抗联的斗争为中国抗日战争和世界反法西斯战争的胜利发挥了重要作用。一、东北抗联和在此之前东北抗日义勇军进行的抗日游击战争，是中国人民抗日战争的起点，揭开了世界反法西斯战争的序幕。二、在全国抗战爆发前，东北抗日义勇军、东北抗联的英勇斗争，扰乱了日军进攻中国关内的计划。三、全国抗战爆发后，东北抗联的斗争融入全国抗战的洪流中，有力地配合了全国抗战。四、1945 年 8 月 8 日苏联对日宣战，东北抗联积极配合苏联红军进军东北，并先行进驻 12 个地区、57 个大小战略要点。东北抗联在肃清日伪残余、维持社会秩序、建立人民武装、恢复党的组织、建立人民政权等方面发挥了重要的作用。五、东北抗日联军在长期的与凶恶敌人的斗争实践中，铸就了伟大抗联精神：忠诚于党的坚定信念，勇赴国难的民族大义，血战到底的英雄气概。东北抗联精神注定会成为中华民族宝贵的精神财富。

3.5　东北抗联教导旅坚持抗日

从 1942 年至 1945 年抗战胜利，这一时期抗日战争已处于低潮，但并不是像日伪宣传那样，如"大东亚圣战基地巩固了""满洲共产党覆灭了"。东北抗日斗争的火种仍在这块被蹂躏的土地上燃烧着。

3.5.1　东北抗联教导旅建立

1940 年春，东北党组织急于获得外界的帮助，欲与中共中央取得联系，希望获得一些援助，这时苏联也十分关心远东边境地区的安全，为此，中共北满与吉东党的组织代表与苏联远东当局在伯力达成协议：在保持中共东北党组织独立的前提条件下，由苏联方面出面请共产国际帮助恢复东北党组织与中共中央的联系，东北抗联部队表示可以接受苏联的某些必要的援助。3月19日，接受了以苏联远东军代表海路、王新林（苏联红军军官化名）名义提出的《对东北抗联第二路军总指挥周保中、副总指挥赵尚志和第三路军总指挥张寿篯、北满省委代表冯仲云的指示提纲》，确定苏联远东军与东北抗联的正式指导关系。

为便于统一管理，越境入苏的东北抗联部队于1940年冬先后建立了南北两个野营。北野营亦称A野营，位于伯力东北75公里处，主要人员包括抗联二路军和三路军的抗联人员，最初百余人，后扩大到300人。1940年12月，野营临时党委会成立，书记由姜信泰担任，委员有乔书贵、李永镐、金京石等。野营临时党委成立后，在思想政治教育和军事训练等方面对部队进行指导，有效提高了抗联战士对抗战必胜的信心。南野营亦称B野营，1940年冬，选址于海参崴（今符拉迪沃斯托克）与双城子之间的二道沟。在南野营集中的抗联人员主要是抗联一路军的第二、第三方面军和第二路军第五军的一部，约200人。1941年2月，成立中共道南特委，书记由季青担任，委员有柴世荣、朴德山等人，崔贤、金润浩为候补委员。中共道南特委主要负责南野营和尚在东北境内的抗联第一、第二路军党的领导和军队的统一指挥。南、北野营成立后，广大抗联战士开荒种地、伐木建房，采石铺路，并集中进行政治、文化学习和军事训练，为后来抗联教导旅的成立打下了基础。

1942年8月，南北两个野营正式合并，改编为抗联教导旅。以北野营为中心，将两个野营的抗联人员和由两个野营派回东北以及在东北原地坚持游击活动的抗联部队全部编入抗联教导旅。旅长周保中，政治副旅长李兆麟，副旅长由苏联代表什林斯基担任、参谋长杨林担任，副参谋长崔石泉担任。东北抗联教导旅成立初期，下设四个步兵教导营，两个直属教导连（无线电连、迫击炮连）。1944年又增设自动枪营，无线电连扩编为营。正职全由抗联干部担任，副职由苏联军官担任。抗联教导旅，名义上由苏联远东军总部代管，称苏联远东军步兵独立第八十八特别旅，但实际上一直接受中共党组织对其的直接领导，始终保持了东北抗联相对的独立性和完整性。教导旅的武器装备、生活补给均由苏联方面提供。抗联人员任正排以上干部授予军衔，待遇与苏籍军官相同。

东北抗联领导人已有建立东北统一党组织的愿望，随着东北教导旅的成立，1941年5月，北野营临时党委提出《关于东北党统一领导及抗日联军总司令部建立意见书》。1942年4月李兆麟、周保中草拟了《党组织的改组与集中领导》的提案，上报共产国际中共代表团。1942年9月教导旅召开党员大会，正式成立了中共东北党组织特别支部局，简称东北党委会。周保中做了《关于留C（苏）中共东北党组织总结状况及改组的报告》，选举了中共东北党组织特别支部局第一届执行委员会委员和候补委员，执行委员有周保中、李兆麟、崔石泉、王明贵等，候补执委有王一知（女）、沈泰山等，由崔石泉任书记。东北党委会的成立，有效指导了东北抗联战士在政治学习和军事训练的统一部署工作，为迎接抗战胜利做了充足的准备，同时，东北抗联也派出了很多小分队回到东北地区进行相应的斗争活动。

东北抗联广大指战员因长期处于紧张艰苦的战争环境下，没有时间和机会很好地学习政治理论和党的文件，在这种情况下边外野营应运而生。首先，边外野营从文化方面加强政治理论的学习，广大的东北抗联指战员认真阅读学习《论持久战》《整顿党的作风》以及中共中央《关于增强党性的决定》等著作和文件，通过这种方式，同志们政治觉悟和党性得到了进一步提升，也间接促进了抗联干部和战士之间的团结；其次，边外野营从军事训练方面强化军事理论的指导，结合苏德战争的一些实践，使广大东北抗联战士有效地学习了现代化步兵的一般战术，并进行了实际操作，在滑雪、游泳、射击以及救护训练等方面，对广大东北抗联指战员进行了专业的培训。女指战员接受无线电技术、装拆无线电、野外实地应用、排除障碍等项目的培训；高级干部研读毛泽东同志《中国革命战争的战略问题》等军事理论等。总之，边外野营的学习和训练，为下一步配合全国人民的抗日战争以及迎接东北的解放做了精神上和物质上的双重准备。

3.5.2　派遣小部队开展活动

东北抗联通过边外野营的训练，从 1942 年到 1945 年，不断派遣相应的小部队回到东北地区活动，他们主要分布在延吉、宁安、敦化、饶河、萝北、绥化等敌人统治比较薄弱的山区。这些小分队的主要任务是联络群众进行军事侦察，并通过各种形式进行相关的抗日救国宣传，在可能的条件下发展地下武装，开展游击战争，破坏敌人的一些军事交通设施等。这个小部队，一般由 15 到 20 人组成，多的有 50 余人，队长和政治委员都参加其中，而且每个小队之中的领导人物都是由斗争经验丰富的同志来担任，每个小队内部还有党小组，主要是担负起领导的责任，每个小部队根据时局的变化，开展机动、灵活、巧妙的活动，与敌人周旋，对其进行打击。

举例说明：从 1941 年至 1943 年冬，东北抗联二支队刘雁来小部队一直坚持在饶河一带活动，一面从事农业生产，为抗联部队补给；一面侦察敌情，及时向野营部通报。1942 年 7 月 7 日，在小部队坚持抗日的影响下，驻饶河伪军近 71 名士兵携大批枪支弹药越境投奔到东北抗联野营。在抗联小部队的宣传影响下，伪军日趋觉醒。在富锦东北五顶山曾发生了这样一件事：1943 年 6 月 12 日，伪满军部大臣和军事顾问前来视察，在五顶山上检阅伪军时，突然有一士兵冲出队伍向他们开枪射击后逃跑，第二天，这名伪军士兵被追至江边投江自杀。1945 年 1 月，在临江又出现了轰动一时的通河事件，伪三江省通河县警务科为摧毁当地秘密的抗日救国会组织，逮捕数百人。4 月 6 日，伪警察队小队长王明山在抗联的影响下宣布起义，释放了全部在押人员，袭击了警务科，缴获不少枪支弹药，吓得警分厅派出救援部队前往镇压，甚至出动了飞机。

这一阶段小部队的游击活动，袭击敌人据点，破坏铁路运输的事时有发生。东北抗联野营部队派出金光侠小部队炸毁林口至佳木斯铁路线上的一段铁轨和桥梁。王效明、隋长青等小部队也多次破袭图佳铁路，使得敌人运输时常停顿。季青和柴世荣小部队分别活动在道南和穆棱林口一带。1943 年 3

月 6 日，在哈尔滨郊外滨洲线外，大榆树信号所附近的铁路拐弯处，被拔去道钉 15 个，拿掉两块铁板，造成哈尔滨发到满洲里的军用货车破坏。同年 10 月末，哈绥线也河站南沟的日军据点遭袭击，20 余名日军被歼灭。小部队在东宁二十八道河子伏击追兵时，又消灭日军百余人。1944 年至 1945 年上半年，小部队在北满、吉辽边区、伪通化省区等仍有不少袭击活动。总之，从 1942 年至 1945 年，派到东北各地的小部队共达 300 余人次，但是到 1945 年，各个小部队遭受很大的挫折，有的战死，有的被捕入狱，但抗日火种却一直没有被扑灭，直至全国抗战的最后胜利。

3.5.3　东北抗联配合苏军解放东北

1945 年 5 月 8 日，苏联红军攻占柏林，德国投降，日本帝国主义陷入孤立。抗日战争随着时局的变化，也度过了最困难的阶段，处于胜利的前夜。1945 年 4 月 23 日，毛泽东同志在第七次全国代表大会上作了《论联合政府》，东北抗联从收音机里听到了这个报告的全文，备受鼓舞。根据七大制定的政治路线，东北党委员会和抗联指挥部决定制定新的行动计划，以抗联干部为领导骨干，计划筹备六万至十万人的东北抗联军队，以备参加大规模的对日作战和对敌活动，同时也加强了在东北的各个小队的侦查活动。

为配合苏联红军解放东北，早在 1945 年 7 月下旬，东北抗联指挥部抽调精干力量，组成百人的小分队，空降到指定的牡丹江、鹤立、磐石、海龙、辉南、长白、蛟河、拉法、海拉尔、满洲里、洮南、鲁北、通辽、开鲁、扎赉诺尔、索伦、赤峰、长春等地，进行战前的侦察活动，以积极配合苏军作战。原在东北各地坚持游击战争的抗联小分队，也按照东北抗联野营指示，袭击敌人后方的补给线，破坏敌人的武器设施，而且许多抗联小分队还直接参与了战斗。如，王洁忱（王亚东）率领的抗联小分队，在苏联对日宣战后，迅速扩建为百余人的革命队伍，在穆棱一带消灭了一支 700 余人的日军部队，便与苏联红军顺利会师。在东满的一支小部队也在短时间内扩大为千余人的革命队伍，在苏军红军尚未到达前，就攻取许多村镇。在松花江下游的抗联小分队，在战斗中页迅速成长壮大，并参加了饶河、宝清等与汤原地区的作战。

1945年7月，中美英三国首脑在柏林郊外发布了著名的《波茨坦宣言》，对于穷途末日的日本帝国主义又是沉重打击。随着战争时局的变化，美国于1945年8月6日、8月9日分别向日本广岛、长崎投下了两颗原子弹。同年8月9日，苏联宣布对盘踞在东北的日军发布作战命令，同日毛泽东发表了《对日寇的最后一战》的声明，指出了日本帝国主义的境地，号召全国一切抗日力量举行全国大规模的反攻行动，命令我军对一切不愿投降的侵略者进行广泛的围剿，扩大解放区，缩小沦陷区。①

1945年8月，为了适应战争形势的变化，东北抗联国际旅党组织重新调整了东北党委的成员，并组成了朝鲜工作团。东北抗联主力部队兵分三路，配合苏联红军解放东北：一路由李兆麟率队挺进哈尔滨；一路由冯正云率队向沈阳进发；一路由周保中率领进攻长春。苏联红军在总长400公里的战线上，分四个方向直入我国东北：一是从后贝加尔方面进攻长春和沈阳；二是进攻承德、锦州和张家口；三是从海参崴方面进攻吉林和哈尔滨；四是从伯力、海兰泡方面进政哈尔滨和齐齐哈尔。此外，苏联太平洋舰队在朝鲜北部以及千岛群岛等登岸联合作战。以上举动，使日本帝国主义依靠中国东北和朝鲜进行最后挣扎的计划彻底失败了。于是，1945年8月14日，日本天皇正式宣布接受无条件投降。

日本政府虽然投降了，但侵占中国东北的日军仍然没有放下武器。于是，苏联红军按原计划，以排山倒海之势进入东北，在东北抗联的配合下，陆续解放了东北的重镇——长春、沈阳、哈尔滨。通过以上活动，东北联军有效地配合了八路军和苏联红军的行动，从而为迅速解放东北，加速日本帝国主义的灭亡提供有效帮助。东北抗日联军和东北党委会回到东北以后，东北党组织的中心任务是恢复党对东北地区的领导，争取与组织广大群众，重新恢

---

① 毛泽东选集：第3卷［M］．北京：人民出版社1991：119.

复和建立东北各地党的组织，整顿社会秩序，维持社会治安和开展建军工作以及建立人民政权。不久在佳木斯、长春、沈阳等地建立了各级党组织，而后到各市县也都纷纷建立了党组织。

在日本帝国主义宣布无条件投降以后，在敌伪统治时期的汉奸、警察、特务等摇身一变，变成了国民党的地下军，大肆搜罗当地的土匪流氓，组成所谓的"先遣军""挺进军"，杀害干部群众，在东北各城乡进行破坏活动。在这种情况下，东北党委会派往各地的东北抗联干部也积极发动当地的群众，相继建立人民武装，宣扬党的文件纲领，于1945年9月将东北抗联改名为东北人民自卫军，由周保中任总司令。同时，在哈尔滨、齐齐哈尔、北安、佳木斯、牡丹江、吉林、延吉等地分设自卫军总指挥部，开展了轰轰烈烈的剿匪斗争，各地部队建立后，为最终建立和巩固东北根据地打下了坚实的基础。同年9月，中共中央在东北组成东北局，统一领导东北的各项工作。随后，东北党委会因完成其历史任务被予以撤销。不久，东北人民自卫军与挺进东北的八路军、新四军部队一道，被统一编为东北民主联军。至此，东北抗日联军完成了自己的光荣使命，进入到新的历史时期。

综上，是承载东北抗联文化的东北人民和东北抗日联军，在中国共产党号召和领导下，驰骋于吉林省、黑龙江省和辽宁省，坚持抗击日本帝国主义侵略，反对伪满洲国统治，整整持续了14年。这支抗日武装的成立和斗争不是一帆风顺的，东北抗联文化就是在长期复杂的环境和斗争中经历了艰难曲折的历程，逐步孕育和形成发展的。

第4章

东北抗联文化的主要内容

综合文化学对"文化"概念的界定以及东北抗日战争的具体特点，本书认为东北抗联文化是以东北抗联为主体，在东北产生的以抗战救国为主题的文艺创作和文化活动，是马克思主义与东北地区的实际密切结合的体现，是中国共产党抗战文化的重要组成部分，是由老一辈的无产阶级革命家和东北抗联战士们在白山黑水间用鲜血和汗水凝结的优秀成果。从广义的"文化"概念，本书归纳出东北抗联文化包括物质文化、制度文化和精神文化三个方面。

4.1 物质文化

物质文化是一个相当宽泛的概念，其范围囊括相关日用物品，即一种文化中所生产的"物质"产品。一种物质或物品的文化，不仅诉说着一个特定时空的故事，更是关于那些人的故事，其中还包含着时间的流逝和变迁。① 本研究主要从饮食、被服生产、"密营"建设、地下交通和医疗卫生五个方面阐

---

① 复旦大学历史学系、复旦大学中外现代化进程研究中心编. 近代中国的物质文化 [M].
上海：上海古籍出版社，2015：1.

释东北抗联物质文化，在此基础上理解东北抗日联军在充满硝烟和战火的抗日战争年代，一直秉持的爱国主义精神和艰苦奋斗的品格。

4.1.1　饮食

东北抗联在饮食保障上实行供给制，官兵一律平等。参加抗联的人员都是自愿抗日的，从一开始就是供给制，没有薪金。直到 1936 年前后，多数军队在供给制的基础上实行过津贴制，有资料记载："夏云楷匪每天实行二小时训练，食物为高粱、小米，士兵的薪俸每月一元五角""明山部下的薪俸，一个月五元"。① 当时平均来讲军、师长每月三元，团长、政委两元，战斗员一元。全体指战员的生活虽很苦却都很愉快。粮食供应根据情况而定，有的部队没有定量和标准，以吃饱为原则，有的部队有定额，东北抗联第五军有定额。当时部队标准是每人每天粮食 20 两，细粮则是 16 两。

1938 年以后，粮食问题尤为突出，山果、野草、树皮、草根，以及破靰鞡底帮，都成了食物。"东北抗联在雪地行军时不要说粮食啊，连草也找不到，枝叶被霜打枯了，叫雪埋上了；可吃的草根儿也冻在土里，没法找，没法挖，只好吃那难咽的树皮。先把老皮刮掉，把那层泛绿均嫩皮一片片削下来，放在嘴里嚼啊嚼啊，就是咽不下去。勉强吃下去了，肚子也不好受。"② 十几天不见粮食，几十天不见盐粒，上百天见不到油腥是常有的事。根据东北抗联第三路军政委冯仲云回忆：他们的队员饿死的很多，没有一个没挨过饿的，就是那三路军总指挥李兆麟也曾 50 多天没捞到饭吃，仅仅吃点野菜度日。③

关于缺粮的情况，据日伪资料记载："目前正在深入开展的讨伐和匪民分离工作，削弱了东满共匪的群众基础，群众被赶到山区，为严重的粮荒而苦

---

① 李铸，贾玉芹，高书全等译. 中华民国史资料丛稿（译稿）. 关于东北抗日联军的资料（第一分册）[M]. 北京：中华书局，1982：350.

② 政协通化市委员会文史资料委员会编. 回忆杨靖宇将军 [M]. 通化：政协吉林省委员会文史资料委员会，1988：143.

③ 冯仲云. 东北抗日联军十四年苦斗简史 [M]. 北京：中央文献出版社，2008：74.

恼。从 1935 年到 1936 年，共匪屡次转移根据地，其重要原因就是为了解决粮食困难和确保粮道。匪团经常生活在山里，许多人健康受到损害，加上缺粮，倍尝非人之苦，所以对于解决粮食问题，比宣传和普及共产主义更加卖力。"① 在"战时状态"之下，仅就素有"粮仓"之称的北满地区而言，"生活必需品的严格配给，每个农民每月配二两豆油，每月配给一小盒火柴，每年能领三尺布，五口家的农民能领一双胶皮鞋。今年农民不但不能领得面粉，就是小米平均三十斤必须掺入十分之二的谷糠。② 总之，人民走到无法继续生活的境地，即使过去较为富裕的中间阶层，也日益觉得生活不安。当时在条件较好的农村，农民经常给东北抗联提供粮食。

1940 年 4 月间，周保中、赵尚志率部在宝清、密山一带进行活动。由于连续不断地长途行军，后勤物资严重匮乏，战士们捡食粮食，采摘山果，风餐露宿是家常便饭，每天行军几十里路更是常有之事，战士们的作息都无法保证，英勇的东北抗联战士就是在这种艰苦的条件下，仍伺机打击日寇。到教导旅期间，部队后勤供应并无多大改善，粮食仍按定量供应。时值苏德战争时期，苏联国内供应紧张，野营粮食按不同级别供应，平均每人每天一公斤"列巴"，③ 副食以汤为主，一般是大头菜、柿子汤，早饭每人一碗沙糖水或红茶水。按苏军定量，每人一公斤面包定量是相当高了，但大多数吃不饱。④ 东北抗联领导认识到，要改善部队供应状况，解决吃饭问题，必须自己动手，开荒种地。部队在紧张的军事生活中，发动各连、排自己动手种植蔬菜。蔬菜的主要品种有土豆、萝卜、豆角、西红柿、西瓜等。种植蔬菜的任务由旅部直接下达到连排，每个连排每年都超额完成任务，使部队生活有相当改善。1941 年 4 月，周保中就指示驻屯所部队重视种地问题，他指出，"春

---

① 李铸，贾玉芹，高书全等译. 中华民国史资料丛稿（译稿）. 关于东北抗日联军的资料（第一分册）[M]. 北京：中华书局，1982：179.

② 辽宁社会科学院地方党史研究所著. 李兆麟传 [M]. 北京：当代中国出版社，2010：147.

③ "列巴"：俄语音译，即面包.

④ 高术桥. 东北抗日联军后期斗争史 [M]. 沈阳：白山出版社，1993：193.

耕工作非常重要，请你们用各种教育说服，启发大家同志自觉行动，提高积极性和热忱，无论如何多种一些，千万不可以迟误。"① 1941 年北野营开垦荒地 100 余亩，到 1942 年增至 200 余亩。开荒种地改善了野营的供应条件和生活，这一年野营度过了一个较为安适的冬季。教导旅指战员每天担负繁重的勤务，全旅人数不多但要派出一部分执行勤务，大部分到伙房帮厨，承担砍柴、运食品、削土豆、拉水等工作。工作量比较大，如：每晚要削 18 麻袋土豆皮，到江边用雪橇或爬犁运水，一人高深的八口大锅要全部灌满，要到十几里外去砍柴，并劈好待用。此外，还要担负装卸船的任务，把运来的面粉等主食品从船上搬上岸，再运回营地。②

由此可见，东北抗联在孤悬敌后的极其困难的情况下，在生活保障方面是非常不充分的。尽管如此，东北抗联还是竭尽全力采取多种途径筹措所需经费、物资，尽可能地保障部队的基本生活所需。

4.1.2 被服生产

4.1.2.1 东北抗联服装

东北抗联无统一的服装。游击队时期基本上是便装和缴获的日伪军服装。人民革命军和东北抗联时期，多数军人穿军装，但式样、颜色不统一。资料记载：刚进入兴京境内的东北人民革命军第一军独立师部队，仅有几十人，穿的是杂色衣服。③ 总体上讲，东北抗联服装有日本军服、伪满军服，也有一部分是自己加工的黄土布衣服。④ 自己加工这部分是由军队所属裁缝队缝制，上衣和裤子是将白粗布用树皮染色，基本都是黄绿色的，制成和伪军夏服同

---

① 郭红婴，安德喜. 周保中抗日救国文集 [M]. 长春：吉林大学出版社，1996：508.
② 高术乔主编. 东北抗日联军第一军在辽宁史料长编 [M]. 沈阳：白山出版社，2001：219-220.
③ 高术乔主编. 东北抗日联军第一军在辽宁史料长编 [M]. 沈阳：白山出版社，2001：187.
④ 高术乔主编. 东北抗日联军第一军在辽宁史料长编 [M]. 沈阳：白山出版社，2001：188.

样的服装，佩戴和伪军相类似的红领章。帽子是从日军手中缴获的战斗帽，打着绑腿，脚上多数穿的靰鞡。当时"第二军第一师全体队员头戴类似日满军战斗帽的卡其色棉布帽子。裹腿虽颜色不一，但基本上是草绿色。鞋是日本制的大脚趾分开的胶鞋，并发给背包，颜色不同"。① 在很多情况下，也容易让敌人混淆了对象，"1936年3月31日，以第一师第一团第一连金明八部队为骨干的共匪联合部队约90人，袭击了敦化县小牡丹集团部落。全体队员身着黄尼军服，乍看时和日本军无异，因而部落民误认是讨伐队。"②

具体分析，东北抗联各个军队之间服装也不完全一样。东北抗联第一军1936年前无统一服装，多是黄、兰、黑色等颜色的服装，后来开始穿统一做的黄军装。东北抗联第二军1934年就着统一军服，用树叶染成黄色的，制成和日伪军相同的服装，佩带和伪军相类似的红领章和战斗帽，穿胶鞋，绿色绑腿。东北抗联第三、第四、第五、第十一军大部分穿土黄色军服，戴土黄色军帽，穿胶鞋，打兰（白）绑腿。东北抗联第六军则全部新制统一服装，帽子红色，样式为便帽和钢盔型的混合式。帽子附有红色垂布，通常垂布系在上面，解开放下来即成面罩，以预防山里的蚊虫等。衣服为深蓝色立领制服，鞋不统一。左胸前佩戴以红布写有所属队名及番号的胸章。

军服的供应，好的年头，每人1年发2套单服、1套棉服。北满部队是皮帽子、靰鞡，棉衣亦较南满部队厚。南满部队是棉鞋、靰鞡，条件好的时候还发衬衣。棉衣从10月底穿到翌年4月才脱，多数人能有1条棉被。此外，每人发一布质背兜，其能放个人的一切东西，每人1条干粮袋，水壶都是缴获日伪军的，有的部队有，有的部队则没有。待部队统一编为东北抗日联军后，北满部队曾统一胸章、臂章和军旗式样。③

---

① 李铸，贾玉芹，高书全等译. 中华民国史资料丛稿（译稿）. 关于东北抗日联军的资料（第一分册）[M]. 北京：中华书局，1982：150.
② 李铸，贾玉芹，高书全等译. 中华民国史资料丛稿（译稿）. 关于东北抗日联军的资料（第一分册）[M]. 北京：中华书局，1982：161.
③ 孔令波. 东北抗日联军上 [M]. 长春：吉林人民出版社，2005：340.

4.1.2.2　被服厂发展阶段及其特点

在东北抗联中，活跃着一支从事军需被服生产的队伍，有的编为缝衣队，有的组成被服厂，他们虽不像战场杀敌的抗联战士那样名声显赫，但他们却是抗联队伍的重要组成部分，是抗联的后勤兵。他们默默无闻的工作，创造了许多可歌可泣的英雄事迹，其可贵的革命精神激励后人勇往直前。

第一，被服厂发展阶段

由于东北冬季漫长，东北抗联战士在冰山雪地作战，终日游击在深山密林之中，服装的损耗和需求大大增加。军需被服的供给成了部队战斗力的重要因素。因此，抗联指挥员十分关注并千方百计组织和发展军需被服生产。东北抗联军需被服生产的建立和发展，大体经历了三个阶段：

阶段一：中国共产党创建抗日武装的初期，各县纷纷建立反日游击队。当时被服供给的办法：一方面靠地下党组织妇女群众缝制等办法进行筹集；另一方面，一些游击队自己办起了小型缝衣队，由女战士组成，一般约十来人，随队活动，常在野外生产。当时汪清县、珲春县、延吉县、安图县的游击队都各自建有自己的缝衣队。这4个缝衣队总计有缝纫机十八九台，女军工36人，且都是中共党员，各缝衣队都建有党支部。在正常情况下，一个缝衣队每天可生产十一二套衣服。部队着装不做统一要求，缝衣队生产的衣服式样及颜色较杂，以便服居多，此外还有西服、大合服、朝鲜服，不仅装备游击队，还支援山林队等抗日武装。这里的妇女们不分昼夜地为游击队缝衣服，遇有敌情，她们迅速把机器、物资掩藏起来，敌人撤走后，她们又回来生产。

阶段二：抗日部队日益发展壮大，鼎盛时期达到3万多人。为了适应部队发展的需要，东北抗联各军普遍建立了后方密营，每处密营都设有被服厂。这个时期，不仅军、师两级各自办有被服厂，许多团也建立了被服厂，实行自产自供。被服厂的军工专门从事被服生产。军工队伍中多数是女同志，有的厂还聘请裁缝师傅。各被服厂的生产条件比游击队时期稍有改善，缝纫机械增多了，其来源有从敌人手中缴获的，有通过地下党购进的。一般被服厂拥有六七台机器，有了相对固定的生产场地。设在密营的被服厂，军工们自己动手建起了草木工房，有的厂搭窝棚做工房，还有的利用地窖子搞生产，工厂规模扩大了，一般被服厂十来个人，多的达几十个人。

阶段三：1938年以后，日本侵略者为了确保东北这一侵华的后方基地，以重兵对东北抗联进行残酷的"大讨伐"，东北抗联各军相继遭到重大损失。在日臻严峻的情况下，被服厂被大大削弱了，被迫辗转各地。期间，有些被服厂被洗劫一空，厂毁人亡；有些厂被迫撤离密营随军行动；有的厂解散了，人员补充到部队。一些部队利用行军作战的间隙把女战士临时组织起来，突击生产。即使坚持下来的被服厂也只能断断续续、零零星星地搞生产，以应急需。①

东北抗联军需被服生产经历了3个阶段，8年多的发展历史。在此期间，陆陆续续建立的被服厂遍及各游击区。由于没有统一的工厂领导机构，加之战争环境，很少留下工厂情况的资料，因而，现在已无从对东北抗联各被服厂进行考证。仅就近几年对一些当事人的调查和经过证实的材料统计，这8年中，东北抗联先后建有41个被服厂（见：表4—1），其中，建于1932年至1933年的有6个，1934年至1937年的有31个，1938至1940年的有4个。这些被服厂分别由抗联各部队自建、自产、自供。所以生产的服装用料、颜色和式样均不统一，布料多为花旗布；颜色有黄、绿、灰、黑等；样式以便服居多，以帽子上面有一个红布五星作为抗联的标志。生产的品种，大量的是单衣和棉衣，其次，还有一些棉大衣、被子、鞋子、子弹袋、挂包、绑腿、军旗等。②

---

① 中共吉林省委党史工作委员会编. 吉林党史资料（第2辑）［M］. 长春：《吉林党史资料》编辑出版，1988：94-95.

② 中共吉林省委党史工作委员会编. 吉林党史资料（第2辑）［M］. 长春：《吉林党史资料》编辑出版，1988：97.

表 4-1 东北抗日联军被服厂一览表①

	厂 名	起止时间	人数	机台数	厂领导人	说明
反日游击队	吉林省汪清县腰营沟缝纫队	1931—1933	10	1		
	吉林省汪清县腰大红崴缝纫队	1931—1933	15	1		
	吉林省珲春县烟区缝纫队	1931—1933	4	3	安顺花	
	吉林省延吉县王隅沟缝纫队	1931—1933				
	吉林省安图县游击队缝纫队	1931—1933			崔姬淑	
	黑龙江省珠河县腰铁面缝纫队	1936.6—1933.7				
抗联一军	吉林省通化县河里水曲柳川被服厂	1935—1936	7	4		
	吉林省濛江县暖木条子被服厂	1937—1937.8				
	吉林省柳河县迎门岔被服厂	—1936	6	3		
	辽宁省桓仁县仙人洞被服厂	1935.2—1936	7	5		
	辽宁省新宾县老秃顶子兔洞沟被服厂	—1935.5			朴金花	

----

① 中共吉林省委党史工作委员会编. 吉林党史资料（第 2 辑）［M］. 长春：《吉林党史资料》编辑出版，1988：95-96.

	厂　名	起止时间	人数	机台数	厂领导人	说明
抗联二军	吉林省安图县奶头山东厂子被服厂	1935—1936.2	7	4	崔姬淑	从烟区缝纫队延续过来
	吉林省抚松县大碱场被服厂	1936—	7			
	吉林省敦化县牛心顶子被服厂	—1940		18	安顺花	
	黑龙江省宁安县东京城缝衣队	1936—1937				
抗联三军	黑龙江省汤原县唐里川被服厂	1936.9	6	1	陈静静	
	黑龙江省珠河县华拉沟被服厂	1934—1936	8	4		
	黑龙江省珠河县乌吉密姜家窝棚被服厂	1934—	4	2		
	黑龙江省珠河县三股流被服厂	1936.12	3	1		
	黑龙江省方正县大罗勒密被服厂	1936.10—1937.7	5	3		
	黑龙江省方正县老爷岭东北大腿沟被服厂	1936.7	15	6	范军海	
	黑龙江省通河县小古洞被服厂	1937—	20	7		

	厂　名	起止时间	人数	机台数	厂领导人	说明
抗联四军	黑龙江省方正县红石砬子饭锅被服厂	1935.4—1937.7	14	4	安顺花郑万福	
	黑龙江省宝清县李经圩子被服厂	1937—	10	2	大朴	
	黑龙江省密山县哈达河被服厂	1935—		4	王玉环	
抗联五军	黑龙江省穆棱县萝卜沟河被服厂	1936.2	10			
	黑龙江省林口县刁翎嘧山喀被服厂	1935.12—1937	20	12		
	黑龙江省宝清县板石河被服厂	—1939	4	2	徐立卿	
	黑龙江省依兰县三道通被服厂	1937—	50	20		
	黑龙江省宁安县天桥岭唐家沟被服厂	1933.6—1934.4	10	4		
抗联六军	黑龙江省汤原县帽儿山四块石被服厂	1936.11—1938.3	9	4	裴成春	从苏乐屯老白山被服厂延续而来的
	黑龙江省宝清县锅县山被服厂	1937—1938	7	2		
	黑龙江省宝清县七星砬子被服厂	1937—1938	3	2		
	黑龙江省萝北县莲花湖被服厂	1937—1938.2				
	黑龙江省德都县朝阳山被服厂	1938—1941	10	2		

续表

	厂　名	起止时间	人数	机台数	厂领导人	说明
抗联七军	黑龙江省饶河县爆马顶子被服厂	1934.5—1938.7	7	1		
	黑龙江省饶河县十八里河地被服厂	1937—	10	1		
	黑龙江省虎林虫密山被服厂	—1939	20	1		
抗联八军	黑龙江省方正县万宝山记家窑被服厂	—1937.8				
抗联九军	黑龙江省林口县笔染山被服厂	1936—	8	7		
抗联十一军	黑龙江省桦川县七星砬子被服厂	1936.11—1937.7	15	5		
合计	41个工厂		331	136		

第二，被服厂发展特点

在东北抗日战争中，东北抗联部队同日伪军队进行了艰苦卓绝的斗争，作为直接为部队服务的东北抗联各被服厂，同样经受了各种严峻考验。被服厂的军工们为了多生产几套衣服，使部队将士不挨冻受寒，付出了艰辛的劳动，甚至流血牺牲，体现出军工们大无畏的革命精神。

一是设法筹措和节约原材料。东北抗联被服厂的一寸布、一两棉、一针一线，都来之不易，特别是在敌人进行讨伐和封锁的情况下，原材料的获得就更加困难。为此，各部队、地下党组织和被服厂想方设法，多种渠道筹集原材料。在生产过程中精心裁剪，注意点滴节约。当时，原材料来源于四个方面：游击区群众的支援；地下党组织在敌占区秘密采买；没收资本家布店布匹和富豪大户的捐献；就地取材，寻求代用品。

二是以顽强的毅力同艰难困苦作斗争。东北抗联各被服厂处在荒僻山林中，工作条件和物质生活条件异常艰苦。为了被服厂的安全，对外往来都要通过交通员秘密进行。山下送给被服厂的物资，都放在距离被服厂 10 里远的指定地点，尔后由被服厂派人取回。在往返途中，边走边把踩倒的草用棍子挟起来；冬季要把踏雪的脚印用树枝扫平，以免暴露被服厂的目标。被服厂的房舍和机器都很简陋，就连笨重的手摇缝纫机也很少。由于缺机少人，接到任务都是昼夜开工。夏日，蚊子小又多，直往嗓子眼和鼻孔里钻，浑身痛痒难忍；冬季，房屋四处透风，同志们的手指被冻肿冻僵，握不住针线，仍是不停地干，军工们的生活是极艰苦的。

三是紧紧依靠人民群众的支持。东北抗联各部队的被服供给，不仅来自各被服厂，而且有相当一部分来自游击区的群众之中。在换季时节，游击区的妇救会根据部队的需要，经常组织妇女们赶制军衣。东北抗联将士穿的鞋子，有一部分是各家各户的妇女制作的，她们以辛劳的成果，支援东北抗联部队，贡献自己的力量。

四是尽心竭力为部队提供多种服务。为适应东北抗联部队对后勤服务的需要，被服厂尽心竭力提供多方面的服务，他们既生产被服，又积极做好其他力所能及的工作。各厂经常派人到部队帮助指战员洗衣服、缝被褥、补鞋袜；部队来到密营休整或上级机关在密营举行会议，被服厂就变成了"接待站"，热心做好服务工作；部队的伤员送到被服厂，这里又成了"临时医院"。

五是军工们不怕流血牺牲，献身于军需生产事业。东北抗联被服厂的军工们经受了艰苦磨难，更经住了生死的考验。在穷凶极恶的敌人面前，他们表现了英勇无畏、宁死不屈的革命英雄主义气概。有些被服厂的厂长（负责人）牺牲在敌人的屠刀下，有些军工被敌人投入监狱，更有甚者被判无期徒刑。被服厂的军工们把手中武器——缝纫机看得比什么都珍贵，她们爱机如命，一些同志为了保护缝纫机而献出了生命。①

4.1.3 "密营"建设

密营，也即营房，是指在深山密林中建造的低矮的地戗子式房屋。② 东北抗联无固定营房，游击队阶段主要是散住群众房屋，建立根据地后，多在深山密林中搭一些马架子或地窨子。1937 年后，部队开始住杨靖宇研制的帐篷，帐篷是用白布做的，先是圆形的，后来是长方形的，中间开门。1938 年以后东北抗联大部分密营都先后遭到破坏，部队在深山丛林中打游击，有时在木棚里住宿，经常是点起篝火露营。过着"天大的房子，地大的炕，火是生命，森林是家乡，野菜野兽是食粮"的野营生活。冬天，地上冰雪很厚，有的部队还穿着单衣，篝火成了野营生活中绝不可少的东西。"火烤胸前暖，风吹背后寒""草枯金风疾，霜沾火不燃""烟火冲空起，蛟吮血透衫。"这是东北抗联生活的真实写照。③

第一，密营及其发展历程

早期的密营类型主要有两种：木质型密营和石质型密营。普建后的密营，建筑的类型包括四种：早期有马架子式和地窨子式，中期有霸王圈式，晚期为隐蔽式。密营选址一般设在树木繁茂的高山腹部，这样比较隐蔽，不易被敌人发现，密营也常常设在水源比较充足的地方。房内建有土炕和地灶，除此之外，密营还设有临时的医院、卫生所和修械所。

日本侵略者于 1935 年在东北全面兴建集团部落，把居民从所住山沟和乡村撵到他们建筑的村屯，挖护城壕，昼夜布兵，监视把守，导致东北抗联进入地下活动的密营抗战时期。敌伪资料记载："夏云楷匪，在汤原县亮子河金矿已无一间房子。然而在该地北方约 20 余华里处有小房子十余间。此处是他

---

① 中共吉林省委党史工作委员会编. 吉林党史资料（第 2 辑）［M］. 长春：《吉林党史资料》编辑出版，1988：97-102.

② 蒋颂贤. 近代吉林人民革命斗争史［M］. 长春：吉林文史出版社，1992：255.

③ 孔令波. 东北抗日联军上［M］. 长春：吉林人民出版社，2005：340.

盘踞之地并且是病人的疗养所。""盘踞在木兰县蒙古山的曹团长、九江等的山寨，是在地下挖掘成的，使屋顶和山的表面平行，不易发现。其他山寨没有特殊构造。山寨的周围都筑有堑壕。"① 1937 年随着侵华日军的"大讨伐"和集团部落初见规模，抗联密营不断遭到攻袭、破坏，东北抗联的生存环境也愈趋艰苦。②

东北抗联将领对建立密营极为重视，1939 年 3 月 15 日李兆麟致函领导干部和全体指战员，在信中强调下江工作异常重要，其中之一是，抗联密营的建立的问题不是简单地因地制宜的问题，利用森林、河套还是野塘果然能隐藏自己，但也脱离了群众。所以根据敌人统治力量的不同，灵活安排部队活动的据点，这是布置密营艺术。③

1940 年末，东北抗联过境部队到达南北野营时，指战员住在原有的几间旧营房内。随着过境部队的增加，原有营房明显太少，临时帐篷成为部队的住所。旅长周保中、副旅长张寿篯（李兆麟）亲自担任野营领导，筹划和领导了扩建营地的规划工作，苏军一少校和几名尉官担任营建顾问。指战员自己动手修建营房、采石铺路，制作桌椅、床铺等日常用具。营建工程严格按照图纸施工，首先用绳子栏树，然后标出营房位置，不断锯树烧荒，清理地面，挖好地基，就地取建筑材料，总之一切都是自己动手。由于工期紧张、劳动强度大，战士们昼夜兼程，夏季冒着狂风暴雨劳动，冬季顶着寒风上山伐木。营房结构是半地下半地上，夏天则临时建立半地上半地下的帐蓬，在营房临近设置帐篷区。1942 年秋至冬，教导旅新建四栋大型营房，每个营一栋房子。内住 2 个连、4 个排、16 个班和 1 个营部，约 200 人左右。④

东北抗联密营的分布之广、组织之完备、斗争之顽强，令人瞩目，能与关内的八路军地道战相媲美，可以称之为林海地道，成为抗联游击战争运用

---

① 李铸，贾玉芹，高书全等译. 中华民国史资料丛稿（译稿）. 关于东北抗日联军的资料（第一分册）[M]. 北京：中华书局，1982：350.

② 赵俊清. 赵尚志传 [M]. 哈尔滨：黑龙江人民出版社，2015：272.

③ 辽宁社会科学院地方党史研究所. 李兆麟 [M]. 北京：当代中国出版社，2010：79-80.

④ 高树桥. 东北抗日联军后期斗争史 [M]. 沈阳：白山出版社，1993：216.

的可靠依托。①

第二，密营的地位和作用

密营，实际上是一种特殊形式的根据地。东北抗联密营与关内八路军、新四军所建立的抗日根据地当然存在不同之处，但二者也有一些相同的特点，即它们都是消灭和驱逐敌人，保存和发展自己的战略基地，也就是游击战争的后方。② 密营的地位和作用具体表现在以下三个方面：

首先，密营是东北抗联游击战争战略战术运用的重要依托。在东北抗日战场上，由于敌我力量悬殊，东北抗联多数情况下都是避强攻弱，伺隙乘虚。因此东北抗战的战略实质是防御的。东北抗联这种战略战术的运用，一方面是迫于时局的压力，另一方面也是战略保护的需要。同时也正是因为密营的存在，东北抗联灵活的游击战术运用才可以蓬勃发展起来。

其次，密营是东北抗联储存战略物资、从事后勤补给的基地。1936年秋，东北抗联十一军在七星砬子山里建立了一处密营，经过一段时间的整备，从无到有，陆续创办了一些物资机构，其中以修械所为主，修械所的工人们以高度的智慧，克服了重重困难，制造了许多战略物资，为东北抗联部队战斗力的提升做出了突出贡献。③ 后来其在此基础上改造为下江联军修械所，不久又扩建为东北抗联七星砬子兵工厂，对保障东北抗联各军在前线作战发挥了重要的作用。1938年敌人实行"归屯并户"政策，东北抗战进入困难阶段，从敌人手里缴获的粮食，依靠密营加以存放。虽然东北抗联密营规模不大，但其储备的粮食和提供的武器装备，使得处在内外交困下的东北抗联部队仍然能够维持战斗，东北抗联在抗敌过程中发挥了重要的后勤保障作用。

再次，密营是东北抗联安置伤病员、培训干部的后方。由于敌人的疯狂打压，东北抗战进入困难时期，根据时局的变化，东北抗联果断将安置伤员和培训干部的任务转由密营承接。因此，干部学校和各类培训班在密营中不

---

① 蒋颂贤. 近代吉林人民革命斗争史 [M]. 长春：吉林文史出版社，1992：255.
② 毛泽东选集：第2卷 [M]. 北京：人民出版社，1991：418.
③ 常城等. 现代东北史 [M]. 哈尔滨：黑龙江教育出版社，1986：270.

断创建，为抗联部队培养了许多后备干部，也为保持东北抗联队伍的延续性，使处于战略防御阶段的东北抗联队伍能够生存和发展下去，继续与敌人斗争下去，无疑起到了关键的作用。正如毛泽东所说："没有根据地，游击战争是不能长期地生存和发展的，这种根据地也就是游击战争的后方。"①

密营是在东北抗战的大时局下和特定的环境中产生的，适合东北游击作战特点的"根据地"存在特殊性，表现为两方面：一是不稳定性，密营的设立一般因事制宜，因地制宜，设施简陋，同时为了不被敌人发现，密营基本都是建立在原始森林等人烟稀少的地方。二是缺少群众基础，生存能力很弱，自给自足程度较低，一旦外部环境恶化，密营生存便面临险境。1942 年后，密营大部分丧失殆尽，东北抗联失去了最后的依托，不得不转入苏联境内。

4.1.4 地下交通

东北抗联及其前身都十分重视建立稳定而有效的地下交通组织。当时很多反日的战斗员，又是交通员。东北抗联交通主要由两部分构成：国内交通和国际交通。本书仅以黑龙江抗日地下交通为例做进一步分析：

第一，国内交通

阶段一：1931—1936 年。1931 年底罗登贤首先在哈尔滨道里松花江桥附近一个称牛甸子小沙岛上——冯仲云家，建立了省委交通站。以后，又相继在南岗的河沟街、小戎街、道里的炮队街、高士街等多处建立了交通站和传递情报的联络点。同时，还培养选拔了一批交通员。1933 年 2 月，中共吉东局在牡丹江闹市中心建立了"牡丹江大同医院"——地下交通站，负责对满洲省委、共产国际中共代表团、东满特委（交通处）、各所属县委等地的秘密交通联络。1935 年 5 月，吉东特委书记杨松与组织部部长李范五等，在牡丹江的德发客栈、磨刀石火车站、林口石印局等地建立五处地下交通站。王德民、魏绍武等担任吉东特委的交通员。1935 年 8 月，中共北满特委机关，就

---

① 毛泽东选集：第 2 卷 ［M］. 北京：人民出版社，1991：418.

编有通信联络部门，并编有交通员。①

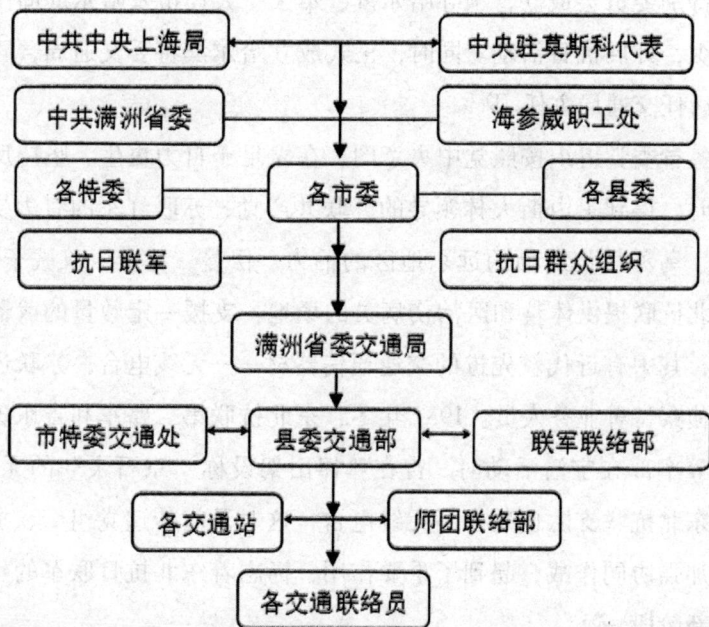

图1 东北及黑龙江组织机构（交通）示意图（1931—1936年）

说明：箭头表示领导隶属关系

通过图1分析得知，东北及黑龙江交通组织机构基本建立，在当时抗战的特殊环境下，交通状况基本得到保障。东北抗联为了及时得到党的指示，及时准确掌握日伪军的作战行动，通常在军师两级指挥机关内编有地下交通部门，团编有交通员。1935年至1936年军部机关编稽察处（即是交通联络部门），负责军与上级党及下属机关的情报联络工作。东北抗联第七军第二师机要交通员郑三锁，多次传送重要情报，机智勇敢完成任务。②

① 梁文玺. 黑龙江抗日战争时期地下交通［M］. 哈尔滨：哈尔滨工业大学出版社，1992：16.

② 梁文玺. 黑龙江抗日战争时期地下交通［M］. 哈尔滨：哈尔滨工业大学出版社，1992：17.

阶段二：1936—1942 年。1936 年初中共满洲省委被撤销。1 月 9 日，中共哈尔滨特别委员会成立，领导哈尔滨、奉天、大连市及哈尔滨周围地区各县的党组织，开展抗日活动。同时，正式成立哈尔滨特委交通局，陈印章和桑如桂先后任交通局主任。①

东北各省委党组织按照党中央意图，在立足于自力更生、坚持反满抗日斗争的同时，得到了由斯大林领导的苏联共产党、苏联红军的有力支援。在与黑龙江、乌苏里江对面的远东地区的伯力、伊曼、比金、双城子等地区，苏联为东北抗联提供休整和医治伤病员的场地，支援一定数量的武器弹药和物资器材，其中有近代较先进的交通通信器材——无线电台，苏联还帮助培训通信、侦察特种业务人员。1937 年冬，东北抗联第二路军和吉东省委领导人周保中等率部在宝清活动时，曾在兰棒山架设称"京石泵"的无线电台，之后多数东北抗联支队也装备了无线电台，这对及时传递党组织、抗日武装的情报，加强协同作战，起到了重要作用，标志着东北抗日联军的建设发展到了一个新阶段。②

阶段三：1942—1945 年。从 1938 年开始，由于日伪军疯狂围剿，东北抗联小部分部队开始进入苏联境内整训。到 1940 年冬，在东北抗联严重减员、生存受到严重威胁的形势下，北满省委、吉东省委以及抗联第一、第二、第三路军的多数领导人率其大部，相继从绥宁、虎林、饶河、抚远、绥滨、萝北、嘉荫、黑河等边境交通站进入苏联境内，进行休养补充。入苏的东北抗联，一方面进行整顿，机智灵活地打击日伪军，尽力多牵制日军于东北战场。另一方面还努力接触广大劳苦群众，建立恢复党群组织和地下交通站。（附图2）这一时期，仅从哈尔滨至北安地区朝阳山一带，就有东北抗联地下交通员、地下工作者 300 余人。

---

① 梁文玺. 黑龙江抗日战争时期地下交通 [M]. 哈尔滨：哈尔滨工业大学出版社，1992：23.

② 梁文玺. 黑龙江抗日战争时期地下交通 [M]. 哈尔滨：哈尔滨工业大学出版社，1992：24-25.

```
┌──────────────┐        ┌──────────────────┐
│   北满省委    │────────│  抗联教导旅        │
└──────────────┘        │  中共东北党委员会   │
                        └──────────────────┘
┌─────────────────┐     ┌─────────────────────────┐
│ ┌────┐ ┌────┐  │     │ ┌────┐ ┌────┐ ┌──────┐ │
│ │抗  │ │各  │  │     │ │教  │ │迫  │ │通    │ │
│ │联  │ │县  │  │     │ │导  │ │炮  │ │讯    │ │
│ │支  │ │委  │  │     │ │营  │ │连  │ │连    │ │
│ │队  │ │    │  │     │ │4   │ │    │ │（营）│ │
│ └────┘ └────┘  │     │ └────┘ └────┘ └──────┘ │
└─────────────────┘     └─────────────────────────┘
┌──────────────┐
│   救国会      │
└──────────────┘
┌──────────────┐
│  各交通员     │
└──────────────┘
```

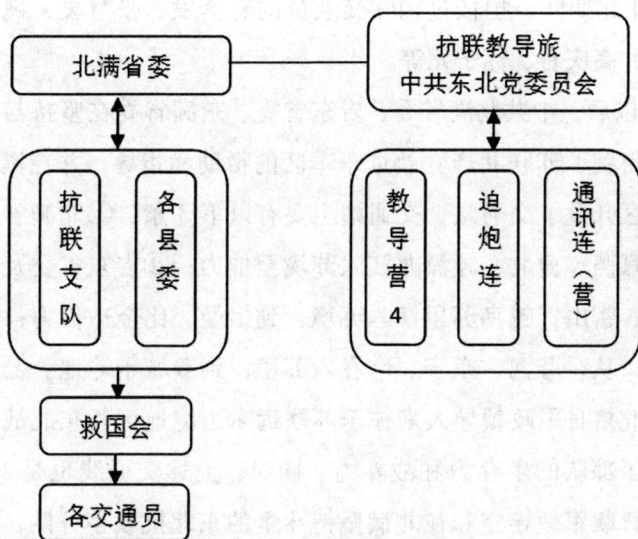

图2 东北抗日战争组织机构（交通）示意图（1942—1945年）

第二，国际交通线

早在1926年5月，为了掩护往返于苏联的共产党领导干部，北满地委派苏子元、王纯一到绥芬河，建立了国际交通联络站。1927至1929年，中共哈尔滨地委先后派苏子元、王栖真、王光禄、高庆有，在密山的当壁镇、二人班开设了对苏境内的图里洛格至海参崴的国际交通站。这些交通站的建立，不仅为当时加强中国共产党同苏联党的联系起到了重要作用，也为后来的反满抗日战争创造了条件。

1931年9月日本军国主义发动侵占东北的战争后，到1936年中共满洲省委、哈尔滨特委、吉东省委、东满省委都相继建立了国际交通站，担任从本级机关到中共中央（上海）、中共驻莫斯科代表团的党政情报传递与通信联络，其交通线至少有以下4条：①哈尔滨至满洲里越苏境，经伊尔库次克，到莫斯科中共代表团驻地——柳克斯旅馆；②哈尔滨至黑河国际交通站，越黑龙江，经海兰泡至莫斯科或海参崴；③哈尔滨经牡丹江密山国际交通站入苏境，经图里洛格至海参崴；④哈尔滨至牡丹江绥芬河国际交通站入苏境至海参崴。① 在此期间，担任过国际交通员的有李发、张慧衷、魏少武、李福堂、王光禄、高庆有、苏子元等。

1938 年以后，中共北满省委、吉东省委、东满省委在坚持与敌战斗周旋的同时，也得到了苏联共产党及远东军区的帮助和指导，并在黑龙江、乌苏里江对应地区开设了交通站，交通站主要有以下 3 条：①北满省委及第三路军经黑河或嘉荫、萝北，越黑龙江入苏境至伯力；②吉东省委及第二路军经饶河或虎林、密山，越乌苏里江入苏境，到伊曼、比金达伯力；③东满省委及第一路军，从绥芬河、东宁、珲春入苏境，到双城子等地。上述交通线的开辟，对东北抗日军政领导人来往于苏联远东边境地区和东北战场提供了方便，也增强了部队的生存力和战斗力。同时，上述交通线也是 1942 至 1945 年，东北抗日联军教导旅和在北满坚持斗争的东北抗联小分队，入苏或潜回进行侦察的主要交通联络线。②

地下交通的基本任务及手段：为了实现抗日救国的总任务和战略目标，在各级党组织、武装队伍、抗日群众组织中，建立的交通机构则是完成总任务的重要一环。具体说，主要有五项基本任务：一是传递中共中央（含驻莫斯科代表团）、省委的各项指示等；二是迎送各级党政军领导干部巡视指导工作；三是准确搜集各类活动情报，制定作战行动方案；四是筹集各类物资，保障后勤供应；五是宣传抗日救国主张，动员各界人之参加抗日斗争。③ 在敌强我弱和敌后条件下完成上述任务，对交通站的选定和交通员素质提出了高标准、严要求，必须立得稳，走得出，联得上。在交通站的选定上，既要较隐蔽又能便于机动，既不易遭敌破坏，距日伪军据点太近，过早暴露，又不能太偏僻，不便于行动。在各级党政群团组织内建立的交通站，站内的交通

---

① 梁文玺. 黑龙江抗日战争时期地下交通 [M]. 哈尔滨：哈尔滨工业大学出版社，1992：35.

② 梁文玺. 黑龙江抗日战争时期地下交通 [M]. 哈尔滨：哈尔滨工业大学出版社，1992：36.

③ 梁文玺. 黑龙江抗日战争时期地下交通 [M]. 哈尔滨：哈尔滨工业大学出版社，1992：41.

员选配则标准更高。政治立场必须坚定，有为抗日救国不惜牺牲自己生命的钢铁般的意志，不怕艰难困苦，有连续作战的顽强战斗作风。

由于当时日本侵略者的强大，我们的力量比较薄弱，抗日战场又处于敌后，在进行地下交通战时，便出现以下三个特点：公开斗争与隐蔽斗争相结合，以隐蔽斗争为主；交通工作的职业化和群众化相结合，以职业化为主；国内的交通与国际交通相结合，以国内交通为主。有鉴于此，东北抗日战争时期进行的地下交通必须根据不同时期的政治、军事斗争形势采取多层次、多手段进行。①多层次办交通：东北抗联各路军，从军到师团（支队），都建有交通组织。从交通站所处的位置来看，有城镇的，有乡村的，有内地的，还有边境地区的，有陆地的，也有水上的。从交通员的构成的成分分析，以共产党员、工农群众为主体，还有知识分子；有汉族、朝鲜族，还有蒙古族、鄂伦春族等少数民族，凡此种种，形成了一个打不垮的地下交通网，为东北的最终解放奠定了坚实的基础。②多手段办交通：抗日战争初期，开展交通通信主要靠徒步联络，骑马者为少数。1935年以后，逐步在北满省委，东北抗联第二、第三路军和第三、第九支队，配备无线电台进行密码通信联络。但众多的部队还是采取多种巧妙的伪装手段，依靠徒步进行地下交通联络。

4.1.5 医疗卫生

在东北抗联的艰苦岁月中，东北抗联的卫生勤务保障工作从无到有，在保证部队战斗力方面发挥了重要作用。

4.1.5.1 组织体制与医护队伍

东北抗日游击队时期，没有编配正式的卫生机关和医疗机构。1934年以后，东北抗联从城乡动员了一部分医生参加到部队中来，同时从原抗日义勇军中改编过来一部分医务人员，开始设立了卫生勤务部门。东北人民革命一军、二军在1934年至1935年，军部编有军医处，师编有卫生队，团编有医官，连编有卫生员；较大的独立团也编卫生队。有的军还设有后方医院和密营医院，卫生训练机构由各军的医疗队负责。此外，东北抗联还曾利用苏联的训练机构，培训了一批医护人员，前后共选送 3 批，共计 30 人，学期半年。

东北抗联部队中的医务人员主要由下列几种人员构成：一是抗联部队内部的医生。较有名望的如三军军医张险涛，五军军医管毅，六军军医王耀钧等。二是由抗联部队直接领导的在地方开设药店的坐堂中医。1934 年抗联六军就派人在鹤岗市旧街基开设德泰和中药店以掩敌耳目。中药店同时被指定为抗联的联络站。三是利用地方党负责开设的药店、医疗所为部队进行医疗服务，邀请的坐堂中医。如讷河县老莱镇庆端中药店是当地地下党开设的，请来坐堂中医赵麟阁给抗联伤病员治疗伤病，他还向抗联献过接骨丹药方。四是农村的中医。他们绝大多数具有爱国主义思想，只要抗联或地方党找到他们，一说是打日本鬼子受的伤，他们都积极主动、甘冒风险为抗联战士治伤。五是抗联部队中的"土医生"。抗联在长期艰苦斗争中，由于伤病员得不到及时抢救治疗，造成很大伤亡。许多抗联部队为此开始了群众性的自医自救活动，因此，抗联战士都称那些懂得医道的干部是"半拉子医生"。六是同情和支持抗联的城市医生。1934 年 9 月，抗联三军的韩光大腿负伤，后化装住进哈尔滨南岗区市立医院，得到该院外科副医长张柏岩的精心治疗后痊愈。①

东北抗联各部队还逐步建起了护理人员队伍，护理人员主要由以下几种人员构成：一是各军医疗队培训出来的卫生员。二是被服厂的女战士兼做护理工作，她们大都在医生的指导下学会了护理技术。三是负轻伤的抗联战士，他们不仅要照顾自己，还要学习一点护理的知识，担负起护理重伤员的责任。

4.1.5.2 医疗救护工作

东北抗联初期各军都在游击区组建了一些后方医院。后方医院都有较固定的房舍、床铺，备有扩创、取弹片、缝合等外科医疗设备。医务人员都是医药合一，既管医又管药。房屋是干部战士自己动手伐木建造的，药品器材

---

① 孙成武，刘纪生. 黑龙江省志（第 66 卷）军事志 [M]. 哈尔滨：黑龙江人民出版社，1994：401.

和被服是用缴获伪军1个团的战利品装备起来的。

进入艰难时期，东北抗联各军建立起了密营医院。密营医院除有简易房舍和床铺外，一般都没有专职医务人员，护理工作也由被服厂的女战士兼理。药品和医疗设备也缺乏，西药几乎没有，医护人员多用中草药和盐水处理伤口。治疗内科疾病也都用民间疗法针灸、拔罐子、推拿、刮、挑等。治疗工作都依据客观条件，采取灵活的方式进行：一是把伤病员送到后方医院或密营医院治疗；二是把伤病员安置在可靠的农民家中养治；三是隐蔽安置在深山密林里养治。东北抗联发展阶段，战斗下来的轻伤员都是送到后方医院治疗或安置在深山密营里养治，重伤员都是交给地方党组织安排在群众家里养治。①

东北抗联在战场上的救护工作采用自救互救的方法。由于缺少医务人员，迫使指战员在长期的对敌斗争中都很注意学习医疗救护知识，一般的战士都会包扎、消毒、止血等操作技术和碘酒、雷封诺尔等药品的使用方法。

4.1.5.3 卫生防病工作

东北抗联的卫生防病工作也是经过无数次经验教训之后，东北抗联逐渐认识到并重视起来的。抗战初期，由于在部队中没有开展卫生防病工作，指战员染上疾病和发生食物中毒的事时有发生。抗联三军因有的战士常年不洗脸，夏季腹泻、冬季冻伤的战士很多。为了保证部队的战斗力，各军根据各自的不同条件，采取了一些必要的卫生防病措施：

一是改善居住环境。1938年后，由于敌人的疯狂讨伐，抗联各部队不能在老百姓家里住宿，只好露宿在深山密林里。为预防疾病抗联每4人发一个帐篷，帐篷内有炉子、斧子和铁锅，用于生火取暖和烧水饮用。抗联各军还在密营里修建起半地下的简易营房，在此培训干部和部队休整。凡在一地宿营3天以上，每班要建1个临时厕所，用后掩埋。

二是搞好个人卫生。提倡每天要洗脸，冬季要用雪擦洗脸和手，以增强

---

① 孙成武，刘纪生. 黑龙江省志（第66卷）军事志［M］. 哈尔滨：黑龙江人民出版社，1994：402-403.

对严寒的抵抗力，预防感冒。灭虱是各部队普遍重视的事，指战员常用开水煮、篝火烧，冬季用冻的方法消灭虱子，还学习朝鲜族用杆捣衣的方法，消灭虱子。洗衣服没有肥皂，战士们就用草木灰过滤水来代替肥皂。

三是设法改善伙食、增加营养。1938 年后，部队在给养问题上遇到了极大困难，战士们不仅粮食吃不上，蔬菜也是缺乏的。这时期抗联指战员的体质普遍下降，部队患夜盲症、坏血病的战士逐渐多起来。为了增强体质，防止缺乏营养，抗联指战员在山区群众的帮助下识别和寻觅野菜，除食新鲜野菜外，还在夏秋两季晾晒许多干野菜，贮藏山洞中，供冬季食用。秋季战士们还大量地采集榛子、橡子、松子等果仁和山果。此外，战士还猎获鹿、狍子、熊、野鸡、野鸭等野兽飞禽，改善伙食，增加营养。

四是做出"两带两采"的规定。为搞好卫生防病工作，东北抗联规定每个人都要随身"两带"，即带火种（火柴、火镰、火石）和盐。火主要是用它在夏季驱蚊，遇雨淋湿后烘干衣服；在冬季生火取暖，常年喝开水，同时野炊也都要火。因此，抗联战士都要把火视为命根子。盐是用来洗伤口的。"两采"即采中草药和采野菜。所有抗联战士不论到山区还是到草原，都必须执行"两采"。采集中草药是用来防病的，采野菜是为了充饥和治疗维生素缺乏症。①

4.1.5.4 医药来源

东北抗联的药品、医疗器械和卫生材料的来源有四种途径：一是从敌伪手中缴获；二是通过关系在敌占区采购；三是自己动手采集中草药，制成丸、散、膏、丹煎服；四是自制医疗器械。1938 年冬，东北抗联一路军军需部长朴淳日的脚趾冻烂，需要做手术，因没有手术锯，医务人员就用铁罐头盒制作了一把手术锯，截断了朴淳日的冻伤坏死脚趾。除自制外，抗联战士在自救互救中还充分利用剃头刀、钳子等工具，将这些工具煮沸消毒后做医疗器械使用。抗联六军三师师长王明贵还利用柳树条，将其扒皮后做镊子来压迫

---

① 孙成武，刘纪生. 黑龙江省志（第 66 卷）军事志 [M]. 哈尔滨：黑龙江人民出版社，1994：404-405.

止血。

　　东北抗联在 14 年的艰苦斗争中创造并积累了丰富的卫生勤务保障经验，这不仅有着深刻的历史意义，而且有着重要的现实价值，很好地总结这些经验，对提高部队的野战生存能力、加强医疗保障工作是极为重要的。

　　综上所述，东北抗联在物质生活保障方面，即在饮食、被装、"密营"和医疗等方面都是不充分、不均衡的。这说明东北抗联在孤悬敌后的情况下，生活条件非常艰苦，只能自力更生，勉强维持生计，竭尽全力满足战争的基本所需。就是在这种极端艰苦的条件下，广大抗联战士不畏艰险，继续与日伪军进行英勇卓绝的搏斗，从而体现了东北抗联全体指战员坚定的理想信念、高尚的爱国情操和伟大的艰苦奋斗精神，这种伟大的东北抗联精神值得我们永远铭记、学习。

4.2　制度文化

　　制度本身就是"人文"的、"人化"的，因此，有什么样的主体，就有什么样的制度；有什么样的主体，就确立遵守什么样的制度，制度文化是制度的观念内核。① 东北抗联的制度文化是指东北抗联为了保证抗日战争的顺利开展而进行的一系列的政治和军事制度建设，体现了全体抗联指战员坚定的爱国主义信念和不畏牺牲的革命精神。下文主要围绕东北抗联的政治思想工作、政治和军事制度建设以及创建的政治军事学校等问题展开研究。

4.2.1　政治思想工作

　　东北抗联始终把党的建设作为根本，坚持党对军队的绝对领导；不断充

---

　　① 车洪波，郑俊田. 中国当代制度文化建设 [M]. 北京：中国商务出版社，2004：102.

实壮大党员队伍，加强党员教育；严格党的纪律，纯洁巩固党的组织。对党的忠贞不渝，是东北抗联取得胜利的一大法宝。

其一，始终把党的建设作为根本，坚持党对军队的绝对领导。

列宁说过："任何革命运动，如果没有一种稳定的能够保持继承性的领导者组织，便不能持久……"①　东北抗联是中国共产党创建的抗日武装，在其成长和发展壮大的过程中一直重视党的建设工作，矢志不渝坚守党指挥枪这一根本原则。

1933 年 1 月 26 日，《中央给满洲各级党部及全体党员的信》中指出：为避免失败和瓦解，为使反日游击运动胜利，那便需要坚决地为夺取和巩固我们的党——无产阶级唯一的彻底革命的党——在满洲反日游击运动及各种革命群众运动中领导权而斗争，只有它能够组织和动员满洲本部及全中国成千上万的民众作武装斗争，从满洲及全中国赶走日本帝国主义，我们的党是唯一可靠的组织者和领导者。②　1933 年 5 月 11 日，《中共满洲省委关于执行反帝统一战线与争取无产阶级领导权的决议》中指出，强调发展党巩固党建立党在反帝运动中强有力的领导。③　1933 年 11 月 24 日，《何成湘关于最近满洲工作的报告》指出，加强党的领导非常重要，因为，东北民众联合义勇军成立，曾打下了汤原县城一次，但因指挥的不统一集中和计划的不周密，最主要的是没有党的坚强领导核心，只打下了城池，旋即退出。④　以上不论中央和省委的指示，还是具体的执行工作，均体现了在抗联制度文化建设中，加强党的领导的重要性。

东北抗联党的建设工作也像抗联本身一样经历了一个曲折的变化过程。

①　列宁选集：第 1 卷 [M]. 北京：人民出版社，1972：334.
②　东北抗日联军史料编写组. 东北抗日联军史料（上）[M]. 北京：中共党史出版社，1994：46.
③　东北抗日联军史料编写组. 东北抗日联军史料（上）[M]. 北京：中共党史出版社，1994：66.
④　东北抗日联军史料编写组. 东北抗日联军史料（上）[M]. 北京：中共党史出版社，1994：107.

按各军发展变化情况可分为三种类型。一是直接由中共领导建立党的组织。如东北抗联第一、第二、第三、第六、第七军。二是中国共产党党员进入抗日义勇军中，逐步建立党的组织，使之接受党领导。如东北抗联第四、第五军。三是部分抗日义勇军接受中共的领导，编入抗联队伍后，新建立党的组织。如东北抗联第八、第九、第十、第十一军。东北抗联党的建设工作虽然各军状况不同，但经过艰辛的努力，党始终在抗联各军中是组织健将、坚强干部、人数较多的核心领导力量。从东北义勇军建立反日游击队开始，省委和东北抗联就特别重视党的建设工作，坚持党对部队的绝对领导。

1938年以后，日本军国主义加大了对东北的"大讨伐"，因此，东北抗联遇到了更多的困难和挫折。1938年2月20日，中共北满省委书记张兰生和张寿篯给各军负责同志及党委的信指出：党要在加强各独立部队抗日救国的教育训练中，巩固队员的战斗决心，用力地提高党在人民群众中的威信，坚持党在抗战中的领导责任，切忌在群众中掩藏党的政治面貌。党要以最坚韧不怕困难的精神，以民主集中制迅速克服各军及各独立游击部队之间的不统一现象。1942年东北抗联教导旅又提出：为了使我们自己的武装在意志和行动上的统一，需要在思想上、政治上、组织上成为完全巩固的布尔塞维克党组织。① 正是基于以上，才使东北抗联处于艰难困苦境地而没有溃散。

其二，壮大党员队伍，加强党员教育。

在东北抗日斗争中，马克思主义信仰的先进性、彻底的革命性和广泛的群众性，成为东北抗联将士强大的精神支柱。东北抗联主要领导集体按照中国工农红军的经验，建设和整顿抗联队伍，建设党的组织。在部队中有的共产党员占20-30%，多时达到40-50%，这些用革命理论、科学知识和共产主义信仰武装起来的抗联将士，成为抗联队伍的坚强领导核心。②

中共满洲省委始终重视军队党组织的发展壮大，提高党员素质。政治教

---

① 东北抗日联军史料编写组. 东北抗日联军史料（上）[M]. 北京：中共党史出版社，1994：237.

② 庄严. 民族魂——东北抗联 [M]. 长春：吉林出版集团有限责任公司，2014：13.

育，以阶级思想为基础，拥护中国共产党的政策主张为内容。对于新战士入伍，首先进行政治教育，然后用示范和诱导的方法，促进其自觉行动。对于干部同志，重点进行马克思列宁主义及中国革命问题基本理论教育。①

　　1933 年 7 月 10 日，中共满洲省委在八一征收党员信中要求"吸收成千成万的反日游击队战士入党！向着大的反日队伍去建立党的堡垒，不使一个反日游击队，没有党的组织"。东北抗联各军党的组织状况根据满洲省委的指示都有了很大改观。1935 年东北人民革命军第三军经过扩编，队伍不但得到了充实和扩大，而且党员后来发展也很快，到年底共有基本队员 750 余人，其成员 75% 为贫农，60% 为青年，党团员约占全军 60% 左右。② 同年 11 月，东北反日联合军第五军西部派遣队，党组织发展了三分之一。东北抗联各军越在极端困难情况下越重视党组织的发展工作（见表 4-2）。来自敌伪军的资料记载：1935 年，东北人民革命军，尽管有秋、冬大规模的讨伐等各种不利因素，但东边道共匪的数字仍然有明显的增加。1940 年抗联第三路军第六支队在"红五月"③ 纪念活动中，还征收候补党员 4 名。东北抗联不论哪支军队对发展党员的标准制定的都非常规范和严格，特别是主要领导人的入党，要进行严格审查和把关，经过所在支部的表决和通过以及候补期间的考察和监督。在发展党员时，很重视党员的阶级成分和国别。据 1935 年 1 月统计，抗日同盟军第四军第一师 XX 连 18 名党员中，贫农就占了 60% 以上。1933 年 11 月 24 日，《何成湘关于最近满洲工作的报告》中记载：全省党员共有 2500 多人，韩国同志约 1600 人。④

---

① 张正隆，姜宝才. 最后的抗联 [M]. 北京：人民出版社，2016：24.
② 刘枫，胡凤斌，刘强敏. 东北抗日联军第三军 [M]. 哈尔滨：黑龙江人民出版社，2005：88.
③ 列宁选集：第 4 卷 [M]. 北京：人民出版社，1972：510.
④ 东北抗日联军史料编写组. 东北抗日联军史料（上）[M]. 北京：中共党史出版社，1994：115-116.

表4-2 "共匪"人数按月递增表①

	共匪人数	以10月上旬指数为100
10月上旬	620	100
11月上旬	800	129
1月上旬	900	143
2月上旬	980	158
3月上旬	1120	180

（依据奉天地方警务联络委员会旬报制表）

随着党的队伍不断发展壮大，1933年6月1日，中共满洲省委提出：根据目前党员情况，只有加强党的教育，才能更好的使新党员各行其职。根据省委指示，东北抗联成立了流动的训练班和列宁小组。教育的主要方法：一是在培训中让党员学习基本理论和党的文件，讨论党的基本常识，反对党内官僚、命令、军事万能主义，实行党内应有的民主，真正开展批评与自我批评。二是由领导干部讲解当前抗日斗争状况，反对悲观失望、动摇退却、妥协投降情绪，提高民族觉悟和自信心。三是在业余生活中，举办相关实践活动，努力提高党员素质，使其成为一名洞察理论、执行命令、英勇善战、遵纪守法的楷模。

通过一系列党的教育，提高了党员的政治觉悟和理论水平；增强了党员作战和工作的积极性和创造性；激发了党员争先成为英雄模范的斗志。1933年1月26日在《中央给满洲各级党部及全体党员的信》中指出，通过满洲党的组织有计划地和有系统地进行这项工作，使得大部分党员和积极分子在群众革命斗争的实际中，能很快地了解和学习马克思列宁的理论。② 根据老抗联徐云卿的回忆："在党训练班学习中，我明白了许多道理。我认定了，只有跟着共产党走，地主才能被打倒，才能赶走鬼子救中国，才能把中国建设得像

① 李铸，贾玉芹，高书全等译. 中华民国史资料丛稿（译稿），关于东北抗日联军的资料（第一分册）[M]. 北京：中华书局，1982：43-44.
② 东北抗日联军史料编写组. 东北抗日联军史料（上）[M]. 北京：中共党史出版社，1994：55-56.

斯大林领导下的苏联一样。同时也明白了我们党员不光要行军、打仗时刻苦、勇敢；在平时，学习政治、文化也要是个好样子。"① 只有这样的方法，我们才能在组织上、政治上发展和巩固党组织，才能使其成为革命运动彻底的、唯一的和有力的领导者。

其三，严格党的纪律，纯洁巩固党的组织。

自从 1933 年 5 月 15 日，《中共满洲省委关于执行反帝统一战线与争取无产阶级领导权的决议》中强调，只有建立了模范支部，支部生活才能健全，那么，执行党的任务的柱石就坚固了。② 东北抗联及前身便一直积极重视政治思想工作，把坚持党的领导放到首位；不断壮大党员队伍，加强党员教育；严格党的纪律，纯洁党的组织。

列宁说过："无产阶级在争取政权的斗争中，除了组织而外，没有别的武器。"③ 1934 年 4 月，中共吉东局在《关于吉东反日战争形势和我党的迫切任务》中指出，必须有铁的纪律，那样才有力量去领导无产阶级的斗争，具体做法和要求如下：一是适时掌握党员情况，开展党员登记工作。党支部要继续开展登记运动，要确切根据党员日常情绪、斗争生活、组织观点，重新填写党员调查表，加强民主集中制。二是加强党员管理和严格党内处分。不论是一般党员还是高级干部，只要犯了错误就给予处分。1940 年 1 月，东北抗联第三军对犯有假投降错误的政治部主任张兰生给予留党察看 6 个月的处分，对第一师政治部主任周庶汎留党察看 4 个月的处分。三是纯洁党的组织，保持党的统一。东北抗联各军及各地党组织根据省委指示，洗刷党内异己分子，巩固党的领导，注意党的保密工作，随时关注党内暗探，善于把握公开工作与秘密工作的联系，将机关深入到群众中去。始终注意开展两条路线斗争，适时进行反对"左"和右的错误路线，制定正确的方针、政策，反对党内派

---

① 徐云卿. 英雄的姐妹——抗联回忆录 [M]. 长春：吉林人民出版社，1978：13.
② 东北抗日联军史料编写组. 东北抗日联军史料（上）[M]. 北京：中共党史出版社，1994：74.
③ 列宁选集：第 4 卷 [M]. 北京：人民出版社，1972：510.

争分子，清除奸细分子，果断处理投敌叛变分子，保持组织的纯洁和统一。

东北抗联各军党组织实行民主集中制，进行集体领导，改进工作作风和工作方法，不断提高领导水平。发挥革命同志的积极性，坚决反对官僚主义和形式主义的领导方式，认真听取支部不同的意见，切实去履行具体领导与经常检查与个别负责制。① 同时，还敢于重视与揭露党内和军内存在的矛盾，适时进行整顿，不断提高党的战斗力。正是由于东北抗联各军重视党的建设工作，才使党员队伍壮大、素质提高、纪律严明、组织合理。在艰难困苦的战斗中，在日伪军疯狂进攻之下，很多党员献出了宝贵生命，最后不足千人继续坚持抗日斗争。不论逝去的还是坚持战斗的官兵都将是中共的优秀分子，也是集中代表。

4.2.2 政治制度建设

中国共产党始终在东北抗联中宣传抗日救国思想，贯彻抗日民族统一战线方针，使得东北抗联无论干部还是士兵的政治思想觉悟不断提升，紧密的团结在中国共产党的领导之下。具体表现：东北抗联积极制定各项工作条例和建立健全各级政治机关，明确政治工作目的、方法和内容，保证政治工作的落实。

其一，制定工作条例，明确政治工作目的、方法和内容。

不论是中央，还是满洲省委以及东北抗联各军都十分重视政治制度的制定，从"九一八"事变到1942年，前后12年的时间，共计颁布了34个政治条例和文件纲领。

（1）中共中央发出的指示。1933年1月26日，中共中央发出《给满洲各级党部及全体党员的信》（简称"一·二六"指示信），分析了日本侵占东北后东北地区的政治形势，各种抗日武装力量的性质与动向，提出了党在东北建立反日统一战线的主张。1935年6月3日，中共驻共产国际代表团发出《给东北负责同志的秘密信》，阐释了在东北实行全民反日统一战线的必要性和可能性。

（2）中共满洲省委的指示。"九一八"事变第二天，中共满洲省委发表

---

① 东北抗日联军史料编写组. 东北抗日联军史料（上）［M］. 北京：中共党史出版社，1994：74.

《为日本帝国主义武装占领满洲宣言》，指出日本要变东北为殖民地，号召东北人民奋起抵抗，赶走日本侵略者。1933年5月18日，中共满洲省委为了贯彻和执行中央"一·二六"指示信精神，召开扩大会议，通过了《关于执行反帝统一战线与争取无产阶级领导权的决议》。决定将建立国家革命统一战线、人民革命军与民众政府当作东北党组织的中心任务。决议还向其他抗日武装力量提出，共产党所领导的抗日游击队愿在坚决反对日本侵略者和不违反劳动人民的利益、能给予人民各项民主权利以及不反对共产党宗旨三个条件之下与之建立抗日联合军指挥部或签订反日作战协议，共同开展抗日战争。1933年10月9日、12月31日，中共满洲省委陆续公布了《东北人民革命军斗争纲领》《给珠河县委及游击队同志信》，提出建立反日统一战线的相关规定。

（3）东北人民革命军和东北抗联各军落实中央和满洲省委的指示。1933年9月18日，东北人民革命军第一军第一独立师，在磐石县玻璃河套正式宣布成立，公布了《满洲磐石人民革命军第一军第一独立师成立宣言》《东北人民革命军政纲》《东北人民革命军暂行规则》。同日，中共磐石中心县委在全县10余处分别举行了约有2000人参加的群众大会，广泛宣传了东北人民革命军的性质，以及它诞生的重大意义。1936年1月28日，东北反日联合军军政联席扩大会议（即"汤原会议"）在汤原县吉兴沟举行，次日通过了《东北反日联合军军政联系扩大会议决议》。

以上一系列的代表性文件体现了中国共产党领导的抗日武装具有鲜明的政治主张、明确的战斗任务和严格的组织纪律。特别要强调的是以下两个文件，即1933年9月18日中共满洲省委公颁布的《东北人民革命军第一军第一独立师成立宣言》① 和1933年10月9日公布的《东北人民革命军斗争纲领》② （附下文）。

---

① 东北抗日联军史料编写组. 东北抗日联军史料（上）［M］. 北京：中共党史出版社，1994：85-86.
② 东北抗日联军史料编写组. 东北抗日联军史料（上）［M］. 北京：中共党史出版社，1994：88-92.

东北人民革命军第一军第一独立师成立宣言（节选）
（1933年9月18）

全东北三千万民众们！

今天是磐石人民革命军第一独立师成立的第一天，是最有意义的一天。自国民党把满洲送给日本强盗后，一年来咱们民众受尽一切残暴虐待，土地财产牲畜被夺去，妇女被强奸，房屋田园被焚毁，家破人亡，失业挨饿，天天成群的被日本强盗飞机大炮轰炸屠杀、枪毙、监禁，强迫民众造营房，筑铁路，如不愿意轻则严刑拷打，重则活埋枪毙，纵侥幸未被打死捉去，但是没有工作，失了土地牲畜财产，捐税之重，无以复加，这一切说不尽的痛苦，都是日本强盗统治东北的结果，都是国民党出卖东北的结果。

············
············

现在赤色游击队正式成立东北人民革命军第一军第一独立师，全体指挥员与战斗员深深知道成立独立师以后，我们的任务更重大百倍，咱们全体指挥员及指挥员，誓与日本强盗及走狗"满洲国"斗争到底收复东北失地，驱逐日本强盗出满洲，推翻走狗"满洲国"的统治，建立民众政府的重大任务。东北人民革命军第一军独立第一师是东北三千万民众的武装力量，咱们全体战斗员热烈的希望，并欢迎工人、农民、士兵、警察、贫农、学生，成群结队的来参加游击队，共同的与日本强盗及走狗"满洲国"作战。更希望工厂中、农村里、兵营中、学校里，广泛的组织反日团体，扩大反日战线，早日达到收复失地，打倒日本强盗及走狗"满洲国"统治的目的。谨此宣言。

东北人民革命军第一军第一独立
师全体战斗员及指战员叩

东北人民革命军斗争纲领（摘录）
（1933年10月9日）

一、驱逐日本帝国主义一切海陆空军出满洲，破坏日本强盗一切军事建设。

二、瓦解"满洲国"的军队到人民革命军方面来。

三、对日本及"满洲国"一切法令施行总同盟抵制。

四、没收日本"满洲国"及卖国贼走狗一切财产充做反日战费。

五、没收日本"满洲国"及卖国贼走狗的一切武装来武装自己和武装民众。

六、发动群众斗争来扩大游击区域。

七、建立农民委员会——乡村实际政权机关。

八、建立工农兵学及革命军官反日革命统一战线，冲破敌人的"围剿"。

九、反对李顿报告书，与苏联劳动群众结成巩固的友谊联盟。

十、反对"华北停战协定"，打倒卖国辱国的国民党和南京政府，拥护对日宣战的中国苏维埃政府和红军。

十一、扩大民族革命战争来"收复东北失地"保中国民族独立和领土完整与反对一切帝国主义瓜分中国战争。

十二、推翻日本和"满洲国"的统治建立选举的人民政府。

十三、中、韩、蒙民众亲密联合起来共同进行民族革命战争来反对共同敌人——日本及一切帝国主义，反对中韩剥削者、民族叛徒和王公喇嘛。

十四、联合世界劳动者和被压迫民族反对共同的敌人帝国主义。

十五、拥护中国共产党--人民革命军的组织者和领导者。

以上这两个文件，既是东北抗联军事和政治工作的重要依据，也是制定其他政治制度条例的重要参考。随后根据这两个重要文件的精神和指示，东北抗联于 1934 年 6 月 16 日制定并颁布了《东北人民革命军及赤色游击队政治工作暂行条例（草案）》（以下简称"《草案》"）。该《草案》明确了东北人民革命军的性质、政治工作的目的和主要内容。性质：东北人民革命军必须接受无产阶级先锋队（中国共产党）的领导；政治工作的目的：使得东北人民革命军要有坚定的理想和信念，去团结一切可能团结的力量，赢得抗日战争的胜利；政治工作的主要内容：让抗联指战员了解其民族的政治责任，接受民族革命教育和政治思想教育以及与敌人战争的意义，使其成为纪律自觉性最高的战士。

其二，建立健全各级政治机关，保证政治工作落实。

为了保证和加强党对军队的绝对领导，东北抗联从建制之初，就效仿南方红军的做法设立各级政治机关。在军队中设立了政治部、政治委员及政治指导员制度。政治委员及政治部指导党在军队中的日常工作。[1] 1940 年 3 月 8 日，中共北满省委制定的《东北抗日联军政治工作暂行工作条例草案》进一步明确此规定。

设立政治指导员。在反日游击队和东北抗联队伍中都设立政治指导员（即政委）制度。并对政委的职责、条件、隶属关系等做出详细说明：政委在抗联队伍中作为政治教育指导者的身份。政治上，担负教育的完全责任，训练上服从上级政治委员的指导；军事上，服从军事指导员的指挥。[2] 分工明确，翔实具体。

设立政治委员制度。政治委员是政府在革命军队中的全权代表，既代表政府也代表党。有监督军队军事行动、行政的权力。政治委员经过党的领导，

---

① 东北抗日联军史料编写组. 东北抗日联军史料（上）［M］. 北京：中共党史出版社，1994：140.

② 东北抗日联军史料编写组. 东北抗日联军史料（上）［M］. 北京：中共党史出版社，1994：141-142.

能够保证党的各项工作在军队中的有序展开。①

除此之外,《草案》对东北人民革命军中党的连支部及党的团委员会工作进行了具体安排:一方面是支部的组织工作,共计 11 项,包括支部的性质、组织支部的手续、连支部干事会等。另一方面是连支部的任务和工作,共计 6 大项,21 小项,包括连支部的基本任务;为训练党员以共产主义教育和提高政治文化水平起见,具体承担的工作。青年团员的基本任务和工作包含:参加部队中党的公开会议;参加党的教育小组;积极参加人民革命军中各种的群众组织,如俱乐部、列宁室等。

综上所述,正如中共中央 1941 年 10 月 5 日在新华日报上发表的一篇论文《加强党性训练》中指出:为驱除鞑虏,建立三民主义新中国。全党一定要统一思想、统一认识,团结起来坚持党的统一领导。才能应付革命之艰辛,实现我党的伟大抱负。②

4.2.3 军事制度工作

为了提高军队的政治素质和战斗力,东北抗联在军事文化方面,根据所处的环境和条件建立了相应的军事制度,包括组织体制、编制装备、兵员补充、部队管理、军队标志等,③ 巩固和壮大了东北抗联的军事实力,体现了全体指战员坚定的爱国主义信念和忠贞报国的决心。

一是组织体制。东北抗联从建立之初就受中国共产党领导,直接由中共满洲省委指挥,具体工作由中共满洲省委军委书记负责。但当时由于受日伪军的封锁、包围和通信联络条件的限制,反日游击队和东北人民革命军时期,各军和游击队主要是由所在地区的中共地方党组织直接领导。在中共满洲省

① 东北抗日联军史料编写组. 东北抗日联军史料(上) [M]. 北京:中共党史出版社,1994:143-144.

② 东北抗日联军史料编写组. 东北抗日联军史料(上) [M]. 北京:中共党史出版社,1994:237.

③ 孔令波,王承礼. 东北抗日联军(上册)[M]. 长春:吉林人民出版社,2005:316.

委撤销和改称东北抗日联军后，第一、第二军即第一路军由中共南满省委领导；第四、第五、第七、第八、第十军即后来组成的第二路军由中共吉东省委领导；第三、第六、第九、第十一军即后来组成的第三路军由中共北满省委领导。为保证中国共产党对抗联的绝对领导，抗联第一军至第七军，从创建起各级均建立中共党的组织。在团以上单位建立党委会，设立政治机关，连队建立党支部。各级分别编配政治委员、政治部主任、政治指导员。抗联第八军至第十一军从改编时起，为实施党的领导，向其派出政治工作人员，建立党的组织。团以上单位设立政治机关，编配政治部主任。有些连队也设立了党的支部，设置政治指导员。为统一领导抗日斗争，在抗日游击根据地内，一般均建立党政军一体化的领导体制，地方党委的最高领导也是军队的最高领导。如：周保中既是中共吉东省委书记，也是东北抗联第二路军总指挥。

二是编制装备。东北抗联在东北的抗日斗争时间长、情况复杂，在编制装备上变化较大。大体可分为三个时期。①

创建反日游击队时期。中国共产党领导下的反日游击队是在中共各地方党委领导下具体建立的。各地区之间被日伪统治所隔断，游击队的编制没有统一和固定的编制，而是由中共各县委或特委等地方党组织根据当时的情况而定，按人员、武器的多少，以便于指挥、利于开展游击活动的原则，灵活编配。这一时期枪少人多的现象比较普遍。

东北人民革命军和东北抗联时期。从改编为东北人民革命军起，编制系统一律由大、中、小队改为军、师、团，并基本按三三制编成，编制趋于统一，在各军之间编制略有些差异。这一阶段由于部队发展较快，人数增多，在军（或独立师）都建立了小型领导机构，如参谋（秘书）部、军需部、军医部（处）等。到了抗日联军阶段，为了编制进一步统一，制定了《东北抗日联军编制系统暂行条例草案》。对编制系统、机构设置、人员定额、配备均

---

① 孔令波，王承礼. 东北抗日联军（上册）[M]. 长春：吉林人民出版社，2005：317.

做了较具体规定。这一时期由于缺乏炮弹和通信人才，有些武器装备不能全部发挥作用。

东北抗联缩编为支队时期。东北抗日斗争进入困难阶段，抗联被分成南、北两大部分，由于处于非常时期，缩编后的编制也属特殊情况，按路军、支队、大队的系统，每一级的编成、序列、人员、配备均不统一，根据情况从实际出发，酌情而定。

三是兵员补充。东北抗联是中国共产党领导的，以工农为骨干的人民武装。兵员来自广大的工农群众、优秀的抗日义勇军以及哗变伪军中的爱国官兵，靠自觉自愿参军入伍。还有中共地方党团组织选调优秀党团员派到部队，使抗联部队得到不断补充与发展壮大。中共各级党组织和抗联各部队非常重视兵员补充工作。中共满洲省委在抗联创建初期就多次下发指示，强调这一工作的重要性，并做出具体部署。1934年初，中共满洲省委就目前战斗任务给各人民革命军政委、政治部和全体党员的信中指出，要"在斗争中去号召吸收大批工农和积极分子到人民革命军里来"①。中共南满中心县委在1933年8月县委决议中就提出："发动吉海路和西安煤矿工人的日常政治经济斗争，征调大批工人到队伍里去，加强队内无产阶级骨干"②。中共东满特委在1933年9月第一次扩大会议中就提出："征调游击队员工作，必须成为党和团的各组织中心工作之一"③。在中共各级组织和抗联领导重视下，抗联的兵员补充工作一直处于重要地位，对抗联队伍的稳定和不断发展壮大发挥了重要作用。

四是部队管理。东北抗联虽然处在频繁、激烈的战斗环境中，但从创建时起就非常重视部队的管理，把部队管理作为巩固与提高部队战斗力的重要方面，并逐步形成一整套人民军队的部队管理规章和办法。从而使抗联建立起相应的内务秩序、优良的战斗作风，尤其是严格的组织纪律。

游击队时期。早在各游击队创建时，中共满洲省委就指出，现有游击队

---

① 孔令波，王承礼. 东北抗日联军（上册）[M]. 长春：吉林人民出版社，2005：321.
② 孔令波，王承礼. 东北抗日联军（上册）[M]. 长春：吉林人民出版社，2005：321.
③ 孔令波，王承礼. 东北抗日联军（上册）[M]. 长春：吉林人民出版社，2005：321.

应当按照游击队的组织，绝对不允许有下列情形：胡子（土匪）的组织形式；胡子的办法。有的游击队创建后就制定了《游击队纪律暂行条例草案》，规定：违抗军令，勾结敌人，进行反革命活动，鼓动叛变，烧杀民众等，有违反其中之一者即行枪决。还规定：抢夺民众财物者开除出队；战斗员互相打架者，依情节轻重罚站岗、记过或开除出队。① 各游击队都非常重视部队管理和纪律的维护，尤其群众纪律要求更加严格。如在吉林省通化地区曾有 1 名游击队员拿了群众的 1 条裤子，发现后，游击队不仅令这个队员把裤子送还了群众，并向群众赔礼道歉，尔后还开除了这名队员。②

人民革命军时期。东北人民革命军成立后，部队管理进一步严格，各部队分别制定了内部管理制度和各项纪律。人民革命军第一军独立师从 1933 年起先后制定了《人民革命军独立师暂行规则》《人民革命军独立师士兵优待条例》《第一军战斗员作战奖励条例》。其他各军也制定了相应的条例和规则。各部队把对部队的管理、组织纪律、士兵待遇，以及功过奖惩办法等均列入了法规。

抗日联军时期。部队的管理工作进一步走向了全面和规范。在人民革命军的基础上，还制定了《东北抗日联军部队内婚姻简则》《军政学校的纪律详则草案》等规定。在纪律的要求上，进一步提出了风纪、礼节、武器管理、内外勤务、保密工作以及爱护公共财物等方面的规则，这都是在人民革命军时期所没有的。在奖励办法中也更加完善，做到了赏罚严明。这时期不仅完善了规章制度，中共各级组织和抗联的各军主要领导还注意教育引导部队自觉和维护纪律。对部队中存在的错误的思想作风和不良倾向，及时进行严格教育和纪律整顿。

1938 年后，虽然东北抗联的斗争进入了极端困难阶段，但对部队的管理并没有因此而放松。1938 年 8 月，第二路军总指挥周保中在给第十一军代军长李景荫的信中指出："军纪是军队的命脉，赏罚分明、功过不乱，内部系统

① 孔令波，王承礼. 东北抗日联军（上册）[M]. 长春：吉林人民出版社，2005：324.
② 孔令波，王承礼. 东北抗日联军（上册）[M]. 长春：吉林人民出版社，2005：324.

各有职责关系，军令、政令应恪守服从，一切法规限制，上级到下级，下级到上级一样的遵守范围。对民众绝对不能侵犯其利益。保持确固之好感。凡次都应努力追求实现"①。1940 年 11 月，东北抗联第三路军政治部发出《训令》，指出："革命之深厚伟力在于群众之中；欲求广大群众之拥戴与切近，当以群众利益为前提。要求对违反纪律的要严格纠正，不得敷衍塞责"②。

东北抗联除注重部队日常管理和严格纪律外，还对战斗勤务、日常勤务等做出相应的规定。如 1937 年 7 月 12 日，东北抗联第二路军总指挥部制定《步哨日常守则》，共计 17 条，对步哨的职责、要求、敌情处置办法都做出详细规定。1938 年印发了《游击队员须知》，共计 11 条，对游击队员如何对待领导、群众和同志间的关系、枪弹管理、新队员训练、保守秘密、执行命令以及应遵守的纪律等，都做出了明确的规定。

五是军队标志。东北抗联为标志出是人民抗日武装，特别制定了军旗、帽花（帽徽）、袖标和领章等。1937 年"七七"事变之前，抗联各军均有军旗，但无统一式样和规格。下图是抗联第三军的军旗，旗帜颜色为红色，金五角星，靠旗杆自上而下之长方形为白色，专为写明某部队的番号之用。③

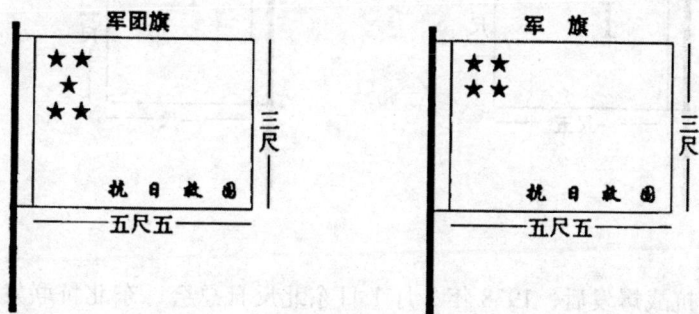

---

① 孔令波，王承礼. 东北抗日联军（上册）［M］. 长春：吉林人民出版社，2005：325.

② 孔令波，王承礼. 东北抗日联军（上册）［M］. 长春：吉林人民出版社，2005：325-326.

③ 孔令波，王承礼. 东北抗日联军（上册）［M］. 长春：吉林人民出版社，2005：326-329.

师 旗

★
★★

抗 日 救 国

三尺

五尺五

旅 旗

★★

三尺

五尺五

团 旗

★

抗 日 救 国

三尺

五尺五

营 旗

抗 日 救 国

二尺二

三尺

连 旗

I

一尺二

一尺五

排 旗

1

一尺

一尺

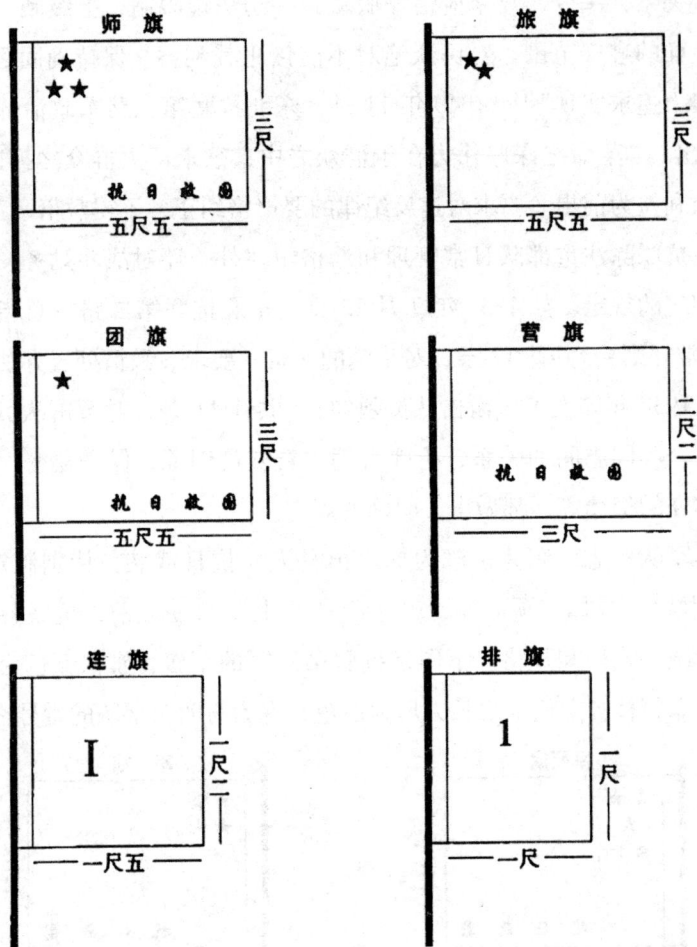

全国抗战爆发后，1938 年 3 月 1 日东北反日总会、东北抗联发表关于抗战后改换旗帜的声明，对军旗、番号旗、年旗及记号旗做了统一规定。

军旗：东北抗联军旗采用朱红色地，左上方有镶白边的红五角星，旗面右幅写有国号和抗联的番号，如下图：

大中华民国
东北抗日联军
第 军 师 团

☆

番号旗：团以下之营、连建制分队不使用军旗，只使用军队番号旗。番号旗的旗幅营连不同，营大连小，尺寸有具体规定。旗面均为红色，旗之中央有一条白色横杠，白线的上下用代号字表明部队的番号。如左下图为抗联第七军第一师步兵第一营营旗。右下图为抗联第七军第二师步兵第六团第二营第五连连旗。

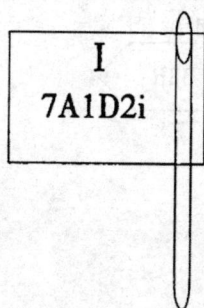

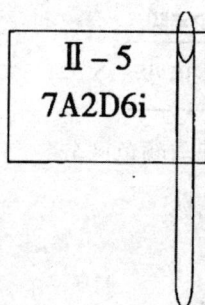

Ⅰ
7A1D2i

Ⅱ-5
7A2D6i

手旗：通信用。为红、白各一面两面并用，按手旗通信使用。手旗通常可代替记号旗使用。

记号旗：由司令部按使用时期及性质另行规定。

帽花（帽徽）、袖标、领章：都是象征军队的标记。东北抗联各军都有大致相同的帽花、袖标或领章。下图是抗联第三军的袖标、帽花、领章，领章上以英文代字标记部队番号，军为 A、师为 D、旅为 B、团为 R。其他用汉字标记。

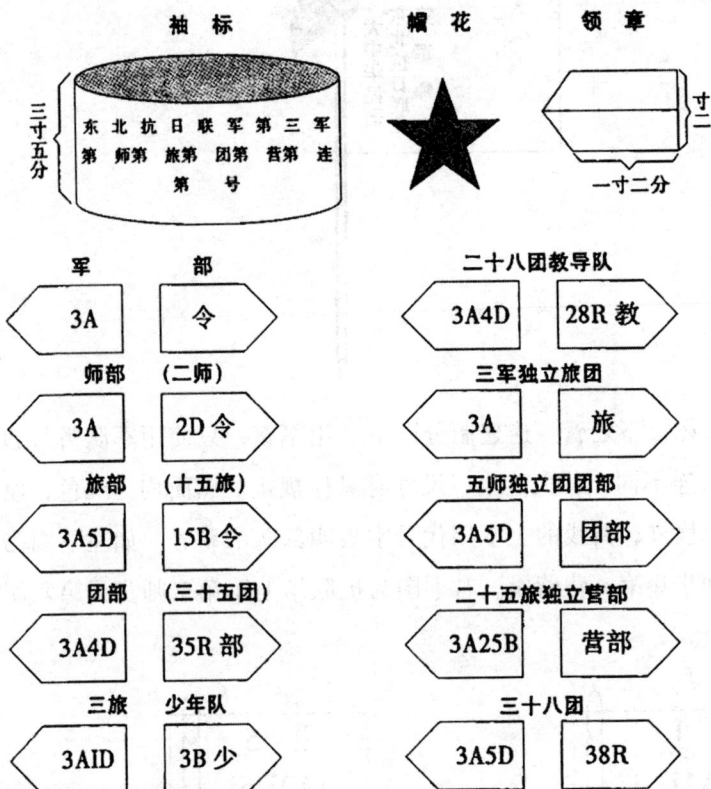

袖标　　　　蜡花　　　领章

三寸五分

东北抗日联军第三军
第 师第 旅第 团第 营第 连
第 号

寸二

一寸二分

军	部	二十八团教导队	
3A	令	3A4D	28R 教

师部	（二师）	三军独立旅团	
3A	2D 令	3A	旅

旅部	（十五旅）	五师独立团团部	
3A5D	15B 令	3A5D	团部

团部	（三十五团）	二十五旅独立营部	
3A4D	35R 部	3A25B	营部

三旅	少年队	三十八团	
3AID	3B 少	3A5D	38R

领章的汉字标记与颜色区分：

电信学校及电信队	电
驻在地办事处	令
留守处及留守队	留
稽查处及稽查队	查
执法处及执法队	法
后方医院及临时医院	医
兵工厂及分厂	（锤图）
被服厂及修械所	（剪子图）

化学队	化
交通队	交
运输队	运
侦探队	侦

领章颜色：

步——红地	工——白地
马——黄地	辎——黑地
炮——蓝地	

总之，军事制度工作作为东北抗联制度文化建设的重要组成部分，包括了组织体制、编制装备、兵员补充、部队管理、军队标志等各个方面。在东北的抗日战场上，抗联军事制度工作得到了高度重视，取得了丰硕成果，形成了一套人民军队的部队管理规章和办法，建立了相应的内务秩序，优良的战斗作风，尤其是严格的组织纪律，巩固和提高了军队战斗力，体现了广大抗联指战员坚定的爱国主义信念，百折不挠的革命精神和勇赴国难的战斗情怀。

4.2.4 政治军事学校与干部培训

4.2.4.1 建立政治军事学校

为了培养军政干部以适应抗日救国事业发展的需要，活跃于北满地区的各支抗日武装领导人，于1936年在汤旺河沟里抗日根据地，成立东北抗日联军政治军事学校，校长由第三军军长赵尚志兼任，教育长由第六军政治部主任张寿篯担任（后由候启刚接任），张文兼任秘书长，雷炎、张文廉（兼）、于保合、张德、王玉升先后任政治、军事教官。该校的宗旨是："以适合于伟大动荡之新的政治知识和军事战斗技术，培训军政干部，以形成有系统之政治领导与军事领导"，学校也有具体的招生简章。从1936年至1937年，在3个地点连续办了3期，共有200余名学员毕业。①

---

① 王明贵. 抗联名将王明贵将军回忆录 [M]. 沈阳：白山出版社，2012：51.

东北抗日联军政治军事学校的校舍是伐木工人的简易工棚,教学设备、教具非常简陋,生活极端艰苦。然而全体教官和学员仍旧满怀爱国热情,团结一致,坚定信念,想方设法改善学习和生活条件,保证了教学任务的完成。该学校有系统相关的学习教材和讲稿(如下图所示①),即使是在充满硝烟和战火的时代,各项工作还是竭尽全力做好。学员们学到了相关理论知识和书刊,如马列主义、中国革命理论、巴黎《救国时报》、莫斯科印的中国书籍和《共产国际》等刊物。通过学习提高了战士们的政治思想觉悟,更加坚定了他们抗日救国的决心。同时在军事教官的带领下,战士们练习爬山、渡河、射击、刺杀等训练,掌握了东北游击队活动的相关军事科学知识和技术。

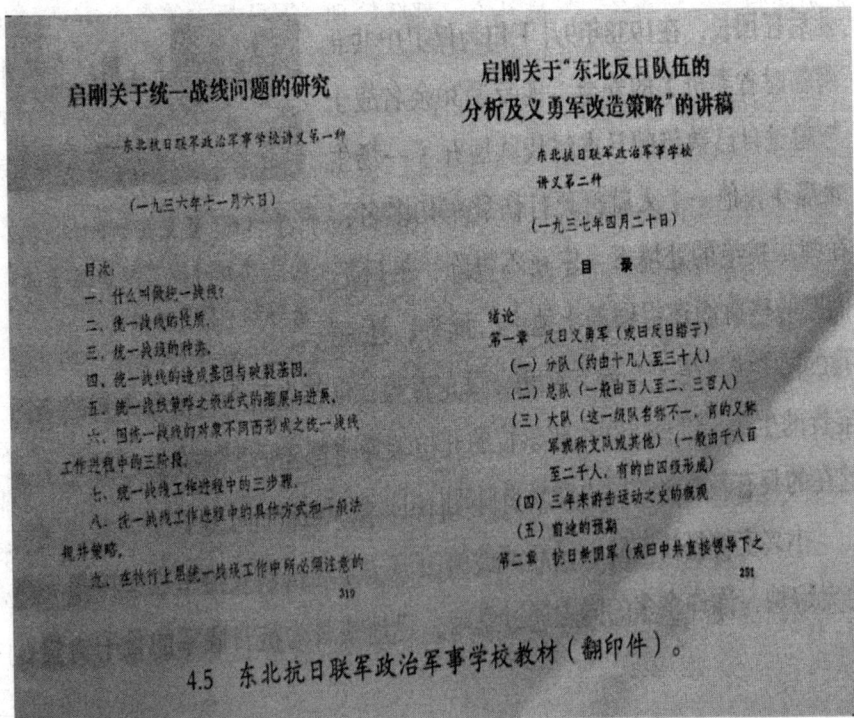

4.5 东北抗日联军政治军事学校教材(翻印件)。

学习中,东北抗联政治军事学校还定期召开民主生活会,通过民主生活会的批评和自我批评,经常检查自己的思想变化,联系实际和形势进行思想

---

① 王明贵. 抗联名将王明贵将军回忆录 [M]. 沈阳:白山出版社,2012:55.

教育，坚定战士革命必胜的信心，培养以苦为荣、为革命牺牲是最大光荣的革命精神。经常组织文化学习，文化较高的帮助文化水平低的同志。此外，东北抗联政治军事学校还开展许多有益的文娱活动，有唱歌、朗诵诗和话剧表演。大家团结友爱，互相帮助，互相鼓舞，使学校像一个朝气蓬勃的大熔炉，陶冶着每个革命者金子般的心，锻炼着他们钢铁般的意志。

东北抗联政治军事学校在短短的一年多时间里，培育出许多优秀的指挥员。他们为抗日战争的胜利，为中国革命的成功，立下了汗马功劳。①

4.2.4.1 干部来源与培训工作

干部是开展革命工作的杠杆，是解决问题的枢纽。② 缺乏干部是不能取得所期待的工作成绩的主要原因之一，这是革命战争蓬勃发展时机的最紧要问题。③ 中共满洲省委和东北抗联各路军一直都非常重视干部工作，这项工作不仅是东北抗联组织建设的重要组成部分，还关乎着东北抗联的性质和发展。

首先，关于干部的来源。东北抗联的抗日斗争长期处于孤悬敌后的恶劣环境中，干部牺牲量很大。1935年，满洲省委给中共中央的报告中也说："东北人民革命军最感到困难的是缺乏干部人才，省委训练的只是下级队长。"④ 中共东北党组织和抗联各军根据东北抗战的实际情况，采取多种渠道使问题得到了较好的解决。一是中共中央从关内派遣一批领导干部。如抗联第一路军总司令兼政委杨靖宇，抗联第二军政委魏拯民，抗联第二路军总指挥、抗联第五路军军长周保中，抗联第三路军政治委员冯仲云，还有抗日民族英雄赵一曼等人，都是从关内来到东北，组建抗日武装。他们在抗日斗争中成为东北抗联各军的主要领导干部。二是地方党组织选送大批干部到部队。从

---

① 东北抗日联军史料编写组. 东北抗日联军史料（下）[M]. 北京：中共党史出版社，1994：602-604.

② 吉林省档案馆，中共吉林省党史研究室. 周保中抗日救国文集（下）[M]. 长春：吉林大学出版社，1996：207.

③ 李铸，贾玉芹，高书全等译. 中华民国史资料丛稿（译稿），关于东北抗日联军的资料（第一分册）[M]. 北京：中华书局，1982：246.

④ 李铸，贾玉芹，高书全等译. 中华民国史资料丛稿（译稿），关于东北抗日联军的资料（第一分册）[M]. 北京：中华书局，1982：48.

1932 年春开始，中共满洲省委为建立党直接领导的抗日武装，选派一批干部到各地发动群众创建反日游击队，同时还派一批干部到东北义勇军中团结改造义勇军，使之成党所领导的抗日武装。如汤原反日游击队队长就是汤原中心县书记夏云杰。三是团结、教育、改造东北抗日义勇军首领成为抗联部队的干部。1933 年在落实中共中央"一·二六"指示信后，大批抗日义勇军加入抗联序列，东北各地党组织和抗联各军对义勇军首领进行大量的团结、教育工作，使其走上抗日救国的革命道路，有的成为军、师的主要领导干部。如抗联第五军军长柴世荣、第十军军长汪亚臣、第十一军军长祁致中，还有许多师长、政治部主任如史忠恒、傅显明、李荆璞、王汝起、冯治纲等。四是在抗日斗争的实践中锻炼成长为抗联各级领导干部。抗联各军大部分师以下干部，多是在斗争中成长起来的，这是抗联干部的主要来源。抗联第三路军总参谋长许亨植，中共北满省委书记金策，抗联第一路军第三方面军指挥陈翰章，还有抗日战争胜利后曾任中共中央纪委常务书记韩光，中共黑龙江省委书记李范五、省长陈雷以及 1955 年被授予少将军衔的王明贵、王效明、彭施鲁等。①

其次，关于干部的培养训练。东北各地党组织和抗联各军非常重视对干部的培训。1934 年 3 月 10 日，中共磐石中心县委在给人民革命军第一独立师全体党团员的信中指出："师委、团委要经常地计划去培养大批的新干部，一方面加紧同志的教育训练，提高他们的政治水平，把积极分子请到指导机关，无情地与领导机关中疲倦、怠工、消极的分子作斗争；另一方面时常准备着将派到省委去受训练的干部人次（2 人以上）"。1935 年 9 月 12 日，中共吉东特委在给第五军穆棱派遣队党团工委的信中进一步提出："干部的缺乏这是东北党整个严重的现象，因此我们非下最大决心培养干部不可"。东北抗联培养训练干部的主要方式有三种。

一是举办短期的培训班。早在创建反日游击队时，各地党组织就举办训

---

① 孔令波，王承礼. 东北抗日联军（上册）［M］. 长春：吉林人民出版社，2005：292-293.

练班培训所需要的军政干部。如磐石游击队在成立前，就由中共满洲省委派去的杨君武、张振国创办了军事训练班，担任南满游击队总队长的孟杰民、王兆兰、总政委初向臣等人都是这个培训班的成员。随着游击队的发展壮大，特别是到了人民革命军、抗日联军时期东北抗联对干部的需要更为迫切，举办短期训练班已成为普遍采用的形式。例如，抗联第九军在1937年6月以后，为加强第九军部队的政治思想工作，在四道河子留守处密营，利用三座简陋的木房开办短期训练班，每期一个多月。在抗日斗争进入艰苦时期后，东北抗联也常在密营里利用战斗之余，开办小型训练班。1939年2月，抗联第一路军在桦甸头道溜河密营举办了党员和干部训练班，学习和讨论"中国革命的性质""抗日战争的胜利还需要多久"等问题，以坚定党员干部对抗日战争必胜的信心。在抗联斗争后期，抗联第三路军第三支队针对大批工人参加抗联、新兵增多的实际情况，于1941年末在塔河县境的乌苏门宝吉金矿利用金矿较好食宿条件，办了为期一个月的训练班。陈雷主讲政治课，王明贵主讲军事课。

1937年赵尚志发出《关于整饬军纪给各师负责同志的信》，信中指出全军"在革命的前途上，须坚决执行总的工作计划之下，展放出异样的光彩"[1]。抗联为了不断提高将士们的政治军事文化素质，组织有识字班、音乐班、训练班、宣传委员会，每个队中设有一个分会，组织文化知识学习。1938年3月3日，第五军政治部宣传科印发的《工作纲领》明确规定：各部队"要有政治讨论会、唱歌研究会、识字班等"[2]，通过学习抗联战士的进步都比较明显。

二是组建教导队、教导团。这是东北抗联培训干部的主要形式，各军、师多编有教导队、教导团，随部队行军，既是培养干部的训练队，又是一只

---

① 中央档案馆、辽宁省档案馆、吉林省档案馆、黑龙江省档案馆编. 东北地区革命历史文件汇编（甲50）[M]. 1996：35.

② 中央档案馆、辽宁省档案馆、吉林省档案馆、黑龙江省档案馆编. 东北地区革命历史文件汇编（甲51）[M]. 1996：191.

坚强的战斗队。抗联第一军主要是通过教导队、教导团培养干部的。杨靖宇就任南游击队政委后，就设立了教导队，选拔有培养前途的青少年进行培训。人民革命军第一军成立后，又组成了教导团，不久又成立第二教导团。教导团不仅培养干部，向各师连队输送基层干部，也是第一军战斗力最强的部队，直到后期教导团才被改编为警卫旅的一部分。政治教育主要是启发队员的阶级觉悟，使之仇视民族主义，拥护共产党的抗日主张，执行党的政策，并对其进行一些马列主义和中国革命等基本理论的教育。军事教育除进行练习射击、刺杀、伪装、骑马等训练外，主要侧重游击战争和游击战术的教育。

三是设立随营学校和专题集训。随营学校就是单独编成的一个连队，既无操场，又无固定课堂，随军部活动。1935 年，东北人民革命军第二军军部正式成立后，办了随营学校，开始军事教育。同年 5 月 20 日颁布的《革命军第二军随营学校招生广告》指出："本军以建立一支反抗日本帝国主义，挽救我国家的队伍为当前的唯一任务。"① 随营学校课程内容，重点讲授理论常识和党的基本知识及政策，以及部队的军事纪律等课程。军事课则由队长讲解射击、刺杀等科目，王德泰军长也讲游击战争中战略战术方面的常识。学习时间以五六周为一期。学员毕业后分到各连队担任连排级干部。

专题集训是东北抗联培训主要领导干部的另一种形式，即专调各部队主要军政干部，以总结经验教训的形式进行培训。如 1935 年杨靖宇调第一军第一师师长程斌、副师长韩浩到柳河后方总结工作，尔后任命韩浩为第一师师长、程斌为政委。随后，又调第二师师长曹国安到柳河总结工作，介绍各支队在松嫩平原开展游击战争的经验教训，使之更好地指挥抗日游击战。抗联干部的培养和训练的方式多样：举办短期的培训班，组建教导队，设立随营学校和专题集训，还有就是送干部去苏联学习。干部在苏联学习后转去关内抗日战场，担任了较重要的工作，发挥了很大作用。"敌人不能永远占领我们

---

① 李铸，贾玉芹，高书全等译. 中华民国史资料丛稿（译稿）：关于东北抗日联军的资料（第一分册）[M]. 北京：中华书局，1982：161.

的祖国，我们总有一天要把鬼子从中国赶出去"① 是东北抗联全体战士的铮铮誓言。在长达14年的东北抗战中，中国共产党为了适应战争的需要，从长远的角度出发，有意识地选拔和培养了一批优秀干部。在东北抗战时期很好地适应了时局的需要，也为后来的全国解放战争储备了人才。

综上所述，东北抗联在制度文化建设方面，不论是政治制度还是军事制度，都得到了各省委和东北抗联各路军的高度重视，取得了一系列成果，有力地保障了军队各项工作的顺利开展，从而为东北抗日游击战争的最后胜利奠定了制度基础。东北抗联在物资条件极其匮乏的情况下，在长期与中国共产党失去联系的困境中，仍然秉持高标准、严要求的工作态度，去完成各项政治和军事制度建设工作，形成了一套纪律严明、奖惩规范、管理科学、作风优良的制度体系，体现了广大东北抗联官兵坚定的理想信念和高尚的爱国主义情怀。

4.3 精神文化

精神文化的要素，主要包括社会心理和科学、哲学、宗教、政治、法律、伦理、文学、艺术、语言等社会意识诸形式。② 综合当时东北抗战形势和抗联的发展实际，本书主要研究的内容包括抗日文学、革命歌曲和进步报刊。

4.3.1 抗日文学

抗日文学是指反映东北人民反日的光辉业绩和战斗生活的文学作品。③ 本书主要探讨的是抗联文学，作为东北抗日文学的重要组成部分，抗联诗歌最

---

① 王国能. 英雄谱 红色记忆 [M]. 石家庄：河北美术出版社，2007：216.
② 董伟武. 我国新时期精神文化发展研究 [M]. 北京：光明日报出版社，2013：15.
③ 刘强敏. 东北沦陷时期的爱国抗日文学活动 [J]. 北方文物，2002（3）.

为突出，其次是戏剧、散文和小说。

以杨靖宇为主要领导的抗联将领通过文艺战线与敌人展开斗争。著名的诗歌有《东北抗日联军第一路军军歌》《四季游击歌》《西征胜利歌》《东北抗日联合军歌》和《中朝民族联合抗日歌》等。《东北抗日联军第一路军军歌》于1938年6月创作，号召抗日军民奋起反击日本军国主义的侵略，推翻"满洲国"，为争取民族独立和解放而英勇奋战。为实现这一目标，就必须要"铁般的军纪、风纪要服从，锻炼成无敌的革命铁军"。① 这首诗歌雄壮豪迈，既宣传了中国共产党的抗日主张，又展示了抗联将士不怕牺牲的斗争精神和英雄气概，大大增强了抗日军民抵抗侵略的必胜信心，该诗歌在抗联各路军和东北民众中广泛传唱。东北抗联第一路军的将士们正是高唱着这首军歌，慷慨悲歌，前仆后继，浴血奋战，谱写了一曲曲感天动地的壮丽诗篇。这首诗歌是抗联将士用忠诚谱写出来的旋律，是用鲜血铸就出来的壮歌，是激励抗联将士一往无前争取胜利的进军号角。

李兆麟创作的诗歌有《露营之歌》《东北抗日联军第三路军成立纪念歌》《抗战歌》《团结起来赴国难》等。《露营之歌》是其代表作，该诗歌由李兆麟和陈雷等同志从1938年5月初开始酝酿，在抗战行军中不断切磋、共同传唱，历经了几次修改之后于同年12月终于写成，被誉为东方的"马赛曲"。

露营之歌②

　　铁岭绝岩，树木丛生，暴风狂雨，荒原水畔战马鸣。围火齐团结，普照满天红，同志们！锐志哪怕松江晚浪升！起来哟！果敢冲锋！逐日寇，复东北，天破晓，光华万丈涌！

　　浓荫蔽天，野雾弥漫，湿云低暗，足溃汗滴气喘难。烟火冲空

---

① 宋晓宏，高峰，傅伟主编. 永久的丰碑——杨靖宇将军资料汇编［M］. 长春：吉林文史出版社，2005：71.

② 辽宁社会科学院地方党史研究所著. 李兆麟传［M］. 北京：当代中国出版社，2010：127-128.

起，蚊吮血透衫，兄弟们！镜泊瀑泉唤醒午酣梦！携手吧！共赴国难，振长缨，缚强奴，山河变，万里息烽烟。

荒天遍野，白露横天，野火熊熊，敌垒频惊马不前。草枯金风疾，霜沾火不燃，战士们！热忱踏破兴安万重山！奋斗呀！重任在肩，突封锁，破重围，曙光至，黑暗一扫光。

朔风怒吼，大雪飞扬，征马蹰躅，冷风侵入夜难眠。火烤胸前暖，风吹背后寒，壮士们！精诚奋发横扫嫩江原！伟志今！何能消灭，全民族，各阶级，团结起，夺回我河山。

《露营之歌》以季节变化为主线，记述了抗联战士经常需要面对的都是"暴风狂雨、湿云低暗、白露横天、大雪飞扬"这样恶劣的气候；生活在"树木丛生、野雾弥漫、蚊吮血透衫、冷风侵入夜难眠"的险恶条件下；行军时常常是"铁岭绝岩、浓荫蔽天、足溃汗滴气喘难"；雪地露营则"火烤胸前暖，风吹背后寒"。但即使面临如此艰难的战斗生活环境，将士们依然要"逐日寇，复东北，振长缨，缚强奴"，始终怀着誓同日寇血战到底"重任在肩"的钢铁意志和"万里息烽烟，黑暗一扫光，夺回我河山"的必胜信念。《露营之歌》真实地记录了抗联战士在艰苦的生活战斗环境下，却依然充实乐观地面对斗争生活，反映了抗联将士抗击日寇的坚定信念。

其他抗联将领创作的诗歌：周保中的《十大要义歌》《联合歌》《民族革命歌》《要斗争》《中华民族黄帝子孙》，"……工农商学，团结起来，向前进，向前进，高举革命大旗，齐奋斗，齐奋斗！中朝内蒙，弱小民族，快携手，快携手，向着日贼冲锋，争自由，争自由"[1]，体现了周保中秉持抗日民族统一战线的指导思想。赵尚志的《战斗歌》《从军行》《寄调满江红·黑水白山》《十年血战还要争取最后的一朝》[2]，"黑水白山，被凶残日寇强占。我中华无辜男儿，倍受摧残……争自由，誓抗战。效马援，裹尸还。看拼斗疆

---

① 韩玉成. 最后的吼声——东北抗联歌谣史鉴 [M]. 长春:吉林人民出版社, 2015:90.
② 赵俊清. 赵尚志传 [M]. 哈尔滨:黑龙江人民出版社, 2008:493.

场，军威赫显……"①。赵一曼的《滨江抒怀·七律》，"矢志为国不为家，涉江渡海走天涯。男儿岂是全都好，女缘何分外差。一世忠贞新故国，满腔热血沃中华。白山黑水除敌寇，笑看旌旗红似花"②。赵尚志、赵一曼等利用战斗间歇，把自己对艰难岁月的真实感受凝结成一首首充满激情的诗歌，用以表达其爱国情怀和服务于国家的愿望。再如宋占祥的《跃进啊，中国！》，鼓励士兵突破黑暗，直击日本的法西斯统治；吕大千的《狱中遗诗》，抒写了斩不断、杀不绝的抗日烽火，表达了抗联战士为挽救中华的报国之志；李斗文的《告满军兄弟书》，规劝伪军反正，共同投入抗日战争的洪流之中。③ 这些诗歌成为战士们抒发豪情壮志，憧憬美好愿景的强有力武器。

还有一些特殊诗歌作品，如《驱逐敌人出东北》《劝民众》《反日大同盟》等④，没有具体的创作者，但仅仅从内容可知，他们一定是与战士们同甘共苦，与广大群众血肉相连的。这些诗歌道理浅显易懂且朗朗上口，至今被广为传诵。

戏剧是以一定的题材，采取矛盾冲突的方法，通过故事情节和人物形象，赞颂一种政治思想、道德观念或某个集团的某种路线、方针、政策或者相反，把现实生活，经过艺术加工，使之典型化，再现于舞台，形象、生动、具体，可以把人们引入戏剧中去，潜移默化地受到感染。⑤ 戏剧尤其是话剧作品，思想内容深刻、故事情节感人的会深受广大群众喜爱。在抗联文化中具有代表性的话剧是《王小二放牛》和《血海之唱》。

《王小二放牛》创作于1936年冬。作品通过王小二一家的遭遇，揭露日伪的殖民统治，讴歌东北抗联战士的英勇斗争精神。该剧的主要内容：在东

---

① 韩玉成. 最后的吼声——东北抗联歌谣史鉴［M］. 长春：吉林人民出版社，2015：94.
② 韩玉成. 最后的吼声——东北抗联歌谣史鉴［M］. 长春：吉林人民出版社，2015：140.
③ 冯为群，李春燕. 东北沦陷时期文学新论［M］. 长春：吉林大学出版社，1991：62.
④ 栾中书. 集贤县志（第十三编）（文化志）［M］. 黑龙江省集贤县县志编纂委员会，1985：601-602.
⑤ 吕妍，孙开明. 一切为了自由和解放——抗联精神［M］. 哈尔滨：黑龙江人民出版社，2009：184.

北某山村一户姓王的穷苦人家，老两口带着一个十七八岁的姑娘和一个十六七岁的儿子王小二生活。一个秋天的早晨，王小二去给地主家放牛，王老头上山砍柴。一个日本指挥官带着几个鬼子兵闯进了王家抓鸡，王老太太哀求阻拦，被鬼子兵踢倒。王姑娘出来扶妈妈，日本指挥官上前调戏，被王姑娘打了一个耳光，结果王姑娘被鬼子兵抓走。晚上，王小二和父亲回来，得知情况后要去找鬼子拼命，被王老太太和邻居劝阻。这时枪响了，抗联的一支队伍捣毁了日伪警察署，消灭了日伪侵略军，枪毙了日本指挥官，救回了王姑娘，随后王小二参加了抗联。① 该作品直截了当，揭露日本侵略者的野蛮行径，赞扬抗联部队的英雄事迹，并告诉人们抗联是人民的武装，是全心全意为人民服务的军队，同时向人民传达了抗战一定会迎来胜利曙光的决心和信心，在一定程度上也克服了人们悲观的情绪。

《血海之唱》创作于 1937 年 8 月。该剧的主要内容：抗日游击队朝鲜族侦察员布谷鸟在战斗中负伤，隐藏在汉族老大娘宋妈妈家中。日本鬼子和伪警察将宋妈妈的遗腹子王平抓起来，并以要王平的性命作为威胁，逼宋妈妈交出布谷鸟。宋妈妈经过激烈的思想斗争，终于不惜牺牲儿子的性命保住了布谷鸟。最后，宋妈妈舍生取义，为革命献出了自己宝贵的生命。《血海之唱》思想内容深刻、生活画面广阔，揭示了东北抗战的本质，颂扬了中朝民族之间的战斗友谊。②《血海之唱》曾在汪清罗子沟等地演出过，受到了群众的热烈欢迎。

散文和小说的创作主要出自那些爱国的进步作家之手。萧军和萧红的著名小说《八月的乡村》和《生死场》对东北文学影响很大。抗日文艺战士金剑啸等通过各种媒体刊登了许多小说和散文，一部分是用隐晦的方法描绘了中国人民遭受的痛苦和抵抗；一部分则是一针见血指向敌人。罗烽、白郎、舒群等作家也写了一些反日斗争生活的作品。还有朝鲜族作家金昌杰的小说

---

① 吕妍，孙开明. 一切为了自由和解放——抗联精神［M］. 哈尔滨：黑龙江人民出版社，2009：185.

② 冯为群，李春燕. 东北沦陷时期文学新论［M］. 长春：吉林大学出版社，1991：77.

也引起了人们的关注，他 1931 年出版了小说《暗夜》，表现年轻一代的农民崇高的反抗精神和大无畏的勇气，暴露和控诉了日本军国主义者的殖民统治。①

此外，还有讽刺剧、木偶剧和皮影戏等，以其短小精悍、灵活简单见长，很适合战时文艺宣传工作的需求。另一种宣传形式是漫画，其表现手法生动，直截了当地宣传了党的主张。

综合以上分析，东北抗联文学是诞生于白山黑水之间，历经岁月的磨难和烽火的洗礼而成长和发展起来的，是东北抗联文化的重要组成部分。尽管它受到日伪殖民统治的压迫，未能产出鸿篇巨著，但丝毫不影响它作为中国共产党领导的一条不能缺少的文艺战线而产生的深远意义。东北抗联文学真实记载并体现了东北人民反日爱国生活，这一时期的抗日文学作品，鼓舞了人们抗日的斗志、信心和决心。② 鉴于此，东北抗联文学在东北文学史上也占有重要地位，它所具有的宝贵的史料文学价值，对当今社会也有着重要的现实教育意义。

4.3.2　革命歌曲

东北抗联创作和传播了一批反映抗战救国的歌曲，这些歌曲近 400 首，发展经历四个阶段。阶段一：歌曲萌芽时期，"九一八"事变后，东北抗日义勇军的兴起揭开了东北抗日战争的序幕。这一时期出现了以揭露日寇法西斯罪行、抒发东北人民爱国热情、赞美东北抗日义勇军英勇杀敌为主要内容的歌曲。此时歌曲的创作与传唱成为东北抗联文化的萌芽。阶段二：歌曲形成时期，1932 年以后，东北抗日运动逐步过渡到由共产党领导的东北游击队和东北人民革命军时期，这一时期的歌曲内容较为丰富，是最能体现东北人民革命军爱国精神的。1936 年东北抗日联军的成立，不仅使东北的抗日运动有了最高军事领导机关，推动了东北抗日斗争迅速形成新的高潮，也使抗联文

---

① 冯为群，李春燕. 东北沦陷时期文学新论 [M]. 长春：吉林大学出版社，1991：77.
② 冯为群，李春燕. 东北沦陷时期文学新论 [M]. 长春：吉林大学出版社，1991：78.

化在这个过程中得以正式形成。阶段三：歌曲发展时期，1937年"卢沟桥"事变后，抗联生存环境窘迫，抗联歌曲一直激励着抗联战士的斗志。在这种形势下，抗联文化也随之发展，产生了一大批歌颂英雄，弘扬抗联战绩的歌曲。阶段四：歌曲发展的曲折时期，尽管到了1938年下半年之后，东北抗联进入困难时期，但是抗联文化作品的创作并没有就此停止。抗联歌曲作为东北抗联文化最主要的内容和表达方式，一直被抗联战士和东北人民传承和发扬着。

根据抗联歌曲的内容，大体可分成四类，现综述如下：

首先，揭露日本军国主义的侵略罪行和号召东北人民奋起抗战的歌谣大概有30首。反映日本侵略东北人民罪行的歌曲，如《赶出日寇才心甘》的歌词写道：日帝对我甚是垂涎，"田中奏折"虎狼心一片，野心要把中国霸占，横行无忌挑事端，发动了侵略战。① 歌曲一针见血地指出了日帝的侵略野心，揭露了日本军国主义觊觎我国领土的可耻行径。歌曲《新编"九一八"小调》由崔嵬、钢鸣作词，吕骥作曲，20世纪30年代曾在全国流行一时，讲述了中华民族的那段奇耻大辱。1931年9月18日夜，日本关东军以少量兵力突袭东北，数量庞大的中国驻军竟然不敢抵抗，沈阳、长春、吉林等大中城市不到一周全部沦丧，而此时国民党当局实行"不抵抗"政策，不战而失东北，其面积达80万平方千米！"九一八，九一八，从那个悲惨的时候……"② 东北沦陷后，一曲《松花江上》的悲歌响彻全国，四万万同胞被这一惨祸惊醒而掀起抗日斗争。

反映东北人民奋起抗战的歌谣，如《上起刺刀来》："上起刺刀来，弟兄们散开！这是我们的国土，……我们不要人家一寸土，可是我们不能让人家踏上我们的地界。"③ 表现了东北义勇军决心抗日的斗志和东北人民团结奋战的决心。还有歌曲《一致团结打日本》，这是《八一宣言》发表后广泛流传

---

① 韩玉成. 东北抗联歌曲选［M］. 长春：北方妇女儿童出版社，1991：368.
② 庄严. 民族魂——东北抗联［M］. 长春：吉林出版集团有限责任公司，2014：2.
③ 李敏. 东北抗日联军（流行）歌曲选［M］. 哈尔滨：哈尔滨出版社，1991：12.

在北满地区的一首抗战歌曲。歌曲号召工农兵学商"民族总动员……大团结尽其所能，抗日是生路。""建立起统一的国防政府，快参加抗日联军团结打日军"，体现了中国共产党的抗日主张。第五段唱道："杀尽呀，杀尽呀，汉奸走狗们，傀儡溥仪、张景惠卖国杀同胞……"①，张景惠是个土匪出身的老牌汉奸，很早就与日本关东军有勾结。人民群众把他编进歌谣，牢牢地将他钉在了历史的耻辱柱上。作为人民心声的真实记录，东北抗联歌曲指名道姓地点了一些主要汉奸卖国贼的名字。歌曲《亡国恨》《民国二十年》《满洲苦》《东北本是好地方》《要斗争》《爱我东北》《国耻纪念歌》《游击队歌》《救国雪耻》《联合歌》《男儿上前线》《抗日先锋》《长白山歌》《归屯歌》《保卫我中华》等②，伴随抗日斗争的发展不断涌现，在军民中广泛传播。这些歌谣一字一泪地控诉了日本军国主义制造的"九一八"事变给东北人民带来的苦难，表达了中国人民不甘屈服的抗敌精神和同仇敌忾的爱国热情。

其次，积极宣传抗日民族统一战线的歌谣大概20首。东北抗联贯彻执行抗日民族统一战线的方针路线，抗联歌曲在其中发挥了积极作用。这类的歌曲主要有《全国抗战歌》《团结起来保家乡》《劝亲日士兵反正》等。《全国抗战歌》指出了只有"国共合作、一致抗日""不分各党派，集中我力量"，才能使东北的"三千万民众得解放"。《劝亲日士兵反正》以一年四季春夏秋冬为引线，摆出事实，讲清道理，劝诫"满洲"士兵要"自己把心横，杀死狗长官，携枪来反正，参加抗日军，齐心向敌去冲锋。争自由，夺失地，再不去当奴隶兵，推翻'满洲'伪政府，赶出强盗留美名"。③ 在东北抗日战争中，将尚有民族爱国心的伪满士兵作为我们争取和联合的对象，并在抗日歌谣中有所体现，说明中国共产党的抗日民族统一战线政策深受人们的拥护。资料记载：抗联一军三师师长王仁斋率200名战士在砬子山与清原县伪靖安军接火。在战斗中，抗联战士在王师长指挥下边打边喊口号唱歌，宣传抗日

---

① 韩玉成. 东北抗联歌曲选［M］. 长春：北方妇女儿童出版社，1991：371.

② 冯为群，李春燕著. 东北沦陷时期文学新论［M］. 长春：吉林大学出版社，1991：70.

③ 冯为群，李春燕著. 东北沦陷时期文学新论［M］. 长春：吉林大学出版社，1991：71.

救国的主张。他们唱的是《口号歌》："同胞们，'满洲'士兵们，你们想想吧，我们为什么？完全是为的救中华。问你们，是不是中国人？赶快哗变吧，枪毙教官，与我们共同打敌人。打出去万恶日寇，推翻'满洲国'，革命成功。"① 对于尚有民族自尊心而被迫作战的伪军，这样的宣传是起作用的。

再次，歌颂党的领导和反映抗日战士斗争生活的歌谣50多首。在实际的战斗和生活中人民切实体会到，唯有共产党才是领导人民进行抗战的真正靠山，所以他们发自肺腑地唱道：共产党有主张，领导群众把日抗，工农的武装一齐上战场。百战百胜，铁的红军真顽强。定要救回我们东三省，要把日寇杀个光。中华民族齐解放，大家来把凯歌唱。常胜的红旗，到处飘扬！② 集中体现东北抗联斗争生活的歌谣，有描写游击战士克服重重困难坚持抗日斗争的，如《高举红旗向前冲》《抗日联军真英勇》《革命军之歌》《西征胜利歌》《战斗职责》；有直接描写抗联同敌人进行战斗的，如《莲花泡战斗》；有歌颂战士在狱中的斗争和慷慨献身的，如《囚牢吼声》《追悼歌》《红旗歌》等。③ 歌曲《追悼歌》表达了将士们"抱定决心甘愿效命疆场，马革裹尸誓不生回营"的坚定决心和信念，是对那些"无主孤坟"的抗日烈士们永志不忘的赞颂。还有从军事训练、军民关系的角度去反映抗联战士的战斗生活。④ 东北的抗日战争，也正是因为有了这样一些"为祖国捐躯，含笑赴阴城"的救国烈士们，才最后取得了辉煌的胜利。⑤

最后，歌颂军民情谊的战斗歌谣近百首。东北抗联全体指战员以自己的实际行动赢得了人民群众的信任和拥护，他们为抗联站岗放哨，侦察敌情，供给粮秣，掩护伤兵，缝衣做饭。很多歌谣栩栩如生地反映出人民群众对抗联发自内心的爱戴和支援。如《做鞋送抗联》《抗联英名贯九州》《专给抗联

---

① 韩玉成. 东北抗联歌曲选 [M]. 长春：北方妇女儿童出版社，1991：377.
② 冯为群，李春燕. 东北沦陷时期文学新论 [M]. 长春：吉林大学出版社，1991：71.
③ 郭崇林，周承武，李世昌，尹树凤. 中国歌谣集成·黑龙江卷 [M]. 北京：新华书店北京发行所，2007：82.
④ 韩玉成. 最后的吼声——东北抗战歌谣史鉴 [M]. 长春：吉林人民出版社，2015：274.
⑤ 冯为群，李春燕. 东北沦陷时期文学新论 [M]. 长春：吉林大学出版社，1991：72.

打补丁》《小妹妹送哥哥》《联合在一起》《妇女抗战》《奉劝民众醒悟早》等。《做鞋送抗联》歌中写道："小妹坐灯前哪，穿针又引线，不是忙嫁妆，做鞋送抗联，哎罗哎嗨呦，哎罗哎嗨呦，不是忙嫁妆，做鞋送抗联"①，只有四句唱词，音调流畅，语言简练，却表达了人民对抗联发自心底的热爱。《抗联英名贯九州》也是一首描写军民情谊的颂歌，1939 年秋，杨靖宇带领战士撤离临江错草沟，60 多岁的李福生老大爷把自己的独生子交给抗联部队，让他跟着杨司令打日寇。一次，老大爷给抗联送粮回来不幸被日本守备队抓去。敌人逼他讲出抗联密营，老大爷大义凛然，硬是不说，敌人无可奈何，最后把他和老伴绑在树上，放出狼狗把两位老人活活咬死。② 杨靖宇得知后，立即派独立旅旅长方振声和政治部主任伊俊山率队歼灭了错草沟的敌寇，为李大爷报了仇。以上这类歌曲歌颂了真挚的军民鱼水情。

除此之外，在抗日歌谣中，对少年儿童参加抗日斗争的情况也有所反映。根据老战士徐云卿的回忆：当时在抗日救国儿童团里，全屯的孩子都会唱"天上没雨地下旱。苦日子过不了另打算，白天还是庄稼汉，黑夜背枪变抗联"。③ 总之，在东北抗联的不少部队里，都曾有过少年武装队伍，有的叫儿童团、少年队，有的叫少年班、小嘎班、少年连、少年营等。其中以抗联第一路军总司令杨靖宇亲手创建的少年铁血队最有名，人们亲切地称其为杨靖宇的少年队。④

综上所述，东北抗联歌曲作为一种文化载体，紧紧跟随时代的脚步，从"九一八"至"八一五"，纵至进程始末、横至主要人物、事件多有涉猎。她首开全国抗日救亡音乐之先河，成为孤悬关外的东北人民在长期极端困苦的对敌斗争环境中重要的精神食粮之一，意义重大，影响深远。

---

① 张淑霞等. 中国民间歌曲集成吉林卷 [M]. 长春：吉林省文化局，中国音乐家协会吉林分会，1997：251.

② 韩玉成. 东北抗联歌曲选 [M]. 长春：北方妇女儿童出版社，1991：380.

③ 徐云卿. 抗联回忆录——英雄的姐妹 [M]. 长春：吉林人民出版社，1960：4.

④ 罗存康. 少年儿童与抗日战争 [M]. 北京：团结出版社，2015：47.

4.3.3　进步报刊

东北抗联在军事方面坚持反对日本侵略的同时，文化方面在游击根据地内出版了一些抗日报纸。从1932年南满游击队创办《红军消息》报始，到1940年东北抗联共创办24家报纸。① 党的声音传播到哪，进步报刊就办到哪里。在中国共产党满洲省委领导下，东北地区南满、东满、北满和吉东等地的抗日游击区部队陆续创办了油印报纸和画报。通常为八开二版到四版不等，成为党进行思想理论教育及宣传的强有力工具。

南满地区创立的报纸主要有《人民革命军报》《东边道反日报》等。抗联一军在利用报纸开展革命宣传工作过程中，针对多数干部和人民群众不识字的情况，于1933年在人民革命报社办起了画报。这些画报，也是八二版油印，画上一两副宣传画或者漫画，抑或是连环画，以新闻事件为内容，再配有文字说明和人物对话，这种画报传播新闻形象直观，受众面大。② 东满地区创办了《战旗》《人民革命报》《人民革命画报》《中国报》等报刊，东北抗联第二军运用朝鲜和汉语两种文字，印数达到千份。③ 北满地区的哈东《人民革命报》在中共满洲省委的坚强领导下，逐渐走向正轨。1935年初哈东游击支队扩编为东北人民革命军第三军，赵尚志任军长，冯仲云任政治部主任。同年春天，第三军政治部创办了哈东《人民革命报》。报纸油印，每期四版，有消息和言论，内容很充实，时效性也比较强。此外，还有吉东地区的《绥宁报》《吉东战报》等。④

以上是东北抗联早期和抗联第一、二、三路军创办的具体报刊，这些进

---

① 黑龙江日报社新闻志编辑室. 东北新闻史［M］. 哈尔滨：黑龙江人民出版社，2001：286.
② 赵瑞军，赵聆实，刘辉主编. 东北抗日联军［M］. 长春：吉林人民出版社，2015：163.
③ 黑龙江日报社新闻志编辑室. 东北新闻史［M］. 哈尔滨：黑龙江人民出版社，2001：295，297.
④ 黑龙江日报社新闻志编辑室. 东北新闻史［M］. 哈尔滨：黑龙江人民出版社，2001：289，300.

步报刊都是政治报刊，属于党报党刊的范畴，因为东北抗联军政一体的战时格局决定了必须坚持党性原则。① 国内新闻居多，并有少量的国际新闻。② 抗日联军创办的各类报刊，有副刊的较少，大部分副刊是专题报道或者是政治副刊，但也有少量报纸办有文艺副刊。东北沦陷期间，抗联报刊是秘密出版，也不是每期都有专职人员派送。③

当时处于艰苦的游击战争环境，办报条件相当困难，编印报纸有时在深山密林的山洞里，有时在冰天雪地的窝棚里，有时在枪林弹雨的战场上。这些报纸如同革命火种，在白山黑水之间点燃了抗日烽火。总之，东北抗联报纸成为一种抗日教材宣传优秀抗联军官英勇事迹的平台，也成为揭露日寇侵华行径和鼓舞广大爱国军民进行武装斗争的舆论形式，一时间也成为东北抗联战士认知外界的窗口。因此，在中国新闻史上，东北抗联报纸也留下了光辉灿烂的一页。

在抗日战争时期，东北抗联一如既往地坚持办报，主要有以下几点原因：一是无论满洲省委还是东北抗联各军领导对报刊的宣传作用认识得很清楚，重视新闻宣传；二是各级领导身体力行，为报刊撰写稿件，支持报刊出版；三是办报人员大无畏的革命精神。东北抗联报刊的采集和编写人员坚持在日伪统治区亲自动手办报，其精神将永远激励广大东北抗联官兵奋勇前行。

综上所述，东北抗联文化建设在内容方面虽然存在着不平衡性特征，但不论物质文化、制度文化还是精神文化都得到了省委和抗联的高度重视。在物资极度匮乏的岁月里，广大的抗联指战员克服艰难险阻，采取多种途径筹措所需经费、物资，基本保障了生活所需，体现了他们艰苦奋斗精神和革命英雄主义精神。在抗联官兵的严明要求和共同努力下，各项制度文化取得了丰硕成果，有力地保障了军队各项工作的正常开展，提高了军队的战斗力，

---

① 田雷. 东北抗联报刊述略（1932—1940）[J]. 哈尔滨学院学报，2012（9）：90.

② 何村. 东北抗联研究 [J]. 东北抗联史学术交流会文集，2011（10）：482—484.

③ 潘恒祥、靳国君、张伟民、陈春江、李文方. 黑龙江省·第五十卷·报业志 [M]. 哈尔滨：黑龙江人民出版社，1996：313.

为东北抗日游击战争最后胜利奠定了坚实基础，体现了广大抗联官兵坚定的理想信念和高尚的爱国主义情怀。孤悬关外的东北人民在长期极端困苦的对敌斗争环境中，把抗日文学、抗联歌曲以及进步报刊作为顽强抗战的精神食粮，抗联的精神文化进一步凝聚了民心，团结了战斗力，意义重大，影响深远。

总之，东北抗联文化作为一个有机整体，物质文化、制度文化和精神文化是这个有机整体的三个组成部分。其中物质文化是基础和前提，精神文化是动力和保障，制度文化是中介和手段，三者相互作用，相辅相成。其中所体现的伟大抗联精神，即矢志不渝、忠贞报国的爱国主义精神；前赴后继、视死如归的革命英雄主义精神；克服困难、百折不挠的艰苦奋斗精神；休戚与共、团结战斗的国际主义精神，① 也必将成为新时代继续深化改革，努力实现中华民族伟大复兴的中国梦的力量源泉。

---

① 刘信君. 再论东北抗联精神——抗战胜利 70 年后的述评 [J]. 社会科学战线，2015 (6)：83-86.

第 5 章

东北抗联文化的基本特征

东北抗联文化并不是完全意义上的现代文化或者军队文化，没有成熟的模式可以参考，没有丰富的经验可以借鉴，完全是在战争情况下东北抗联根据形势发展的实际情况，进行的学习、摸索和实践。东北抗联文化作为中华民族抗战文化的重要组成部分，除了兼具文化的一般特征之外，更加突出了革命性、地域性、群众性和国际性的特征。

5.1　革命性

东北抗联文化作为一种抗战文化，体现了强烈的爱国主义情怀和服务于战争的时代精神。

5.1.1　强烈的爱国主义情怀

爱国主义就是千百年来巩固起来的对自己祖国的一种最深厚的感情。① 毛泽东在《中国共产党在民族战争中的地位》一文中写道："爱国主义就是国际

---

① 列宁选集：第 3 卷 ［M］. 北京：人民出版社，1995：579.

主义在民族解放战争中的实施"。① 东北沦陷 14 年间，东北抗联一直怀着强
烈的爱国主义热情和抗战到底的决心。爱国抗日不单单作为一种行为贯穿于
东北抗联形成、发展和壮大的全过程中，还演化成一种坚定持久的信仰。这
种信仰也外化成了各种形式的东北抗联文化，因此爱国主义是东北抗联文化
最显著的特征。

1938 年以后，东北抗日武装斗争进入了极端艰难的时期，特别是在冬季，
抗联战士经常十天半月吃不到粮食，渴了抓把雪，饿了吃些树皮、野菜、草
根。没有鞋子就用麻袋片把脚包起来在雪地里走，常常是空腹与敌人搏斗。
冬季的长白山气温常常是在零下三四十摄氏度，有的战士都冻掉了脚趾和手
指。战士们生病了也极少有药品医治，不少战士为此付出了生命。但是东北
抗联坚持斗争，创造了一个又一个战争史上的奇迹。杨靖宇曾对警卫员们说：
"敌人是搞不过我们的。就是我们这些人牺牲了，还会有人继承我们的事业，
革命总是会成功的"。②

东北抗日军民凭着坚定的爱国信念，克服物质的极度匮乏，一方面在军
事上与日本军国主义进行殊死搏斗，另一方面在精神文化上运用歌曲与其进
行顽强较量。东北抗日武装创作了许多具有地方特色的歌谣，这些歌谣不仅
爱憎分明、脍炙人口，而且简洁明快、通俗易懂，成为当时人们抗日救国的
强大思想武器，体现了东北抗日武装矢志不渝、忠贞报国的爱国主义精神。

以爱国主义为核心号召军民抗日救国的歌曲有很多，主要包括《保卫白
山黑水》《无耻卖国歌》《哭辽东》《国耻纪念歌》《五更叹》《东北抗日游击
队》《推翻满洲国歌》《国民党成了什么样》《十大劝》《万众一心保家园》
《联合起来上战场》《我民族解放定成功》《投奔抗联扛起枪》《团结一致打日
寇》《夺回我河山》《"九一八"小唱》等。以上这些歌曲可以划分为两类：
一类是谴责蒋介石集团的不抵抗政策；另一类是揭露日寇罪行，诉说东北人
民对国破家亡的愤怒和哀怨。这些歌曲吹响了东北人民救亡图存的战斗号角，

---

① 毛泽东选集：第 2 卷 [M]. 北京：人民出版社，1991：521.
② 赵瑞军，赵聆实，刘辉主编. 东北抗日联军 [M]. 长春：吉林人民出版社，2015：187.

鼓舞了亿万同胞的杀敌救国精神，激励了中华民族为打败日寇、实现民族独立而进行坚决抗争的决心，突出了东北抗联文化"爱国抗日"的鲜明主题。

除此之外，还有一些歌曲并非单独谴责蒋介石的不抵抗政策或是揭露日寇罪行，而是这些内容相互交织和融合。《提起"九一八"》歌曲记录了1931年日寇的法西斯暴行："提起来九月十八日令人痛伤情，万恶日寇来进兵，强占东三省。大炮轰，不住声，飞机炸弹扔。无辜民众遭屠杀，血染遍地红……"这首歌曲就此成为"九一八"的一种特殊记录。① 歌曲《保卫中华好江山》：第一段揭露"日本鬼"的"烧、杀、奸、淫"残暴罪恶，第二段便是号召"好男儿，上前线"，去"打倒强盗日本鬼"。歌曲描写了民族危亡紧要关头，广大东北军民驰骋抗日疆场，战斗在白山黑水的足迹。② 也正是因为有了这种爱国主义精神，才使得中华民族文化能够绵延几千年而不中断，历经磨难而不屈，历经沧桑而不衰。

东北抗联文化的爱国主义特征体现在战斗生活的方方面面，著名抗联将领王明贵回忆说，我们青年连的政治空气很浓，指导员经常给战士们讲中国近代史，特别是日本侵华史，从而进一步激发了大家的抗日救国的责任感，坚定了抗日到底的决心和信心。大家心里都明白自己肩负着重大的历史责任，一是随时准备为祖国的解放事业献身，二是准备抗战胜利后参加祖国的建设，因此学习文化的劲头也很足。

在炮火纷飞的艰苦岁月里，大家克服各种困难，抓紧时间学习。战士们常常利用雪地、沙地练习写字，或者用桦树皮代替纸张写字，不仅文化不断提高，战术学习进步也很快。青年连经常总结战斗经验，特别是对"有利就打，无利就走"的战术原则理解得尤为深刻。因此，每次军事行动之前，我们都要把敌情侦察清楚，然后采取夜袭战术，给予敌人以沉重的打击。③ 青年连的战士成长很快，不少同志后来成为东北抗联优秀指挥员。

---

① 韩玉成. 东北抗战歌谣［M］. 长春：北方妇女儿童出版社，1989：44.
② 齐兆麟. 长白山抗战歌谣［M］. 长春：吉林人民出版社，1957：11.
③ 王明贵. 忠骨——抗联名将王明贵回忆录［M］. 沈阳：白山出版社，2012：41.

东北抗联正是有了爱国抗日这一核心价值观，其他各方面工作才得以顺利开展。始终保有强烈的爱国主义情怀成为东北抗联一切文化活动的核心和主题，也正是坚守这一主题，才保证了抗战武装的军心不散、士气不减。

5.1.2 服务于战争的时代精神

任何战争都是血与火的战斗，东北抗日游击战争也不例外，既要抵抗日本军国主义的殖民统治，又要反对国民党反动派的投降主义，所以人民心里充满着对侵略和压迫的刻骨仇恨，蕴藏着强大的反抗意志和力量，因此这一时期的东北抗联文化体现出鲜明的时代气息和强烈的战斗风格。

日军在讨伐东北抗联时，除了武力征服外，还采用各种涣散斗争的方法，比如利用飞机在空中散发传单，在村落书写各种标语和张贴传单等。根据周保中日记记载，1939 年 3 月 26 日，王主任克仁带人员马匹赴日前苞米储藏地，收捡残余苞米四驮运归。在该地拾得日贼之毁残传单一张，大意："告抗日军诸君们！诸君冰天雪地，饥寒交困，痛苦异常……抗日迷蒙应行速醒，大满洲帝国王道乐土，诸君应速归顺，现在是良好机会。凡以前归顺者都得享安乐幸福，诸君当能闻知，何故执拗徘徊。大日本军虽有几百万雄兵，但不愿与诸君战斗，惟望诸君从速归顺，否则不断举行大讨伐，一决雌雄……"[1] 这个传单散步到抗日联军中，影响很大，一时间东北抗联将领中不断有叛变和投敌者出现。因此周保中针对此事在他的日记中进行了针锋相对的回击，并不断通过各种方式对东北抗联战士进行思想政治教育，分析和揭露日本军国主义的政治阴谋，成效显著。

在积极反抗日本入侵的过程中，东北抗联将士夏天顶着高温酷暑，冬天则冒着零下四十摄氏度严寒，在自然条件极端恶劣的情况下，抗联歌曲陪伴着抗联将士们与强大的敌人浴血奋战，使他们度过了最艰苦的岁月，坚持到了抗战胜利。最能直观体现抗联文化服务于战争时代特征的当属抗联军歌，

---

[1] 中央档案馆、辽宁省档案馆、吉林省档案馆、黑龙江省档案馆. 东北地区革命历史文件汇编（甲41），1966：192.

抗联军歌取材于战斗生活的各个方面：有反映东北抗联战士反击日寇的《冲锋歌》《向前走别后退》《抗日战歌》《战斗射击》《冲锋号》《九九歌》《打倒日本歌》《四季游击歌》等；有反映东北抗联部队建设的《练兵歌》《抗联教导队歌》《战斗职责》《男儿励志歌》《当兵就要当红军》等；有欢庆胜利的《西征胜利歌》《凯旋歌》等；有反映抗联将士革命英雄主义精神的《胜利歌曲》《东北抗日联军第一路军军歌》《拼命打日寇》《杀敌雪前仇》《东北人民革命军歌》《踏着血迹前进》《民族革命歌》《露营之歌》等。

1940 年 2 月 23 日，伟大的共产主义战士、杰出的抗日民族英雄杨靖宇将军殉国，一首悲壮的颂歌《杨司令英雄汉》在人民群众中传唱开来。

杨司令英雄汉①

杨靖宇司令英雄的男子汉，

他是中国共产党优秀的党员。

我党优秀的党员在 1932 年，

被党派遣到东北发动了游击战。

受尽风霜苦哇转战在深山，

嚼树皮吞草根杀敌冲在前。

那年二月天哪打仗在濛江县，

杨司令宁死奋斗血染长白山。

杨司令的牺牲为救国又救难，

咱东北的老百姓要为他报仇冤。

---

① 李敏. 东北抗日联军（流行）歌曲选 [M]. 哈尔滨：哈尔滨出版社，1991：154.

这是一首饱含深情的叙事体抗日颂歌，描绘出抗联英雄杨靖宇犹如长白山上的青松，坚忍不拔，战斗意志和理想信念非常坚定，像咆哮的松花江水百折不回，忠贞不渝。①

东北抗联文学植根于民族危亡时代的土壤，继承和发展了五四运动反帝反封建的优良传统。东北抗联文学虽然存在作家群体比较松散的状况，很多作者是普通的东北抗联战士和根据地普通百姓，受客观形势和文化程度等局限，作品在艺术表现形式上采用现实主义创作方法，虽然体裁比较单一，篇幅比较短小，语言近于口语，情节缺乏细腻描写，但是内容丰富、思想鲜明、生动活泼、战斗性强，表现出雄浑悲壮、粗犷豪放、简洁明快、节奏感强的艺术风格。东北抗联文学作品是作者用鲜血和生命在与日本侵略者进行殊死战斗中写成的，是他们用笔来反映自己的战斗生活，用呐喊来揭露日本军国主义给他们带来的灾难，表现了强烈的爱国热忱和抗战救国的时代主题，表达了东北人民誓与日本侵略者血战到底的决心和意志。② 这一点是任何文学流派难以做到的，他们对抗日战争的理解是深刻的，东北抗联文学的思想和精神是东北抗战文化的思想精华。

通过对东北抗联的精神文化分析，可以得出它的时代特征，即爱国、抗日，那么在物质文化上也同样如此。东北抗联选择布琼尼式骑兵服装，是因为苏联英雄谢苗·米哈伊洛维奇·布琼尼是一位传奇式的人物，他三次获得苏联英雄称号，1935 年第一批被授予苏联元帅军衔，他的滨海龙骑兵团曾长期驻扎在符拉迪沃斯托克（海参崴）附近，对东北的部队有很大的影响。根据黑龙江政协原副主席李敏回忆，北满省委决定选择这一服装是在当时的历史条件下经过认真、严肃研究后确定的，是因为苏联红军是代表劳苦大众的。为什么当时没有像关内八路军、新四军选择国民党军服，因为张学良不抵抗，在东北民众心中的形象很不好，加之当年东北抗联致力于发展灵活机动的骑

① 韩玉成，卞久思. 叱咤风云的不朽乐章——杨靖宇将军与抗联歌曲 [J]. 人民音乐，1985 (3).

② 傅波主编. 2007 辽东抗战研究 [M]. 沈阳：辽宁民族出版社，2008：212.

兵部队，选择苏式服装款式在情理之中。①

　　总之，东北抗联文化再现了东北军民面对日寇的侵略奋勇顽强的壮烈场面和斗争生活，展现了抗联战士们的豪情壮志和大无畏的革命精神，从一个侧面反映了东北抗联文化服务于战争的时代精神和鲜明的战斗风格。

5.2　地域性

　　东北抗联文化不仅仅是植根于中华民族的沃土之中，与东北特有的地域性和本土文化滋养也有着不可分割的联系，因此，具有鲜明的自然地理特色和兼容并包的民族融合性。

5.2.1　鲜明的自然地理特色

　　任何文化的产生都无法离开它特有的地域生长特色。东北抗联文化是来自于东北本土文化中的，必然带有鲜明的东北地域特色。

　　一方面，东北四季分明，战士们充分利用季节特点趋利避害，竭尽全力反抗日本军国主义的殖民统治。东北抗联歌谣和传统的歌谣一样，体现了鲜明的地域特色，伴随东北漫长的冬季而传唱，随着东北的抗战生活而存在，以《义勇军四季游击歌》为例：

义勇军四季游击歌②

春日游击，风光特别好。

风又和，日又暖，满地铺碧草。

---

① 根据李敏录音资料整理所得，采访时间：2017 年 1 月 14 日，采访地点：哈尔滨.
② 冯为群，李春燕. 东北沦陷时期文学新论 [M]. 长春：吉林大学出版社，1991：73-74.

花放香，鸟歌舞，天地一乐园，
革命生长似怒芽，镇压不了。

夏日里游击草木来相帮，
树叶浓，草深长，到处可隐藏。
不要慌，不要忙，瞄准那敌人，
临阵杀敌要沉着，才能胜仗。

秋日游击，景物别一天。
风凄凉，草萎黄，雁群飞汉关。
母依门，父依闾，个个盼儿还。
破巢之下无完卵，誓复河山！

雪地游击不比夏秋间。
朔风吹，大雪飞，雪地又冰天。
风刺骨，雪打面，手足冻裂开，
爱国男儿不怕死，哪怕艰难！

这首歌谣，以丰富的想象和贴切的比喻引人入胜，以易学易唱的方式，生动形象地传授了机动灵活的战略战术，描写了义勇军在一年四季里的游击生活。写春天，以"满地铺碧草"的季节为象征，比喻革命战士就像"怒芽"一样，是"镇压不了"的；写夏天，用"草木来相帮"相衬，指出这是游击战士消灭敌人的绝好时机；写秋天，用"风凄凉，草萎黄"为喻，衬托出父母盼儿胜利归还的情景；写冬天，将"朔风吹，大雪飞"交相描绘，加强了诗的色调和感染力。全诗没有过多地渲染游击战士的艰苦生活，只是从东北地域四季分明的变换中，渗透出了战士们的革命乐观主义精神和革命必胜的信念。

另一方面，由于东北地区所处位置的气候特殊，一年之中有接近半年是冬季，这种特有的艰苦奋斗生活方式融入抗联文化之中，为整个抗联队伍带来了战斗和生活勇气。① 我采访过一些抗联老战士，他们都说过那个年代最难熬的就是冬天。大雪纷飞，朔风凛冽，气温降到零下 30 度到零下 40 度是经常的，寒冷的天气断指裂肤。行军在长白山、大小兴安岭的深山峡谷间，狂风怒吼，树木摇曳，有的树枝不堪狂风的肆虐断折倒地。战士们经常走在大雪齐腰的老林子中，有的扛不住冻饿倒在地上，几分钟后变为化石般的僵尸；有的战士临死前产生了幻觉，抱着枫华——枫华的皮是红色的，他以为那是一缕温暖的火——他脱掉了衣服，光着上身，紧紧搂着枫华，脸上带着幸福的微笑死了。② 如李兆麟创作的《露营之歌》，以"宁可牺牲生命，也绝不被鬼子所吓倒"的精神风貌，讴歌了艰苦环境下的抗联战士坚如钢铁的斗争意志、大无畏的革命乐观主义和革命英雄主义精神，抒发了抗联将士的豪情壮志，该诗歌成为广为传诵、影响深远的名作佳篇。

第三方面，东北抗联是在东北民俗文化影响下不断形成的抗日武装，因此，抗联文化与东北民俗文化有着密不可分的关系，这也说明了东北抗联文化的地域性特征。主要体现在衣、食、住几个方面。饮食方面："吃菜现到山上采，烧柴房后随手拽"。穿戴方面："四块瓦片头上盖，反穿皮袄毛朝外"；"腰里捆个大腰带，靰鞡头子穿起来"。东北人戴的毡帽四边带有长舌，方便取下防风取暖。居住方面："半里半外地土仓子，地窝棚当日盖""烟囱安在山墙边，窗户纸糊在外"。③ 东北民俗文化是东北抗联文化形成和发展的重要基础和前提，反过来东北抗联文化为使东北民俗文化在特殊时期得以保护和传承提供了条件。

总之，东北抗日游击战争是在敌人统治严酷的条件下进行的，是在孤立

---

① 吉林省社会科学界联合会. 智库：吉林区域发展研究 [M]. 长春：吉林人民出版社，2015：265.
② 根据李敏录音资料整理所得，采访时间：2017 年 1 月 14 日，采访地点：哈尔滨.
③ 刘贤. 抗联文化与东北民俗文化的渊源 [N]. 吉林日报，2013-08-08.

无援又长期失去党中央领导下进行的，也是在长冬严寒的密林山区进行的，因此决定了战争的长期性和艰苦性，而在此环境下产生出来的游击根据地文化，也是具有东北山区特色的军事文化。

5.2.2 兼容并包的民族融合性

在日本军国主义残酷的殖民统治下，民族矛盾上升为主要矛盾之时，1933 年 5 月 15 日，中共满洲省委更加明确地提出："联合满洲境内少数民族委员会，系统地进行少数民族工作"。① 经过多方的共同努力，形成了多民族团结抗战的局面：一是建立多民族的抗日武装；二是组织少数民族抗日团体；三是动员少数民族支持抗日斗争；四是团结开明绅等参加抗日工作。② 以上相关内容为抗联文化的开放包容创造了条件。

到清代，大量汉人涌入，形成了民族间文化的互相交流和融合，为东北抗联文化的开放包容提供了思想基础和物质条件，也孕育了东北抗联文化兼容并蓄的包容精神。③ 同时在东北民俗文化中，从长白山狩猎和木材采伐行业所特有的协作性和群体性生产方式，使东北抗联文化凝聚成为奋力协作、同舟共济的团队精神。

东北抗联是由汉族、朝鲜族、满族等成员多民族成员共同组成的抗日武装，特别是朝鲜族、满族等成员占部队比例很高，有的占到一半以上，体现了空前的民族凝聚力。在抗联指战员当中，著名将领李兆麟和陈翰章是满族，周保中是白族，抗日英雄李红光是朝鲜族等。来自不同民族的战士进入学校后，相互交流，带来了不同的民族文化，东北抗联文化正是在这种民族融合中发展起来的。这些具有地方特色的抗联文化，包括抗联歌曲、抗联文学和抗联报刊等，为提高部队文化水平、增强部队战斗力起到了重要作用。

---

① 东北抗日联军史料编写组. 东北抗日联军史料（上）［M］. 北京：中共党史出版社，1994：67.
② 孔令波，王承礼. 东北抗日联军（上册）［M］. 长春：吉林人民出版社，2005：278-279.
③ 吉林省社会科学界联合会. 智库：吉林区域发展研究［M］. 长春：吉林人民出版社，2015：263.

杨靖宇明确提出"不论信仰、不分民族，只要是抗日的就联合"的政治主张，这一思想厉行到他所创作的文学作品中。他先后创作了《中朝民族联合抗日歌》《中韩民族联合抗日歌》以及规劝满洲士兵的《满洲士兵们》等一大批抗日歌曲，不仅汉族战士在唱，朝鲜族战士也在唱；不仅唱响关东大地，还被朝鲜义勇军带到朝鲜，唱到朝鲜半岛。东北抗联文化不论是在政治思想工作中还是在各类文学作品中，多民族融合性都比较鲜明。

不同民族的文化，使抗联文化也更加丰富多彩。东北抗联的部分报纸，特别是东满地区创办的《战旗》《人民革命报》《人民革命画报》等报刊，均使用朝、汉两种文字。1937 年 8 月抗联创作的话剧《血海之唱》思想内容深刻，颂扬了汉、朝两个民族之间的战斗友谊。抗联歌曲《也是为了鄂伦春》，是一首鄂伦春人赞美东北抗联的歌谣。在日常的文娱活动里，抗联指战员往往能听到朝鲜战士载歌载舞的《道拉基》《阿里郎》等歌曲。此外，创办于20 世纪 20 年代的北一学校，也是由一些朝鲜族进步分子在珲春县大荒沟建立的。李东锡任校长，学制三年，主要讲授数学、汉语以及军事训练科目，重点培养军事指挥人才，该学校成为当时从事反革命活动的重要场所。遗憾的是，1933 年北一学校遭到日军破坏，中共党员金南吉被日军吊死在学校旁的一棵榆树上。①

综上所述，作为产生于东北本土的抗联文化，不仅体现了鲜明的自然地理特色，更彰显了兼容并包的民族融合性，这为新时代党的文化建设提供了有价值的启示和借鉴。

5.3 群众性

东北抗联文化接受的对象主要是东北广大人民群众，所以，只有充分调

---

① 赵瑞军，赵聆实，刘辉主编. 东北抗日联军［M］. 长春：吉林人民出版社，2015：215.

动他们的热情和积极性，才能真正地去宣传和传播抗联文化。因此，抗联文化采用了通俗易懂的情感表达方式，并且体现了"军爱民、民拥军"的鱼水情怀。

5.3.1　通俗易懂的表达方式

东北地区长期受民族融合的影响，这里的文化包容性强，民风淳朴。因此抗联部队为了扩大统一战线、建立稳固的抗日根据地，创作简洁明快、易于传颂的歌谣，自然成为最便利的宣传工具。特别是在那炮火纷飞的年代，日本军国主义意图封杀中国民族音乐，强行推行奴化教育及带有殖民色彩的音乐，所以针对东北抗日军民文化水平普遍不高的现实情况，抗日歌谣这种文艺形式成为最适合表达人们喜怒哀乐等复杂感情的手段，深受广大百姓的喜爱。通俗易懂的歌曲有很多，如《吃饱喝足杀东洋》《採山菜曲》《一张马皮度春节》和《百姓靠老杨》等，现以《火堆是我亲爹娘》为例。

火堆是我亲爹娘①

> 森林山沟是我房，
> 草地石洞是我炕，
> 树叶茅草是我被，
> 火堆是我亲爹娘。

这类歌曲大多言语比较简洁明了、通俗易懂，有些带有地方语言，但其背后体现着东北抗日游击战争的艰辛和人们生活的不易，但更多反映的是东北抗联秉持的大无畏精神。现已离休的老抗联战士曾告诉我，好多战友不是牺牲在战场，而是饿死冻死在深山老林里。

---

① 韩玉成. 最后的吼声——东北抗战歌谣史鉴 [M]. 长春：吉林人民出版社，2015：123.

东北抗联歌曲很鲜明的一个特征就是通俗性、大众化。歌词中口语化、生活化的方言比比皆是，具有独特风韵，很少有大话、套话和空话。东北抗联虽没有像八路军、新四军那样的专业战地文工团、演出队，但由于抗联领导极为重视，各军指挥部秘书处兼顾这项工作，音乐创作始终有声有色地在开展。例如，抗联里出身贫苦、文化程度不高的"土诗人"编的歌谣《灯花爆》："灯花爆，喜讯到，哈尔巴岭的火车掉了道。城里的鬼子心胆跳，慌里慌张把援兵调。三支队，有功劳，不用地雷扒铁道。火车到这底朝天，鬼子到这把枪缴。中国地，中国山，中国铁道中国关。鬼子想要从此过，留下脑袋当路线"。文字朗朗上口、朴实无华，道理深刻，家喻户晓。还有歌谣这样唱道："被服厂，进了山，机器轮子转得欢；姐姐妹妹把活干，做出军装战士穿；穿上新衣多神气，英勇杀敌打得欢！"① 歌曲通俗易懂，鼓舞人心。

东北抗战的 14 年间，抗日联军所处的环境极端艰苦，尤其是 1938 年以后，想得到一张纸或是一支粉笔都难上加难，又缺乏专业的音乐工作者，进行大规模的音乐创作是一种奢望。② 然而人们心头的愤懑急于宣泄，那么老百姓喜闻乐见的民歌旋律和自己动手谱曲也就成了抗联歌谣曲调构成的主体。如用东北民歌《月芽五更》直接填词的歌曲《五更叹》、根据东北民歌《祭腔调》改编填词的《劝满洲士兵歌》。不论哪一种创作形式，都体现了音乐流畅、结构简洁、语言质朴的特点，深刻地表达了人们拥军的浓浓情谊。此外还有一些作品，由于内容不完整现已无处考证，因而不再赘述。

抗日歌谣也不乏运用比兴和夸张的艺术手法。《满洲游击队歌》前两段的开头，用"浩浩荡荡黑龙江"和"绿是水啊青是山"起兴，描写了日寇对我河山的蹂躏和屠杀人民的悲惨景象。这样的起兴会使我们联系全诗的内容更深刻地理解它的思想意义。夸张手法的运用向来是和丰富的想象结合在一起

---

① 吉林省社会科学界联合会. 智库：吉林区域发展研究 [M]. 长春：吉林人民出版社，2015：264-265.

② 辽宁省文化厅等编. 东北革命文化史料选编（第三辑）[M]. 内部发行，辽宁、吉林、黑龙江省文化厅文化志编辑部，1993：123.

的。抗日歌谣的想象和夸张的运用是建立在真实生活基础之上的，它没有虚夸和假想之痕。

从当时很多的树标语来看，也体现了抗联文化的通俗性和大众化，树标语是抗联战士在密林中扒去树皮代食充饥以后，基于高度的抗日救国热情和对日寇的无比仇恨，在剥去树皮的树干上刻下的标语口号。"大团结大联合打倒日寇！""抗日救国是每个中国人的天职！""中国共产党万岁！""东北抗日联军万岁！"。① 树标语表达了抗联战士与敌人血战到底的决心和必胜的信念。在当时，树标语对抗联战士是莫大的鼓舞，对敌人则是沉重的打击。今天，看到这些树标语，我们不禁想起抗联战士的豪言壮语。

抗联文学作品大都针对性很强，一事一议，有什么说什么，简明扼要。如《起来，齐心》中写道："起来，齐心，参加人民革命军！你也愿去，我也愿去，共同打日本！"② 仅两句话，写出人民积极参军进行反抗日寇的决心。紧张的战斗生活使抗联将士的文学创作不可能在书斋里完成，只能在战斗的过程中形成，他们没有时间精雕细刻和用华丽的词汇来修饰作品，他们的作品绝无细腻和缜密，更无风花雪月、鸳鸯蝴蝶派等远离现实和人生的陈腐垃圾，更多是用那些通俗易懂的语言和最能反映现实斗争的词汇表达他们的感情，抒发他们的胸臆。如作品中在鼓舞军民士气时多用"冲锋呀！杀进呀！""进攻"，"打倒"，"推翻"等；在揭露敌人罪恶时多用"强盗"，"走狗"，"血染"，"屠杀"，"强奸"等；在表现人民苦难生活时多用"哭断肠"，"凄惨"，"火坑"，"牛马"，"囚牢"等，语言直白，毫不掩饰，表现出作品语言粗犷的特点。抗联文学作品大多采用诗词、歌曲、民谣等文学体裁，这些文学作品短小精悍，节奏感强，读起来、唱起来朗朗上口，简单易记、通俗易懂，传播速度快，具有鲜明的时代性和强烈的战斗性。

综上所述，抗联文化无论是何种表现形式都来自于普通百姓生活，更为贴近群众，因此从一个侧面体现了其通俗易懂的鲜明风格。抗联文化的这一

---

① 赵瑞军，赵聆实，刘辉主编. 东北抗日联军［M］. 长春：吉林人民出版社，2015：166
② 傅波主编. 2007 辽东抗战研究［M］. 沈阳：辽宁民族出版社，2008：227.

特征也更好地达到了革命宣传的效果，发挥出其强大的社会功能和价值。

5.3.2 "军爱民、民拥军"的情怀

在反抗日本入侵者中，东北抗联积极贯彻和执行抗日民族团结合作和统一战线的策略，东北抗联文化作为军民之间联系的纽带，充分体现了"军爱民，民拥军"的爱国主义情怀。

1932年11月，杨靖宇受中共满洲省委派遣赴磐石、海龙整顿党组织和游击队。而此时磐石的工农义勇军由于遭受挫折，士气低落，已离开磐石转往桦甸。杨靖宇赶到桦甸耐心地与党团员谈话，他说："没有根据地，就像没有家，我们是磐石人民子弟兵，在那里土生土长。我们好比是灯芯，人民好比是油，我们不要做没有油的灯芯。"① 谈话统一了战士们的认识，大家同意回磐石开展游击战争。从此，在杨靖宇的领导下，磐石地区的抗日武装斗争掀开了新篇章。东北抗联战士通过自己的实际行动赢得老百姓的尊重和拥护，抗日精神深深扎根于人们心底，人民群众为抗联站岗放哨，提供粮食，制作衣物，传送情报，送子送夫参军，他们冒着杀头、灭族的危险，冲破敌人的重重封锁支援抗联抗战。

根据东北抗联第三路军政委冯仲云回忆：他们在困苦中，只有请求老百姓的帮助，当地的老百姓虽然贫穷，但是被伟大精神所感动，竭尽全力援助他们。在秋收的时候抽出些玉米、土豆以及其他的粮食，到了下雪的时候埋在雪地里，暗地送信给抗日游击队。这些穷苦同胞们的热情也鼓舞了抗联的勇气，从而使他们更加坚决坚持下去。② 史料记载：有一次，许多老年人见到了杨靖宇便整衣叩头，靖宇急忙扶起问道：如何行这么大礼？老人们说：您是救国将军，只有行这样的大礼，才能表达出我们对您的敬意。③ 类似事例，不胜枚举。因此，这时出现了一大批歌唱军民鱼水情的歌曲，如《抗联四季

---

① 赵瑞军，赵聆实，刘辉主编. 东北抗日联军 [M]. 长春：吉林人民出版社，2015：174.
② 冯仲云. 东北抗日联军十四年苦斗简史 [M]. 北京：中央文献出版社，2008：72-73.
③ 周保中. 战斗在白山黑水 [M]. 沈阳：辽宁人民出版社，1983：54.

歌》描述了抗联与人民群众之间的亲密关系；《做鞋送抗联》通过一个少女灯下忙做军鞋的情景，反映了人民群众对抗联部队的拥戴和鱼水情谊；《鱼水不分离》反映了百姓与抗联永远在一起等。

在反对日本军国主义侵略的过程中，广大妇女和儿童也贡献着自己的力量。1937年4月，抗联五军妇女团冷云等8位女战士为了掩护五军主力撤退，在背水作战至弹尽粮绝的情况下，挽臂跳下了冰冷的乌斯浑河，高唱着《国际歌》集体沉江，年龄最大的只有23岁。周保中将军得知"八女投江"后，沉痛地写下了"乌斯浑河畔牡丹江岸将来应有烈女标芳"的日志。① 东北抗联女英雄赵一曼怀着对祖国无比热爱、对儿子的深情眷顾、对法西斯侵略者的刻骨仇恨，在临行前唱着高昂而悲壮的《红旗歌》，英勇就义。《送情郎》通过一个少女送情郎上前线的场面，讲述了一个送郎参军的故事，表达了各族妇女在国难当头之际，舍小爱顾大爱、弃小家保大家，"只希望你这一去杀尽鬼子兵"的报国情怀。② 此时出现了很多反映广大妇女抗战救国的歌曲，如《妈妈您不要哭》《女性之花》《妇女解放歌》《新女性》《送情郎》等。

反映少年儿童站岗放哨、传递情报、配合抗战的歌谣有《少年先锋队歌》《我要去放哨》《少年儿童团歌》等。鼓励少年儿童拿起武器，不怕枪林和弹雨，勇敢冲锋杀仇敌，积极投身于"为民族解放而奋斗"的事业中。残酷的战争带给妇女儿童的灾难尤其深重。然而，压迫愈深，反抗愈烈，广大妇女、少年儿童与东北各族人民一道共同抗击日寇侵略。他们少年壮志不言愁，她们巾帼不让须眉。

---

① 韩玉成. 最后的吼声——东北抗战歌谣史鉴 [M]. 长春：吉林人民出版社，2015：224.
② 辽宁、吉林、黑龙江、延边人民出版社联合编辑. 抗联女战士 [M]. 沈阳：辽宁人民出版社，1959：78.

5.4　国际性

国际主义原则是马克思主义的一个重要内容，在东北抗日战争中，东北抗日联军积极发扬国际主义精神，与朝鲜革命军及苏军并肩作战、密切配合，这种合作时间早、成效大，体现在抗战的各个方面和各个环节。国际性作为东北抗联文化的一个重要特征，也是不同于其他抗战文化的一个显著标志。

5.4.1　中朝两国文化的交融

中朝两国一衣带水、山水相连，两国人民自古存在着密切联系和友谊。"九一八"事变后，中共满洲省委和东北人民革命军先后提出了两国共同抗日的相关政策，[①] 并在实际斗争中产生了巨大的作用。东北抗联文化就充分体现了中朝两国并肩作战的国际主义精神。

在反对日本侵略者的战斗中，抗联领导人特别重视与朝鲜联合抗日的工作。杨靖宇领导并创建的东北人民革命军第一军成立以来，部队中的骨干分子几乎都是朝鲜人。当时从人数上来说，尽管"朝鲜人不过只占队员中的大约四分之一"，但该军的领导力量主要是朝鲜人。共产党系统的各种团体中，约占80%的党员是朝鲜人。[②]

王德泰是杨靖宇的亲密战友、东北抗日联军第二军的创始人，他非常重视中朝两国的并肩战斗。1936年2月15日兵共联席会议在二道沟召开，会期两天。会议的第一条内容：就省委的民族统一战线纲领作了说明，并强调指

---

① 东北抗日联军史料编写组. 东北抗日联军史料（上）［M］. 北京：中共党史出版社，1994：67-88.

② 李铸，贾玉芹，高书全等译. 中华民国史资料丛稿（译稿），关于东北抗日联军的资料（第一分册）［M］. 北京：中华书局，1982：48.

出，满、鲜两个民族同样是殖民地民族，应该齐心协力，摆脱日本帝国主义的羁绊，以期真正实现满洲独立，解决朝鲜民族问题。①

有资料记载，1935 年 9 月 20 日，东边道的抗日将领王凤阁和朝鲜革命军第二方面司令韩剑秋在辑安县第八区会晤组织中韩抗日同盟会。中韩抗日同盟会成立后发表宣言：在这个时候，我们这些有领导的团体，即具有 20 年经验和实力的朝鲜革命军同自卫军司令王凤阁互相合作，共同团结一切中韩同志，齐心协力地为排除困难……不论贫富尊卑阶级，不分民族贵贱，凡抗日同志加入本团体为会员者一律热烈欢迎……建立中韩两国的新政权……以争取中华民族幸福和朝鲜独立。此后，几次会晤协商，议定了中韩抗日同盟会的政治纲领及细则，同盟会的目的是："本同盟以打倒日本帝国主义，收复东北失地，争取朝鲜独立为目的。"②

韩民族在东北的抗日战场上，致力于通过宣传、煽动进行民众工作。1936 年在下江一带活动的韩人武装队，为了韩国独立和同胞们的利益和日寇战斗，并由中韩民族抗日军组成了联军。"今后我们和普通兄弟姊妹们结成更加亲密的关系，以期为大家负担更多的工作。为准备加速日寇灭亡的结局，我们提倡韩国人民统一战线"。高呼："勿忘祖国，不问男女老少……凡赞成反日的同胞，都团结起来推动联合反日战线。所有同胞，为祖国独立而加入反日战线，这是韩人的首要义务。打倒日本帝国主义！韩国民众统一战线万岁！"③

东北抗联主要领导人不仅在制定方针政策和具体的战斗中强化中朝之间的合作，还积极用抗战歌曲勉励和鼓舞大家。1935 年杨靖宇创作的《中韩工农联合起来》歌曲，再现了中韩两国人民同日寇进行殊死战斗的场景，反映

---

① 李铸，贾玉芹，高书全等译. 中华民国史资料丛稿（译稿），关于东北抗日联军的资料（第一分册）[M]. 北京：中华书局，1982：197.

② 李铸，贾玉芹，高书全等译. 中华民国史资料丛稿（译稿），关于东北抗日联军的资料（第一分册）[M]. 北京：中华书局，1982：65.

③ 李铸，贾玉芹，高书全等译. 中华民国史资料丛稿（译稿），关于东北抗日联军的资料（第一分册）[M]. 北京：中华书局，1982：299.

了中朝间深厚的兄弟般友谊。① 在民族危亡之际，他们团结战斗，生死与共，谱写了中朝团结战斗的壮烈篇章。

1938年5月11日，东北抗联第一军和第二军在集安老爷岭五道沟再次会师，鉴于个别地方在处理中朝民族的关系上出现了一些问题和矛盾，杨靖宇将军主持召开了南满省委和抗联第一路军高干会议，讨论就如何与战斗在中国的朝鲜共产党人、抗日队伍共同作战问题，最后做出了决议。会议讨论期间，杨靖宇又创作了《中韩民众联合抗日歌》："……全世界上，最大的仇敌日帝属头等，焚烧掠夺奸淫侮辱，亡国且灭种。并朝吞中，莫非'田中奏折'的兽行，同仇敌忾共赴国难，绝不让它久逞。团结呀，中朝民众！离则亡，团则生！谨防备离间计，手携手打冲锋……"② 这首歌受到中朝民众的热烈欢迎，并广为传唱。毛泽东曾说过："东北抗日联军实际上是中朝联合军"③，这种说法是比较客观的。

抗联教导旅在苏联整训期间，每周都安排一次文娱晚会，革命歌曲自然成为战士们的首选，伴随抗战形势的发展，传唱的歌曲也日渐丰富起来。《思念》就是抗联 A 野 88 旅苏籍朝鲜族战士蔡朴德从苏联学来教唱的朝鲜语歌曲，共三段歌词如下："晚霞已经从西山悄然离去，恬静的夜色抚摸辽阔的大地，当一缕淡淡的月光投入我怀抱，你曾经给我的爱情萦绕在我心里……"④ 在东北的抗日战场上，中、朝人民共同努力，并肩作战，结下了牢不可破的战斗友谊。

5.4.2 中苏之间的文化交流

中苏两国为了打败日本军国主义，在东北的抗日战场上，团结作战，紧

---

① 李敏. 东北抗日联军（流行）歌曲选 [M]. 哈尔滨：哈尔滨出版社，1991：47.

② 卓昕. 杨靖宇全传（下卷）[M]. 长春：吉林文史出版社，2005：1357—1358.

③ 霍燎原. 东北抗日联军第二军 [M]. 哈尔滨：黑龙江人民出版社，2005：204.

④ 韩玉成. 最后的吼声——东北抗联歌谣史鉴 [M]. 长春：吉林人民出版社，2015：325-326.

密的联合在一起。不论在物质上还是在精神上，苏联给予东北抗联很多的支持和援助，东北抗联文化也体现了中苏两国团结作战的国际主义精神。

苏联对满洲的工作：第三国际——中国共产党中央委员会——满洲省委系统的反满抗日运动；以苏联驻满领事馆和国境警备队（格伯乌）为主体，分别组织的大型情报网。随着日苏间的危机越深，便越加速满洲省委对远东委员会的隶属化过程，也是加速人民革命军对远东红军的隶属化过程，并将促进对满工作机关的一元化。①

东北抗联时期，军队统一穿黄军装，佩戴统一胸章、臂章，帽子则学习苏联红军式样制作。敌伪资料记载：对东北抗联来说，苏联是其后台或是直接的根据地。"第四军李延禄匪部下郭宝泉，于 1936 年 5 月 14 日在林密线奎山地方的战斗中被俘，他所持的武器为步枪 1 支、子弹 68 发，从子弹的构造和弹插、雷管上的文字看，可以判明是从苏联取得的。"② 第四军第二师司令郑鲁岩在致党委员会的报告中写有："据蔡子麟报告，有步枪 70 支、机枪 1挺，在自己家属迁移至苏联后，武器可以带走。""在 1935 年 4 月 30 日袭击饶河县开门嘴子、大别拉坑战斗时负伤的 6 名李学万匪部下，已护送去苏联治疗。"③ 当时很多工作如：派遣政治指导员或向苏联学校派送党员；接受共产主义教育等相关事宜，已被作为国际性事业在实行着。以上材料都说明在东北的抗日战争中，苏联方面和东北抗联合作非常密切。

从 1938 年抗联进入艰苦斗争时期之后，抗联人员进入苏境有三种情况：一是因战斗失利求得休整补充。二是希望通过远东军同中共中央取得联系。三是由于伤病员需救治，寻找抗联关系等。远东军对入境的抗联指战员在不同时期采取不同方法。远东军开始给少量物资和弹药的接济，对伤病员也妥

---

① 李铸，贾玉芹，高书全等译. 中华民国史资料丛稿（译稿），关于东北抗日联军的资料（第一分册）[M]. 北京：中华书局，1982：229.

② 李铸，贾玉芹，高书全等译. 中华民国史资料丛稿（译稿），关于东北抗日联军的资料（第一分册）[M]. 北京：中华书局，1982：363.

③ 李铸，贾玉芹，高书全等译. 中华民国史资料丛稿（译稿），关于东北抗日联军的资料（第一分册）[M]. 北京：中华书局，1982：365.

为收容安置。甚至抗联在边境一带与日伪军发生激战时，远东边防军也有给予火力支援的例子。① 赵尚志在他的重要文献《关于布置和建立东北游击队的报告》中指出，"东北抗日游击运动之所以能存在和发展有以下几个原因：有国内因素，也有国际因素，其中重要的国际因素是，1938年、1939年苏联给日寇挑衅的打击和苏联政策胜利的影响所引起的重大作用。现在东北游击队的质量及其斗争精神表现在全体战士党员的团结一致和更加有信心去战胜日寇的意志上面……"。② 在国际主义的原则下，东北抗联的过境问题确实使东北抗联险恶的处境化险为夷，使众多的为民族战争的胜利而战的优秀分子得以保存下来。

中苏两国是国际反法西斯统一战线的重要同盟国家。1939年5月11日至9月16日，历时125天的苏日"诺门罕"战役期间，抗联主动出击，严重扰乱了日伪军的后方，有力牵制了日寇的主力部队，抗联以自己的英勇斗争，出色地履行了世界反法西斯统一战线的国际主义义务。两次"伯力会议"苏方代表都受邀参加，体现了中苏双方共同抗击日本侵略者的一致性。抗联与苏军正式建立合作关系，双方联系更加紧密。

苏德战争爆发后，野营经常搜集选择西方战线的战争材料教育部队，特别是把苏联红军最高统帅斯大林的讲话、战况等资料作为重要学习内容。抗联领导干部还经常利用通信交通向在东北长期执行任务的部队介绍国内外时事政治。联共（布）党史的学习也是重要一课。③

当时还有很多歌曲反映了中苏两国团结战斗、并肩作战的事实。广为传唱的《红旗歌》经翻译后由莫斯科流传到东北战场。"民众的旗，血红的旗，收敛着战士尸体。……高高举起呀血红的旗，誓不战胜总不放手……"④ 表

---

① 高树桥. 东北抗日联军后期斗争史 [M]. 沈阳：白山出版社，1993：162.
② 中央档案馆、辽宁省档案馆、吉林省档案馆、黑龙江省档案馆. 东北地区革命历史文件汇编（甲9），1966：333-356.
③ 高树桥. 东北抗日联军后期斗争史 [M]. 沈阳：白山出版社，1993：189.
④ 东北烈士纪念馆. 东北人民抗日诗词选 [M]. 辽宁、吉林、黑龙江、延边、人民出版社联合出版，1959：67—69.

达了对逝去战友的哀思之情和为争取抗战最后胜利而百折不挠的奉献精神。十月革命的伟大思想渗入到中国共产党领导的东北人民反抗日本军国主义侵略的伟大斗争之中。《抗联教导队歌》唱道："我们同志共同努力齐心去学习，要做世界伟大事业时代之先驱，俄国列宁一男子，世界谁不知，卫国为民奋勇前进收复失地矣。"诸如当年流行的《列宁诞生歌》《赞颂列宁歌》《苏联是我们的好朋友》《喀秋莎》《布琼尼骑兵队》《最后的决战》等歌曲，客观记录了东北地区这一历史时期的社会形态。①

东北抗日联军对干部的培养工作除自己培养外，在中共满洲省委和地方党委领导下，还经常选送学员去苏联学习，学习期限少则一年，多则两三年，培养高级军政领导人员。如抗联第二军政治部主任李学忠是在"九一八"事变后赴苏联学习的，1934 年冬学成回国，先后任中共东满特委组织部长、人民革命军第二军独立师政委等职务；抗联第四军第二任军长李延平 1933 年冬赴苏联莫斯科东方大学学习，学习两年回国，1936 年初接任抗联第四军军长职务，领导第四军转战吉东各地，在苏联学习后转去关内抗日战场，担任了较重要的工作，在党中央领导下，发挥了很大作用，这也是东北抗日战争对全国革命斗争的支持和贡献。杨松、韩光、赵毅敏等也都先后在苏联院校学习过。《万众一心保家园》写道："头道沟、二道沟，抗联住在哪道沟？大青山、小青山，抗联住在哪座山？道道沟，座座山，有沟有山有抗联。要问抗联有多少，千千万，万万千。中华民族都抗日，万众一心保家园"。这首歌就是韩光在莫斯科东方劳动者共产主义大学学习期间由他主编的高级班的墙报上首次编发。

抗联教导旅在苏联整训期间，每周都安排一部分文化课和政治课。每周一次的周末文娱晚会，大家演唱的歌曲也逐步丰富起来，除了原来在东北抗战期间大家经常唱的歌曲外，还陆续有了新创作的歌曲以及从朝鲜和苏军占战友那里学会的朝鲜歌曲和苏联歌曲。《苏联是我们的好朋友》唱道："苏联

---

① 韩玉成. 最后的吼声——东北抗联歌谣史鉴［M］. 长春：吉林人民出版社，2015：323.

是我们的好朋友，无产专政，工农当主人，帮助着全世界弱小民族革命。各帝国主义瓜分我中国，还有德、意国一起来进攻，工农青年起来反对进攻苏联……"①

1942 年十月革命节的这一天，远东上空艳阳高照，野营全体指战员在操场上举行庆祝大会。领导们讲话以后，各个连、班都出了节目。有个苏联士兵表演独唱，小伙子嗓子非常好，一连唱了好几支苏联歌曲。通讯营的战士表演了男声小合唱《共青团员从军歌》，歌中唱道："出征西方前线疆场，从此我们各一方，很多共青团员离家乡，参加卫国战争……"接下来便是大合唱《救亡进行曲》，金日成等也参加了合唱。周保中将军、李兆麟政委和苏联军官合唱了《国际歌》。② 在长期反对日本军国主义侵略的过程中，抗联与苏军密切配合，结下了深厚的友谊，抗联文化充分体现了国际主义精神的特征。

总之，东北抗联的英勇斗争得到了朝鲜和苏联人民的支持和援助，中、朝、苏人民一道在国际反法西斯统一战线的旗帜下，密切配合，并肩作战，结下了牢不可破的战斗友谊，用鲜血和生命谱写了一曲惊天动地、气壮山河的国际团结、共同御辱的英雄赞歌。改革开放以后，中国特色社会主义发展道路既继承了无产阶级的国际主义精神，同时又赋予它新的内涵。③

综上所述，东北抗联文化作为抗战文化的重要组成部分，兼具革命文化的基本特征，由于深受东北地域文化影响，以通俗易懂、简洁明快的表达方式，主要体现了强烈的爱国主义精神和服务于战争的时代精神，自始至终不断加强中苏和中朝之间的合作，突出了国际主义情怀。战争已远去，但东北抗联文化对于今天革命文化的保护和建设具有重要的借鉴意义。不可否认，东北抗联文化作为一种战时的文化，有暂时性和非一般性，但它所体现的伟大抗联精神必定是我们战胜一切艰难险阻的重要保证。

---

① 韩玉成. 最后的吼声——东北抗联歌谣史鉴 [M]. 长春：吉林人民出版社，2015：311-312.

② 韩玉成. 最后的吼声——东北抗联歌谣史鉴 [M]. 长春：吉林人民出版社，2015：326-327.

③ 张洪兴. 东北抗联精神 [M]. 沈阳：白山出版社，2010：288.

第6章

东北抗联文化的价值蕴含

东北抗联文化是一部由老一辈无产阶级革命家和东北抗联先烈们在白山黑水间共同谱写的光辉篇章，是党领导的东北抗联在抗日战争中积累的丰富而宝贵的精神财富，是党一贯重视思想文化工作的政治优势和优良传统的生动体现。它在当时当地保障了战士们信心不减、士气不退，有力地促进了东北的解放和国家的独立。在新时代我们仍旧践行着"文化事业是党的革命总战线中的一条必要和重要的战线"这一主张，东北抗联文化历久弥新，体现出的东北抗联精神永不过时，对当代中国乃至世界的和平发展有着重要的意义和价值。

6.1 东北抗联文化的历史作用

毛泽东说："革命文化，对于人民大众，是革命的有力武器。革命文化，在革命前，是革命的思想准备，在革命中，是革命总战线中的一条必要和重要的战线。"[1] 东北抗联文化伴随着东北的抗战而产生，坚守为抗战服务，作

---

[1] 毛泽东选集：第2卷 [M]. 北京：人民出版社，1991：708.

为中国革命文化的典型形态，不论是在东北的艰苦环境下，还是在全国抗战的进程中，都具有极其重要的地位和作用，具体表现为唤醒了民族救亡图存的民族意识；成为东北抗战胜利的精神支柱，坚定了东北人民抗战到底的信念；在中国革命精神中具有典型性，是中国共产党宝贵的精神财富。

6.1.1　唤醒民众抗日救国的民族意识

东北抗联在中国共产党的领导下，是一支经历了中国局部抗战和全面抗战两个阶段的人民军队，在反抗日本军国主义的战争中，涌现了杨靖宇、赵尚志、赵一曼等东北抗联英雄，他们率领东北抗联在极端艰苦的自然条件下，在战备物资供给不足以及敌人的打压下，以大无畏的精神和高超的智慧与敌人或战斗、或周旋，机动灵活的牵制了日军兵力达 76 万人，大大推迟了日军全面侵华的日程。东北抗联文化体现了东北人民炽热的爱国主义热情，唤醒了中国人民的救亡图存意识，使中华民族空前团结，在抗日民族统一战线旗帜下，全国各族人民纷纷投入到抗击日本侵略者的斗争中。具体表现在两方面：

一方面，东北抗联文化起到了团结争取抗日同盟者的作用。革命文化是来自人民群众，伴随着人民群众的需求而发展兴盛，反过来又服务于人民。毛泽东在《文化中的统一战线》一文中强调，我们的文化是人民的文化，文化工作者必须要联系群众，就要按照群众的需要出发，而不是从个人良好的个人愿望出发。欲速则不达，这不是说不要速度，而是说不要犯盲动主义。①东北抗联文化对群众的动员和团结作用主要通过发行报刊等方式来提高人们对抗战的认识与坚持抗战必胜的信心。中共满洲省委十分重视这项工作，指出："游击队要争取成为群众斗争的发动者与组织者，必须积极动员全体战斗员去做群众的宣传工作。"正因为东北抗联部队时时刻刻注意群众工作，军队与人民之间形成了一种鱼与水的密切联系。

---

① 毛泽东选集：第 3 卷［M］. 北京：人民出版社，1991：1011—1012.

1933 年中共中央《一·二六指示信》下达以后，中共满洲省委于同年 7月将机关报《东北红旗》更名为《东北民众报》，每期发行量达 400 至 800份。① 中共南满特委和其他各个县委相继出版了《东边道反日报》《人民革命报》《反日民众报》《青年民众》《救国青年》《青年义勇军》等报刊，② 当时条件极其艰苦，东北抗联还是竭尽全力办报，各类报纸不仅受到将士喜欢，在人民群众之间也广泛传播。1937 年 8 月 25 日《南满抗日联合报》"号外"一版头题刊发的社论《论中日大战》，首先分析了从"日本帝国主义发动卢沟桥事变，进而不断指向华北华东"看其侵略野心之大的事实。社论说："中国常备军约 300 万，日军常备军不过 25 万，中国人口四万万五千万，日本仅四千万，中国胜利是必然的了。"③ 社论通过翔实的材料摆事实和讲道理，论点鲜明，论据充分，进而使得广大的抗日军民对抗战胜利保有坚定的信心和信念。东北抗联自创的报刊把党性原则放在首位，坚持正确的舆论导向，对抗日军民的顽强抵抗和在斗争中的生活状况进行及时报道，揭露日本军国主义的残酷罪行和国民党的反共阴谋，积极宣传党的抗日政策，团结和凝聚广大抗日力量，为抗日战争做出了贡献。

东北抗联大力推崇军歌、歌谣的宣传方式。东北抗联指战员将《东北抗日联军第一路军军歌》寄给法国巴黎《救国时报》，该报编辑非常感动，立即登载，在中国引起强烈的反响。这种舆论宣传唤起了全国人民对抗联精神的赞许及其对抗联战士的强大声援。④ 东北抗战歌谣绝大部分利用东北民间小调为曲谱，歌词力求通俗易懂，因此，抗日群众都喜欢听、愿意学，而且很快

---

① 东北抗日联军斗争史编写组. 东北抗日联军斗争史 [M]. 北京：人民出版社，1991：234.

② 东北抗日联军斗争史编写组. 东北抗日联军斗争史 [M]. 北京：人民出版社，1991：229.

③ 井晓光，武振凯，刘长江等编. "九·一八"研究（第八辑）[M]. 长春：吉林文史出版社，2007：328—330.

④ 井晓光，武振凯，刘长江等编. "九·一八"研究（第八辑）[M]. 长春：吉林文史出版社，2007：328—330.

就能学会。① 据老抗联徐云卿回忆：周保中将军经常站在山坡上打着拍子教指战员和人民群众唱《国际歌》等歌曲，抗战歌谣对抗日群众起到了很好的动员和凝聚作用。

毛泽东曾说："任何有群众的地方，大致都有比较积极的、中间状态的和比较落后的三部分人。故领导者必须善予团结少数积极分子作为领导的骨干，并凭借这批骨干去提高中间分子，争取落后分子。凡属真正团结一致、联系群众的领导干部，必须是从群众斗争中逐渐形成，而不是脱离群众斗争所形成的。"② 东北抗联的主要领导人都带头示范，积极做好群众的各项工作，在抗日游击根据地形成了一番和谐景象。李兆麟在讷河抗日游击区工作期间，十分关心群众生活，率领战士帮助他们料理农活和家务。一有机会就向群众说明抗战形势和宣传抗日救国思想，当时讷河县就有80多名群众参加抗日组织，一定程度上扩大了东北抗联在龙北地区的队伍。③

毛泽东在阐述"革命文化是革命的有力武器"问题时，通过一些具体作家、作品说明革命事业所产生的重大影响和作用，以及进一步认识这一思想的重要性。中国共产党在东北三省的各级党组织从建立时起，到"九一八"事变以后，在反抗日本军国主义侵略斗争中，也一向重视革命知识分子和青年学生等的重要作用，曾引导许多革命知识分子、青年学生参加抗日活动，特别是以共产党员金剑啸等人为代表的进步的反日文艺活动，在哈尔滨和东北文坛曾经非常活跃。1933年5，金剑啸就为《满洲红旗》绘画插图。7月，舒群、萧军、萧红、白朗、金剑啸等9人成立了一个半公开的抗日文艺团体"星星剧团"，演出进步剧目。④ 后来他们用曲折隐晦的笔法写过许多号召人民起来斗争的文章，画过许多反日的图画。这种反日文艺活动是抗日战争中

---

① 韩玉成. 最后的吼声——东北抗联歌谣史鉴 [M]. 长春：吉林人民出版社，2015：189.
② 罗洛，刘金，杨德广等. 毛泽东思想研究大系（文化系）[M]. 上海：上海人民出版社，1993：33.
③ 辽宁社会科学院地方党史研究所著. 李兆麟 [M]. 北京：当代中国出版社，2010：87.
④ 东北抗日联军斗争史编写组. 东北抗日联军斗争史 [M]. 北京：人民出版社，1991：236.

一条不可缺少的重要战线，不仅揭露日本军国主义侵略，更重要的是团结了一批进步文艺界青年，有力地配合了东北的抗日游击战争。

在东北抗日战线的阵地上，义勇军、反日山林队等是东北抗联应该积极团结的对象。中国共产党高举抗日民族统一战线的旗帜，积极对友军进行抗日宣传，使其逐渐理解我们的方针政策，继而自愿跟着共产党的队伍共同抗日。瓦解伪军也是东北抗联政治工作的重要对象和主要内容，他们并不是铁板一块，尚有民族自尊心，东北抗联采取灵活的方法不断积极争取这部分的力量积极抗日。1936年6月，东北抗日联军第二军第一师师部作如下规定：凡满洲国士兵反正，携步枪来投者奖30元，携匣子枪者奖励60元，携轻机枪一挺奖150元，凡长官组织所属部下哗变反正，率部来投者，晋升一级并酌情授予奖金若干，能俘虏日本军官或顾问者，发奖金1000元。"抗日联军是一般被压迫群众不愿当亡国奴，奋起、团结一致，反抗日本帝国主义及傀儡满洲国，保卫中国领土，谋求民族解放的军队""你们现在之所以仍然继续亲日，是为了生活所迫和怕累及家庭，绝不是忘记了祖国，甘当日本帝国主义的奴隶""请你们不要害怕！只是不要忘记祖国，以国家兴亡为念。抗日联军迫切希望同你们联合，决不攻击你们和解除你们的武装，希望经常同我们联系，通知一切情况，暗中支援我们，早日收复国土，永远不做日本人的奴隶，为子孙后代造福"。① 这是当时日伪资料记载的东北抗联争取伪军工作的宣传口号，从中可以得知东北抗联官兵对建立广泛的抗日民族统一战线的真诚和恳切。在兴京（今抚顺市新宾县）的一次战斗中，当东北抗联战士们唱完《四季歌》后，伪军马连长带领全连士兵投奔革命。《满洲日日新闻》报道："共产匪团以共产主义学说吸引了众多的经济匪归其统辖，因而经济匪几乎绝迹，而政治匪异常活跃。常常集结数百人乃至千人，袭击日军驻屯的县城，攻村破镇"。② 在瓦解伪军工作方面，东北抗联歌曲作为群众易于接受的

---

① 李铸，贾玉芹，高书全等译. 中华民国史资料丛稿（译稿），关于东北抗日联军的资料（第一分册）［M］. 北京：中华书局，1982：181.

② 金宇钟，常好礼. 东北抗日斗争史论文集［M］. 长春：吉林大学出版社，1992：287.

一种表达方式起到了重要的宣传抗日的作用。1937年马蹄子岭伏击战斗中，为了瓦解伪军，东北抗联发起了政治攻势，部队在副班长带领下唱起了《劝满军》歌，"满洲士兵兄弟们，眼看要立春，你们快回心，何不反正杀敌人，别在梦中睡沉沉……中国人不打中国人。"声音刚停，被逼得走投无路的伪军齐声喊："别打了，我们缴枪。"① 战斗胜利结束后，东北抗联对他们进行爱国主义教育，动员他们参加抗联。为了庆祝此次战斗的胜利，朝鲜族战士跳起了"踢踏舞"。雄壮的歌声、欢乐的舞蹈，振奋了战士们的革命精神，鼓舞了同志们的斗志，使他们信心百倍地迎接新的战斗。早在1938年朱德就在《论抗日游击战争》中，以"在东北，许多被迫做了伪官的人，暗地里资助游击队的也很多"的事实，② 证明"抗日游击队为着全体中国人的利益斗争，它是能取得全体同胞（除了汉奸托派以外）的拥护与援助的"。③ 总之，东北抗联通过文化的不同表现形式积极团结一切可以团结的力量，建立广泛的抗日民族统一战线，凝聚了抗战力量，提升了军队战斗力，为东北抗战的胜利发挥了重要作用。

另一方面，东北抗联文化激励和鼓舞了前方抗日将士。东北抗联文化诞生在残酷的战争环境中，作为一种战时文化，军事斗争成为东北抗联文化的基本主题，以救亡图存的中国共产党革命精神贯穿于东北抗联文化创作的全过程。

第一，东北抗联通过办各式教育和培训班，提高官兵的理论水平和军事战斗力。早在1933年10月，满洲省委就指出："加紧（强）党的教育工作，特别是对新同志的教育训练"，是十分重要的工作，离开了教育就无法巩固部队，使他们在极端艰苦的环境中坚持抗日斗争。"省委必须编辑各种新同志必

---

① 吉林文史资料编辑部. 吉林文史资料（第24辑）回忆杨靖宇将军 [M]. 长春：政协吉林省委员会文史资料委员会出版，1988：100-101.

② 中共中央文献研究室编辑委员会. 朱德选集 [M]. 北京：人民出版社，1983：47.

③ 东北抗日联军史料编写组. 东北抗日联军史料（上）[M]. 北京：中共党史出版社，1994：225.

须阅读的小册子、开办干部训练班与帮助区委办活动训练班等方法来执行任务"。① 1934年8月，满洲省委颁发了相关文件，提出了在不同的环境中，要采取不同的教育与训练的形式，并且从教育内容到教育方法都有所论述。教育的主要内容："用马列主义的理论和方法去武装干部的头脑"；训练方法："理论与实践相结合相促进"，"按照同志的需要与文化程度，给他们以最必需的基本问题与实际工作的教育"。② 在训练方法上，废止"学院式"教育，采取讲授与讨论研究相结合的方法。

　　课程主要设有政治、军事和文化课。政治课主要是以马列主义为主课，由张德讲《中国近代史》《社会发展史》和《资本论》。侯启刚根据巴黎《救国时报》的报道讲《八一宣言》以及自编的《论抗日民族统一战线》的讲稿，重点讲授要严格遵守"三大纪律，八项注意"，官兵要平等，步调要一致。军事课是由各军调来的军、师级干部承担，主讲人经常结合亲身经历，与学员分享经验教训。例如，张文联利用地形地物讲军事地形学等；张德讲游击战术，以"敌进我退，敌退我追，敌驻我扰，敌疲我打"的16字口诀为中心，讲"化整为零""避实就虚""声东击西""围点打援""乔装奇袭""调虎离山""突然袭击""昼伏夜袭""速战速决"等战术。另有四快："快集中、快分散、快打、快走"。四不打："情况不明不打，准备不好不打，没有获胜把握不打，硬仗不打"，还不定期进行军事基本训练。文化课，由张文联讲授语文、算术等基础文化课。③ 通过文化理论学习，学员们收效较大，促使军队上下形成一股积极向上、团结一致的和谐氛围。

　　第二，东北抗联文学大部分作品也是通过慷慨激昂的语言，通俗易懂的表现形式，在揭露尖锐的民族矛盾的同时，反映出日本帝国主义侵略带给中国人民的深重灾难，进而唤起了东北人民的民族解放意识，表达了中国人民与日本帝国主义斗争到底的决心，以其巨大的感召力团结了东北各个阶层的

---

① 金宇钟，常好礼. 东北抗日斗争史论文集 [M]. 长春：吉林大学出版社，1992：244.
② 金宇钟，常好礼. 东北抗日斗争史论文集 [M]. 长春：吉林大学出版社，1992：244.
③ 金宇钟，常好礼. 东北抗日斗争史论文集 [M]. 长春：吉林大学出版社，1992：247.

人民群众共同斗争。① 总之，多民族融合且具有地方特色的东北抗联文化，为提高部队文化水平，增强部队战斗力起到了重要作用。

第三，东北抗联歌曲也是强烈的爱国主义思想和坚定的抗争精神的完美结合。1939 年 8 月 28 日，周保中写下了一首歌谣《偶感》，表达他矢志报国"为伟大的民族解放，为先进阶级的革命，经得住九天九地的坎坷"的坚定决心和豪迈气魄。② 东北抗联将领大都十分重视文化的宣传教育作用，为适应斗争需要亲自动手写作，对抗战歌曲的产生和发展起到了重要的推动作用。截至目前，已查明作者 6 余位，创作歌曲百余首。不论哪一类歌曲都是激发抗战的嘹亮号角，在唤起民众的爱国热情、激发斗争勇气、坚定必胜信念等方面起到了重要的宣传鼓舞作用。

在东北抗联的军队文化建设中，对纪律及奖惩制度也有明确规定，1933 年和 1934 年先后颁布了《人民革命军士兵优待条例》《东北人民革命军暂行奖励条例》和《第一军战斗员作战奖励条例》。③ 本书特以赏罚分明、纪律严明且具代表性的东北抗联第一军为例，对纪律及奖惩规定做一解释说明，详见表 6-1、表 6-2、表 6-3。④

表 6-1 抗联第一军对军队内部"统治者"纪律

1	反对队内一切决议者，第一回则警告，留队调查，再反对者开除；
2	……故意骚扰者严重警告乃至开除；
3	队员应该绝对服从上级命令，有相当意见时应在会议提出或报告上级；
4	队内不许组织任何封建团体（同乡会、同盟、家里等），不遵守者，留队调查或开除；
5	队员互相斗殴使用武器者，酌量情形留队调查或开除；

①　傅波.2007 辽东抗战研究 [M]. 沈阳：辽宁民族出版社，2008：228.
②　韩玉成. 最后的吼声——东北抗战歌谣史鉴 [M]. 长春：吉林人民出版社，2015：181.
③　邓来法，贾英豪. 杨靖宇纪念文集 [M]. 北京：中央文献出版社，2005：27，29.
④　高术桥. 东北抗日联军第一军在辽宁史料长编 [M]. 沈阳：白山出版社，2001：188-189.

6	偷窃人物者，由本队开除；
7	交战中任意谩骂敌者，批评之后发出严重警告。

表6-2 抗联第一军对于反革命者的纪律

1	在客观上对于群众进行反革命宣传者，酌量情形批判之后严重警告；
2	在客观上对于群众进行反革命宣传者，按照情形，初犯者严重警告乃至留队调查，再犯者开除；
3	出外对于群众进行反革命宣传者，回本队开除；
4	擅自污辱革命团体责任者或反日群众者，按照情况警告乃至开除；
5	秘密与敌人联络、破坏地方群众之革命团结者，均枪毙之；
6	与敌人勾结在队内进行反革命宣传及组织者枪毙，
7	企图携带武器逃走者，枪毙之；

表6-3 抗联第一军对于民众态度的纪律

1	无故殴打民众者，酌量情形留队调查或开除；
2	无故侮骂群众者，酌量情形严重警告或留队调查；
3	调戏民间妇女者，酌量情形严重警告或开除；
4	强奸妇女者枪毙之；
5	无军令而滥抢群众财物者开除；
6	无军令而杀人者，按照情形开除或枪毙之。

以上几个表格分别是抗联第一军对军队内部统治者的纪律、对于反革命者的纪律、对于民众态度纪律。内容划分细致，由此可见，东北抗联第一军在军队建设方面的周密与严格，在制度层面上成熟完善。

奖励是为表彰士兵在战斗中保家卫国的英勇行为，同时调动和激发广大官兵投身革命斗争的热情，宣传救亡图存的民族任务和弘扬抗日救国的时代精神。惩罚是为惩治在东北抗联抗日过程中违反军队纪律、侵害国家安全的行为，这在规范军队军规军纪的同时，加强了内部思想与行为的团结统一，保证军队效率的基础上提高了军队的战斗力。纪律与奖惩并行，成为东北抗联文化中规范性与先进性的显著特点。

综上所述，东北抗联抗战 14 年，依靠的就是这种崇高理想信念的支撑。东北抗联通过开办各式教育和培训班，提高了官兵的理论水平；积极创作慷慨激昂的抗联文学和抗联歌曲，唤起了人们的解放意识；制定科学规范的军事管理制度，团结了军队的战斗力，提高了军队的整体战备素质。总之，丰富多彩的东北抗联文化大大激发和鼓舞了前方抗联将士顽强抵抗的战斗热情，唤醒了民众抗日救国的民族意识。

6.1.2　成为东北抗战胜利的精神支柱

革命文化是革命的有力武器，东北抗日斗争的极端艰苦在中国乃至世界战争史上都是极为罕见的。东北抗联不仅要同数倍、数十倍甚至数百倍于己的敌人殊死搏斗，而且还要克服许多常人难以想象的各种困难。因此，许多抗联将士英勇牺牲在战场上，也有许多被严寒和饥饿无情地夺去了生命。但是，就是在这样残酷的条件下，他们英勇顽强地坚持了 14 年，直到东北的彻底解放。正是在这种敌我强弱悬殊的背景下，精神意志品质的培养对于相对我方来说显得更为重要：一方面，高扬的精神旗帜使得抗日军民的意志品质在物质匮乏的条件下不至于过于悲观，使人看不到希望；另一方面，精神旗帜的作用也使得抗日军民在与强大的日本军国主义进行战斗时能够坚定必胜的信心。因此，伟大的东北抗联文化成为东北人民坚持长期抗战并赢得最后胜利的精神支柱。

杨靖宇将军戎马一生，不论是在敌占区做党的地下工作，还是在枪林弹雨的抗日战场上指挥战斗，始终把文化工作当作对敌斗争的锐利武器。为在思想文化战线上打击日本侵略者，加强抗日救国的宣传工作，他有组织、有计划地开展北满的进步文学活动。杨靖宇指示中共哈尔滨市东区区委宣传委员罗锋、西区区委宣传委员金剑啸及省委宣传干事姜椿芳等，团结左翼文化人，扩大抗日宣传阵地，以报纸为抓手，抨击南满汉奸文艺。杨靖宇还亲自组织文学工作者秘密出版油印的抗日救亡小报，他把绘画任务交给了金剑啸，并派罗锋负责与金剑啸接头。金剑啸、罗峰等人将许多进步文化人士联合起来，于 1932 年前后，利用官方的《大同报》办起了《夜哨》文艺副刊，在《国际协报》上办起了《文艺》副刊，并一度掌握了《大北新报画刊》和《黑龙江民报》的副刊《芜田》。此外，地下党还创办《哈尔滨新报》，开辟文艺副刊《新潮》，创立了半公开的"星星剧团"。① 一批从事文艺工作的地下党员（罗锋、金剑啸、舒群、姜椿芳、于毅夫等）与许多进步作家先后写出了许多进步诗歌、散文和小说，如金剑啸的小说《星期日》《云姑的母亲》；舒群的散文《一周日记》《踉跄的步子》，诗歌《夜妓》《流浪人的消息》《黑人小诗集》。星星剧团演出了《居住二楼的人》《一代不如一代》《娘姨》等进步话剧。这些小说和散文等主题大都是借古讽今、抨击国民党反动派的失败主义和投降主义的。有的相关作品揭露日本侵略者的残暴和现实的黑暗，有的表现知识青年的爱国热情和对祖国沦亡的切肤之痛，发出忧国忧民的慨叹，充满了浓郁的时代气息。以上这些文学作品出版后，杨靖宇立即派反日会到各地散发，进行宣传，影响很大，起到教育人民、打击敌人的作用，为开展反日斗争做好思想准备。尽管当时日本军国主义对东北实行殖民统治，剥夺了人民的言论和出版的自由权利，建立了各种反动的文化机构，极力控制舆论工具，大肆宣扬"王道乐土"和"大东亚"精神，但是党的一些文艺工作者和爱国进步的作家还是利用当时公开发行的报刊发表了不少作品，给当时盛行一时的言情小说、鬼怪荒诞的戏剧和歌功颂德的文章以沉重的打击。除此之外，很多东北抗联歌谣在倾诉对敌人的愤慨、表达对自由解放的追求、反映当年东北爱国军民发出的战争呐喊方面，成为一种有力的宣

---

① 傅波. 2007 辽东抗战研究 [M]. 沈阳：辽宁民族出版社，2008：213.

传形式，在革命和战争年代对人们精神上的影响非常巨大。尽管从遣词造句上有些缺乏精雕细琢，但都出自创作者的真情实感，歌调高昂，绝无矫揉造作、无病呻吟之慨，对振奋我们民族精神，鼓舞人民参与抗战，鼓励士兵英勇奋战起到至关重要的作用。

在反对日本军国主义侵略的过程中，广大妇女和儿童也贡献着自己的力量。1937 年 4 月，东北抗联第五军妇女团冷云等 8 位女战士，在掩护主力突围后，被日寇逼到乌斯浑河畔，子弹打光了，8 个人都不会游水。要么战死，要么被俘。为了不当俘虏，8 位女战士悲壮地挽臂投入了冰冷的的乌斯浑河。她们中最大的 25 岁，最小的年仅 13 岁。就这样，面对凶残的日本侵略者，中华民族高贵的气节在她们身上折射出夺目的光彩。他们用生命和鲜血谱写了一首首壮烈的爱国诗篇。周保中将军得知"八女投江"后，沉痛的写下了"乌斯浑河畔牡丹江岸将来应有烈女标芳"的日志。① 《送情郎》通过一个少女送情郎上前线的场面，讲述了一个送郎参军的故事，表达了各族妇女在国难当头之际，舍小爱顾大爱、弃小家保大家，"只希望你这一去杀尽鬼子兵"的报国情怀。② 此时出现了很多反映广大妇女抗战救国歌曲，如《妈妈您不要哭》《女性之花》《妇女解放歌》《新女性》《送情郎》等。反映少年儿童站岗放哨、传递情报、配合抗战的歌谣有《少年先锋队歌》《我要去放哨》《少年儿童团歌》等等。鼓励少年儿童拿起武器，不怕枪林和弹雨，勇敢冲锋杀仇敌，积极投身于为民族解放而奋斗的事业中。残酷的战争给妇女儿童的灾难尤其深重。然而，压迫愈深，反抗愈烈，广大妇女、少年儿童与东北各族人民一道共同抗击日寇侵略。他们少年壮志不言愁，她们巾帼不让须眉。

军民鱼水情，男女老幼齐上阵，东北抗联的战斗力持续性不断提升。同时，还有一个不可忽视的力量，就是民族融合性不断加强。东北抗联是由汉族、朝鲜族、满族等多民族成员共同组成的抗日武装，特别是朝鲜族、满族

---

① 韩玉成. 最后的吼声——东北抗战歌谣史鉴 [M]. 长春：吉林人民出版社，2015：224.
② 辽宁、吉林、黑龙江、延边人民出版社联合编辑. 抗联女战士 [M]. 沈阳：辽宁人民出版社，1959：78.

等占部队比例很高，有的占到一半以上，体现了空前的民族凝聚力。在抗联指战员当中，著名将领李兆麟和陈翰章是满族，周保中是白族，抗日英雄李红光是朝鲜族等等。来自不同民族的战士进入学校后，相互交流，带来了不同的民族文化，东北抗联正是在这种民族融合中发展起来的。1933 年 5 月 15日，中共满洲省委更加明确地提出："联合满洲境内少数民族委员会，系统地进行少数民族工作"。① 经过多方的共同努力，形成了多民族团结抗战的局面：一是建立多民族的抗日武装；二是组织少数民族抗日团体；三是动员少数民族支持抗日斗争；四是团结开明绅等参加抗日工作。② 杨靖宇明确提出"不论信仰、不分民族，只要是抗日的就联合"的政治主张，这一思想厉行到他们所创作的文学作品中。他先后创作了《中朝民族联合歌》《中韩民族联合歌》以及规劝满洲士兵的《满洲士兵们》等一大批抗日歌曲，不仅汉族战士在唱，朝鲜族战士也在唱；不仅唱响关东大地，还被朝鲜义勇军带到朝鲜，唱到朝鲜半岛。

总之，一个国家、一个民族、一支军队要赢得挑战、战胜敌人，不仅要有强大的物质力量，而且要有强大的精神力量。东北抗联抗战十四年，依靠的就是这种崇高理想信念的支撑。在日本侵略者企图彻底切断抗联同当地老百姓的联系，断绝抗联将士的粮食和给养来源的状况下，抗联将士伤亡惨重，从 1937 年底的 4 万余人锐减到 1938 年的 5000 多人。③ 这里需要补充说明的是，关于抗联人数统计都不确切，只是估数。抗联正规军编制人数大约在3.5-4 万人之间。此外，还有地方武装（类似县大队、自卫队、民兵等）和与抗联合作的山林队（其他义勇军武装）。例如：三支队打克山时就联合地方武装讷河县抗日先锋队、农民自卫队和红枪会三支地方抗日武装。后来这三

---

① 东北抗日联军史料编写组. 东北抗日联军史料（上）［M］. 北京：中共党史出版社，1994：67.

② 孔令波，王承礼. 东北抗日联军（上册）［M］. 长春：吉林人民出版社，2005：278-279.

③ 吕妍，孙开明著. 一切为了自由和解放—抗联精神［M］. 哈尔滨：黑龙江人民出版社，2009：191.

支武装全部加入抗联。」然而，这些并没有打倒具有顽强精神的抗联战士。在整个抗战过程中，他们在中国共产党的领导下，坚持战斗，坚持团结，坚持进步，在敌人的轮番和大规模的"讨伐"和"围剿"下，陷入极端困难的境地，英勇的抗联将士高举抗日的大旗，一直坚持到抗战的最后胜利，为整个中华民族的抗日战争作出了重大的贡献。东北抗联文化对抗战全体指战员的激励作用是巨大的，对广大人民群众的团结力量是深远的；对日本侵略者的殖民统治打击是沉重的。

6.1.3 东北抗联文化是中国共产党宝贵的精神财富

东北抗联文化作为中国革命文化的典型形态，是中国共产党在新民主主义时期产生的革命文化之一。抗联文化体现的抗联精神与同一历史时期产生的红船精神、八一精神、井冈山精神、苏区精神、长征精神、延安精神、西柏坡精神相比较，既有共性，也有个性。从共性来说，它们都是共产主义理想信念在不同时期与革命形势和任务相结合的产物。从个性而言，红船精神是中国革命精神之源，苏区精神上承井冈山精神、下启延安精神，长征精神是井冈山精神的继承、延安精神的源泉，延安精神是中国革命精神成熟的标志。跟这些一脉相承、各具特色的中国革命精神相比，产生于白山黑水间的东北抗联精神是中国革命精神的独有篇章。

东北抗联精神是抗战精神的重要组成部分，其内涵丰富、深邃，主要包含以下六个方面：一是救亡图存、忠贞报国的爱国主义精神；二是坚定执着、矢志不渝的共产主义信念；三是前赴后继、视死如归的革命英雄主义精神；四是克服困难、百折不挠的艰苦奋斗精神；五是首创首行、独立自主的开拓创新精神；六是休戚与共、团结战斗的国际主义精神。东北抗联精神是对中共革命精神的继承和发扬，因此，要把东北抗联精神纳入中共革命精神史之中。正是包括东北抗联精神在内的中共革命精神，凝聚起无穷的革命力量，为中国共产党人历尽千辛万苦夺取中国新民主主义革命的伟大胜利提供了强大的精神支撑。正因为如此，东北抗联精神作为中共革命精神史上的一座

"富矿",具有其典型性,主要表现在六个方面:

一是从爱国主义精神来看,除延安精神外,井冈山精神、苏区精神、长征精神、西柏坡精神都诞生在与国民党斗争时期,即国内阶级斗争时期。而东北抗联之爱国主义精神则是诞生在同日本帝国主义斗争时期,即产生在伟大的抗日战争时期。复杂性是这一时期的一个突出特点,东北的抗战是处在国内战争和抗日战争之间。同时,有两支性质完全不同的抗日武装,即东北抗日义勇军和东北抗日联军,前者是在党的号召下建立起来的自发的群众组织;后者是党直接领导的人民武装,两支武装的目标一致,即反对日本帝国主义的侵略,为民族独立而战。另外,东北的抗日战争有两层领导关系。这种复杂多变的领导关系使得东北不同地区、不同军队之间存在的重大问题难以沟通和解决。

二是从共产主义信念来看,以杨靖宇、赵尚志、陈翰章、赵一曼等为代表的东北抗联指战员自觉学习、实践马克思主义,坚持共产主义理想信念,始终把远大理想与抗战时期党的中心任务紧密结合起来,把打倒日本帝国主义、争取民族解放、实现民族复兴作为最终的奋斗目标。在生与死的考验面前,忠贞不贰,信念坚定。

三是从革命英雄主义精神来看,东北抗联的牺牲是巨大的,仅军级干部就达 38 人,英雄事迹无论是个人还是集体也最为突出。

四是从艰苦奋斗精神来看,主要体现在三个方面:长期性、艰苦性和残酷性。

东北抗日战争的长期性。东北的抗日战争从"九一八"事变到抗战胜利,坚持 14 年,是全国开辟最早、坚持时间最长的抗日战场,比中国的全面抗战早 6 年;东北的抗日战争也是世界反法西斯战争开辟最早、坚持时间最长的一个战场。

东北抗日战争的艰苦性。表现之一:东北地区所处位置环境特殊,一年之中有接近半年是冬季。表现之二:党的领导力量薄弱。由于历史的原因,中国共产党的党员数量和党组织在东北发展很慢,"九一八"事变前党员数量不足 2000 人，领导干部少之又少。"九一八"事变以后，中共中央从关内和苏联派去了一批干部，但是远远不能满足当时抗日的需要，东北抗日义勇军的溃败与此不无关系。

东北抗日战争的残酷性。日本帝国主义为达到灭亡中国、称霸亚洲的目标，把中国东北作为其占领整个中国的前沿基地，于是动用大批侵华日军放在中国东北，使得东北的抗日战争异常的残酷。

五是从开拓创新精神来看，东北的抗日战争与关内的抗战有显著的区别，主要体现在如下几个方面：第一，东北的抗日战争是在中国共产党的独自领导下开展的。中国共产党独撑起抗日大旗，主要是在政治思想上的领导，蒋介石不仅没有指挥以张学良为首的 30 万东北军抗日，反而下令"不抵抗"，丧失了领导权。第二，中国共产党在东北积极创建抗日武装。一方面，支持和领导东北抗日义勇军抗战；另一方面，中国共产党积极创建由自己直接领导的抗日武装，即东北抗日游击队、人民革命军和东北抗日联军。东北抗联首创抗日民族统一战线政策、率先开展山地抗日游击战争和建立抗日游击根据地。

六是从国际主义精神来看。在东北抗日战争中，东北抗联与朝鲜共产主义者、朝鲜革命军及苏军的密切配合，是国际主义精神的重要体现，也是东北抗联精神大放光芒的具体体现。因此，通过以上分析可以得出，与其他革命精神相比，抗联文化凝结的抗联精神更具有典型性。抗联精神与红船精神、八一精神、井冈山精神、苏区精神、长征精神、延安精神、西柏坡精神一道，都是中国共产党宝贵的精神财富。

6.2　东北抗联文化的时代价值

今天已经远离了战争，但东北抗联文化的价值和意义仍然留存。在新形势下，继承和弘扬东北抗联文化对于实现中华民族伟大复兴的中国梦、助力东北老工业基地振兴、筑牢新时代共产党员理想信念的根基、铸就现代化强军之路都具有重大的现实意义和时代价值。

6.2.1 丰富抗战文化内容、传承伟大抗战精神

东北抗联文化是中华民族优秀文化的结晶，传承的是东北抗联的革命事迹，弘扬的是伟大的爱国主义精神和革命英雄主义精神。东北抗联留下的宝贵精神文化丰富了抗战文化内容，也为解放战争时期和新时代文化建设提供了重要资源，梳理抗联文化的时代价值也是传承伟大的抗战精神，引领当代人树立正确的价值取向。

丰富抗战文化。新中国成立后，创造了一大批反映东北抗战题材的影视作品。1950年电影《中华女儿》描写了东北抗日联军"八女投江"的真实故事，运用纪实手法热情歌颂了东北抗联先烈的爱国主义精神和大无畏的英勇气概，重点刻画了胡秀芝由普通农村妇女到革命战士的成长历程。整个影片给人们一种内蕴深沉，富有激情的体验，创作者把紧张壮烈的战争气氛和鲜明的诗的象征意境完美结合。该片曾获捷克斯洛伐克第五届卡罗维发利国际电影节"自由斗争奖"，1949年至1955年在文化部优秀影片评奖中，曾获二等奖。

电影《赵一曼》，1950年由长春电影制片厂摄制，影片表现了东北抗联女英雄赵一曼在中国共产党的领导下积极抗日，年仅31岁英勇献身的故事。赵一曼的饰演者石联星曾获得了新中国成立后第一个国家电影表演奖。还有电影《自有后来人》，讲述了在抗日战争时期的东北敌占区，中国共产党的一位地下工作者由于叛徒的出卖，遭日寇杀害，其女继承父志，最后完成交办任务。著名的文化精品革命现代京剧《红灯记》根据电影《自由后来人》改编，此剧是中国京剧院的优秀保留剧目。

歌剧《星星之火》，该剧以东北抗联武装斗争为背景，歌颂了一支游击队和广大人民群众英勇顽强、艰苦奋战的革命精神，热情歌颂了军民团结一致、

鱼水情怀的的崇高精神以及星火必定可以燎原的伟大气魄，讴歌中华民族宁死不屈的民族气节和坚忍不拔的民族精神。这部歌剧正式公演正值抗美援朝初期，引起了很大的轰动，演出获得了巨大的成功。《革命人永远是年轻》是我国第一部反映东北抗联斗争的歌剧《星星之火》的主题曲。这首经典歌曲似乎也是永远年轻的，至今传唱，经久不衰。

东北抗联文化记录着东北抗联的艰难斗争历程，因此，研究东北抗联文化也为研究东北地域文化和旁证东北抗联的历史提供了史料支撑。由于当时敌我力量悬殊，东北抗联在 14 年的抗日战争中人员伤亡惨重，特别是军中的高级将领几乎全部为国捐躯。① 所以军中的宝贵文献、珍贵材料流失较多，保存下来的一部分是东北抗联将士回忆录和日伪军的档案资料，正是基于东北抗联史料的特殊性，特别是对保存下来的回忆性材料和日伪史料真实性的考证上就需要大量具体可靠的旁证。那么东北抗联文化内容的丰富性和具体性，尤其是抗联歌曲和抗联报刊恰恰能够很好地验证和还原历史。

《抗联四季歌》通过东北四季分明的特点，描绘了"春季里来青草发了芽，咱们抗联要出发；夏季里来庄稼长得高，抗日联军为救中华怒火烧；秋季里来粮食往家收，抗日联军为咱百姓报冤仇；冬季里来雪飘北风寒，抗日联军在深山里爬冰卧雪难，老百姓送粮送衣又送靰鞡鞋，木炭火点起来抗战的大火燃。"② 这首歌道出了东北抗联指战员一年四季艰苦的战斗生活，体现了他们为了保家卫国奋战在抗日战场上的勇敢和无畏。东北抗联以自己的实际行动赢得了人们的信赖和爱戴，百姓为抗联放哨，侦察敌情，供给粮秣，掩护伤员，缝衣做饭。据说当年参加抗日游击队的刘金山老人，双目失明几十年后对这首歌曲仍然记忆犹新。③ 此类歌曲也为后来的研究者探讨东北地域文化提供了素材，为进一步挖掘东北抗联的历史提供了史料支撑。

---

① 吉林省社会科学界联合会. 智库：吉林区域发展研究［M］. 长春：吉林人民出版社，2015：266.
② 韩玉成. 东北抗联歌曲选［M］. 长春：北方妇女儿童出版社，1991：281.
③ 韩玉成. 最后的吼声——东北抗联歌谣史鉴［M］. 长春：吉林人民出版社，2015：109.

此外在《西征胜利歌》中，就有对摩天岭大捷的细节描述"中国红军已经到热河眼看到奉天，西片大军夹击日匪赶快来会战……紧握枪刀向前猛进同志齐踊跃，歼灭日匪'金田'全队我队战斗好……同志快来高高举起胜利的红旗，拼着热血誓必打倒日本帝国主义，铁骑纵横满洲境内已有十大军，万众蜂起勇敢杀敌祖国收复矣。"① 这首歌对抗联第一路军成立后，为了顺应东北抗日游击战争的大好形势，配合中央红军北上抗日，打通与党中央和关内的联系，改变抗联的困境，进而开辟新的游击区做了很详细的注解。1936年6月下旬至12月，南满的抗联第一军进行了两次著名的西征。为了纪念这次西征，杨靖宇由此创作了《西征胜利歌》，以此来鼓舞士气抗战到底。

《烈士纪念歌》歌词中有"镜泊湖上涛光苍茫……二月二十八，追恨志无涯，血溅青石，尸陈遍野白骨沉黄沙，慷慨奋捐生，同志四十又二名，浩气贯长虹，壮志长铭记，永震敌胆惊"的句子。② 还原了这样一段悲壮的史实：1936年2月28日拂晓，敌伪乘夜色向我抗联驻地莲花泡逼近，一师师长李荆璞命令第三团团长王汝起全团进入阵地迎击。由于敌众我寡，敌人又凶狠的使用毒气弹致我战士处于半昏迷状态，第四连连长命令战士停止射击，埋伏在密密麻麻的灌木丛中，伺机敌人靠近，当场致日军指挥官林田中佐于死地。经激战，马连长及全体战士全部壮烈牺牲。③ 莲花泡战斗，击毙敌军70余人，伤20余人；我方牺牲78名，伤45名。由于敌人肆意破坏我抗联战士遗体，待我抗日救国会备棺收尸时，只掩埋了42名，后来传颂为"莲花泡四十二烈士"。为了纪念这些英勇献身的英雄们，季青创作了《烈士纪念歌》。

东北抗联在文化建设中把创作、传唱革命歌曲，作为一种经常性的宣传教育形式。到目前已发现的就有油印发行的抗日歌曲集和东北光复前抗联将士几部手抄本，以及巴黎《救国时报》等报刊上登载的抗战歌谣，这些资料

---

① 韩玉成. 东北抗联歌曲选［M］. 长春：北方妇女儿童出版社，1991：24.
② 韩玉成. 最后的吼声——东北抗联歌谣史鉴［M］. 长春：吉林人民出版社，2015：166.
③ 韩玉成. 最后的吼声——东北抗联歌谣史鉴［M］. 长春：吉林人民出版社，2015：165.

成为研究当年那段烽火历程的可靠依据和珍贵的历史文献。①

东北抗联报刊也同样记载了抗联指战员战斗和生活的状况，1940 年创刊的《东北红星壁报》有这样几大板快："国际要闻"栏，主要是欧战电讯；"我国抗战消息汇报"栏，主要突出国共两党合作共同抗敌的思想；"东北抗日战讯"和"地方消息"栏里，一方面揭露日伪新罪行的消息，一方面是传递东北抗联的捷报。1935 年 9 月 18 日年出版的《人民革命报》"九一八"纪念专号中，刊登了"东满人民革命军西征队已接头南满人民革命军"、"那尔轰热烈欢迎东满游击队"、"东北人民革命军西南部战线捷报"和"同心乡政府民众自动捐旗两面赠给人民革命军"等消息，同时还配有"两军代表会合握手"插图以及"营口附近抗日军"、"那尔轰民众"活动等短新闻。② 不胜枚举，东北抗联报刊为今天研究东北抗联的历史，作了很好的旁证。

总之，东北抗联文化以其内容的丰富性和直观性，宣传和记载了军民抗战和日常生活的历史，丰富了抗战文化的内容，为现代学者研究东北抗联的历史提供了可靠的史料，也为解放战争时期的文化建设提供了参考。

传承抗战精神，引领当代人树立正确的价值取向。任何一个社会都存在多种多样的价值观和价值取向，要把全社会意志和力量凝聚起来，必须有一套与经济基础和政治制度相适应并能形成广泛社会共识的价值观。核心价值观在一定社会的文化中是起中轴作用的，是决定文化性质和方向的最深层次要素，是一个国家的重要稳定器。习近平总书记指出："人类社会发展的历史表明，对一个民族、一个国家来说，最持久、最深层次的力量是全社会共同认可的核心价值观"。③

在社会主义核心价值观中，最核心的就是爱国主义。崇高的爱国主义信仰和坚定的理想信念是东北抗联文化的精髓，数以千万的东北抗联将士坚守

---

① 韩玉成 . 最后的吼声——东北抗联歌谣史鉴［M］. 长春：吉林人民出版社，2015：183.

② 庄严 . 民族魂——东北抗联［M］. 长春：吉林出版集团有限责任公司，2014：199.

③ 中共中央宣传部 . 习近平总书记系列重要讲话读本［M］. 北京：学习出版社，人民出版社，2016：189.

马克思主义信仰，坚持中国共产党的领导，坚定战胜日寇的决心，凭着这样的理想信念在东北的抗日游击战场上前仆后继，顽强抵抗。

杨靖宇作为东北抗联的缔造者、指挥者之一，他领导的东北抗联第一路军，驰骋在南满、东满大地。日伪当局视其为危及"满洲国"存在的心腹大患。日寇有云："曾经握有2000名属下的杨靖宇……他的尸体带有6660元巨款，但鞋是破的，衣服是挂裂的，胃里连一粒饭都没有……他是个英雄，的确是个英雄。"毛泽东同志对杨靖宇有过高度评价。1938年2月，他在延安回答美国合众社记者提问时说："中国共产党和东三省抗日义勇军确有密切关系。例如有名的义勇军领袖杨靖宇、赵尚志、李红光等等，他们都是共产党员，他们的坚决抗日、艰苦奋斗的战绩，是人所共知的。"① 赵尚志在东北抗日游击战争中以骁勇善战而著称，他率领抗日部队英勇作战的英雄壮举，曾令敌人为之胆寒，日寇有云："小小的满洲国，大大的赵尚志。"其丰功伟绩令国人为之振奋，远播中外。周保中的一生也是革命的一生，战斗的一生。在大革命中，是搏浪进击的身影；在东北抗战游击战争中，是浴血奋战的雄姿；在解放战争峥嵘岁月里，是顽强斗争的革命风貌。赵一曼，与日本帝国主义作战中负伤，不幸被捕，年仅31岁，英勇就义。在刑场上给儿子写了遗书"……在你长大成人之后，希望你不要忘记你的母亲是为国而牺牲的！"广大的东北抗联指战员身上所体现的伟大抗联精神：即矢志不渝、忠贞报国的爱国主义精神；前赴后继、视死如归的革命英雄主义精神；克服困难、百折不挠的艰苦奋斗精神；休戚与共、团结战斗的国际主义精神，② 是引领当代人树立正确价值取向的一面重要旗帜。东北抗联不仅仅是一支能征善战的威武之师，更是一支有文化品位的队伍，冯仲云和于天放是清华才子，张甲洲是清华和北大双料名牌的学生，不一一列举。

东北抗联将士崇高的爱国情怀和坚定的理想信念，呈现出的精神品质为

---

① 毛泽东文集：第2卷［M］. 北京：人民出版社，1993：103.
② 刘信君. 再论东北抗联精神——抗战胜利70年后的述评［J］. 社会科学战线，2015（6）：83-86.

当代人的价值取向树立了榜样。一个人若没有信仰，就如同大树没有阳光，失去了生长的方向，也失去了活下去的力量源泉。以杨靖宇、赵尚志、周保中、赵一曼为代表的东北抗联生活在救亡图存的近代中国，他们的信仰就是解放大众并为此抗争不止，他们用鲜血印证了自己的信仰，同时以信仰为支点，构成了自己高尚的人格精神。而生活在当下的我们，回看前辈的光辉事迹，也应该对照社会主义核心价值观反躬自省。应该学习他们高尚的人格精神，从共同的信仰中汲取力量，这是他们留给我们的宝贵财富，这是中国共产党革命精神跨越时空的力量所在。

综上，东北抗联文化作为一种抗战文化，是革命文化，也是宝贵的红色文化资源。党的十八大以来，习近平总书记多次强调，"红色基因不能变，变了就变了质"，"我们的红色江山永远不变色"，"保证革命先辈们用鲜血和生命打下的红色江山代代相传。"① 保护和传承东北抗联文化，就是弘扬伟大的抗战精神，引领当代人树立正确的价值取向，感召青年，让年轻的一代既怀抱梦想又脚踏实地，在全面建设社会主义现代化国家的火热实践中绽放青春之花。

6.2.2 振兴东北老工业基地的力量源泉

东北地区在中国工业体系中占有重要的地位，在新中国成立初恢复经济期以及社会主义建设时期发挥了至关重要的作用。东北老工业基地在改革开放以及中国产业结构升级时期出现了发展滞后的情况。习近平总书记非常关注东北老工业基地振兴的问题。2018 年 9 月，习近平总书记对东北地区进行了调研，在充分调研的基础之上，主持召开了座谈会，就深入推动东北振兴发表讲话，提出"东北地区是我国重要的工业和农业基地，维护国家国防安全、粮食安全、生态安全、能源安全、产业安全的战略地位十分重要，关乎

---

① 张城. 革命文化与党内政治文化［N］. 学习时报，2017-5-3（2）.

国家发展大局"①。2020年，习近平总书记在吉林考察时强调，要切实落实党中央决策部署，在服务党和国家工作全局中体现新担当，在走出一条质量更高、效益更好、结构更优、优势充分释放的发展新路上实现新突破，在加快推动新时代吉林全面振兴、全方位振兴的征程上展现新作为。由此可见，振兴东北老工业基地在新时代中国特色社会主义建设事业的发展中占有重要的战略地位。东北抗联文化产生于东北抗战期间，既体现了珍贵的精神品质，又与东北人民比较贴近，能够成为振兴东北老工业基地的力量源泉。

所以，新时代我们要继续秉持着坚定的理想信念，继续发扬无私奉献的精神，尽职尽责地做好本职工作；发扬百折不挠的艰苦奋斗精神，不畏艰难迈过暂时困难；发扬团结合作的精神，坚持和平发展道路；发扬独立自主的创新精神，加快东北老工业基地转型升级。

其一，从东北抗联文化中涵养"无私奉献"的精神振兴东北老工业基地。革命英勇主义精神是中华民族精神宝贵的品质，这种精神在东北抗联的斗争中得到了充分、生动的体现。东北抗联代表着中华民族和人民大众的利益，面对来犯之敌表现出了视死如归、英勇奋斗的大无畏精神。在社会主义建设时期则体现为全心全意为人民服务、无私奉献的崇高精神。无私奉献精神是先进文化的价值取向，是社会和谐发展的重要基础条件，其实质就是把国家和人民的利益放在第一位，贡献自己的力量。中国改革已经进入了深水区和敏感期，面临许多困难和矛盾，在深化改革的过程中，必须弘扬无私奉献精神。②

其二，从东北抗联文化中涵养"自强不息、奋力拼搏"的斗志振兴东北老工业基地。在人类历史上的战争实践中，艰苦奋斗更多地表现为战斗精神。战斗精神是人们应有的一种自我超越的内在品质，它强调人不论在何种环境

---

① 奋力书写东北振兴的时代新篇——习近平总书记调研东北三省并主持召开深入推进东北振兴座谈会纪要 [N]. 人民日报，2018-9-30 (1).

② 吕妍，孙开明. 一切为了自由和解放 [M]. 哈尔滨：黑龙江人民出版社，2009：119-220.

下都要有一种自强不息的奋斗精神；是人的主观能动性在特定环境中的表现形态，是相对于有形的物质战斗力而言的精神战斗力；是由政治目标、理想信念、公平正义等内容构成的，它以对军事活动意义的深刻理解为前提。① 面对纷繁复杂的社会形势，需要保持和发扬自强不息、顽强拼搏的战斗精神，大力提高国民素质，继续发扬艰苦奋斗精神。正如幸存东北抗联老战士单立志所言："那时牺牲容易，坚持下来难。"② 艰苦奋斗精神是中华民族的传统美德，是中国共产党的光荣传统，我们要继续发扬光大。

其三，从东北抗联文化中涵养"团结合作，走向大同"的胸怀振兴东北老工业基地。中国是统一的多民族国家，"九一八"事变以后，日本军国主义与中华民族的矛盾突显，因此，全国不同的阶级、阶层、党派只有一致共同抗日，才能救亡图存。东北抗联不仅是中国各抗日力量的联合军队，也是中朝两国人民联合的军队。③ 团结合作在当代就是要实现各民族的团结，同时也要团结世界各国力量，不仅要在政治上平等、经济上合作，还要积极拓展文化上的交流，坚持和平发展道路，推动构建人类命运共同体。

其四，从东北抗联文化中涵养"开拓创新"的精神振兴东北老工业基地。1945 年彭真曾说，我们共产党人领导革命斗争的二十多年中，有三件最艰苦的事：第一件是红军二万五千里长征；第二件是红军长征后南方红军三年游击战争；第三件是东北抗日联军的 14 年苦斗。"④ 1955 年，毛泽东曾对东北抗联第三路军原政委冯仲云说："你们的抗联比我们长征还要艰苦。"在这种孤军苦斗的岁月里，任何一位指战员都有可能随时牺牲。1938 年入冬之际，杨靖宇将军在笔记本上写下了"为匡复祖国河山而杀身成仁"12 个大字，显然已经做好了牺牲的准备。东北抗联指战员明知斗争的长期性和艰巨性，明知有生之年可能见不到曙光，但是他们仍然相信经过无数中华儿女不断的流

---

① 吕妍，孙开明. 一切为了自由和解放 [M]. 哈尔滨：黑龙江人民出版社，2009：221.
② 庄严. 民族魂——东北抗联 [M]. 长春：吉林出版集团有限责任公司，2014：23.
③ 高峰. 永久的丰碑——杨靖宇将军资料汇编（续编下）（2005—2014）[G]. 长春：吉林出版集团，2015：901.
④ 赵亮，纪松. 冯仲云传 [M]. 北京：中央文献出版，2008：159-160.

血牺牲，最终的胜利一定会实现。在当今，这种敢作敢为的精神应该内化为一种创新精神。

历史的车轮滚滚驶入 21 世纪，我国社会的主要矛盾已转化为：人民日益增长的美好生活需要和不平衡不充分的发展之间的矛盾。拥有自主知识产权、提高创新能力、科学有序发展已经成为时代的主旋律。在社会物质财富基本满足的前提下，文化作为精神层面的力量指导逐渐显现。"不忘本来才能开辟未来，善于继承才能更好创新"。① 在民族复兴的进程里，必须把文化之根留住！

6.2.3　坚定不移全面从严治党的生动教材

2015 年，习近平总书记在吉林考察工作时指示，"要把抗联的历史发掘好、研究好、宣传好，组织好相关纪念活动，为加强党的建设和推进改革发展稳定凝聚正能量"。党的建设，指的是政党在马克思主义党的学说指导下进行的领导国家、社会和提高自身生机与活力的理论和实践活动。作为党的建设实践活动这个重要环节，东北抗联文化作为一种精神文化产品，其富含着独特的文化价值，它在承载和传达东北抗联的革命事迹、民族精神和英雄人物方面起着非常重要的记录作用。因此，从东北抗联文化中吸取营养，补足精神之"钙"，增强自我革命的勇气，坚定全面从严治党的战略定力。

在中国共产党的领导下，东北抗联积极贯彻执行党的政治任务和路线，不断加强军队党的建设，坚信只有纪律严明的抗日武装才能确保抗日战争的最后胜利。东北抗联长期孤悬敌后，同时又得不到党中央的直接领导，形势严峻、条件险恶，但仍以高度的自觉确保了在思想上与党中央保持一致。以周保中为代表的东北党组织和东北抗联领导人面对于我军几十倍的兵力的"讨伐"，抗战决心毫不动摇，"我们是为民族的独立和解放而战，任何困难都

---

① 中共中央宣传部. 习近平总书记系列重要讲话读本［M］. 北京：学习出版社，人民出版社，2016：202.

能克服，就是牺牲了自己的生命也在所不辞。"① 坚持党对军队的绝对领导，是中国军队的建军之基和立军之本，是经过艰辛探索把马克思主义建党建军学说与中国军事斗争实践相结合的真理性和规律性认识。东北抗联基层组织在建设、捍卫根据地和支前方面起了战斗堡垒的作用。1938 年 1 月 3 日，在《东北抗联政治指导员及共产党员普通政治常识》中明确指出：共产党是无产阶级政党，它专门为无产阶级利益服务，反对资产阶级，反对帝国主义的领导者。更正确的说，它是无产阶级之中最先觉悟、最优秀、最积极、最勇敢的分子组成的。② 东北抗联部队党的建设注重加强组织、作风建设，使党员树立正确的人生观、价值观。

近年来，对东北抗联文化的保护与传承工作愈加受到人们的重视。东北有着丰富的抗战遗址、纪念馆、烈士陵园等。在全国掀起的红色旅游热潮中，以东北抗联为主题的一大批爱国主义教育基地纷纷建立。据国务院 2014、2015 年的统计，国家级的抗战遗址名录中，东北就有 23 处。③ 这一切都为我们了解历史、缅怀先辈、弘扬抗联文化奠定了坚实的物质基础。同时，东北不少地方整合当地红色旅游资源，打造精品红色旅游路线，这些路线不仅深受游客好评，更是党员教育的重要资源。

辽宁省：2017 年在世界反法西斯战争胜利 72 周年之际，辽宁省图书馆充分挖掘馆藏，经过精心筹备，推出了《铁血雄魂 丰碑永铸——辽宁省图书馆藏东北抗日联军抗战十四年历史图片文献展》。展览甄选馆藏图片 400 余幅，分三个部分展示东北人民十四年抗战的艰苦历程：分别为日本发动"九一八"事变及其在东北的殖民统治；中国共产党领导抗日武装在白山黑水之间的战斗实录；对日本侵略者的审判与缅怀抗联先烈等。展览展出了辽宁省图书馆藏珍贵抗战文献。例如：由车向忱多年收集资料整理出的 1936 年出版

---

① 中共吉林省委党史工作委员会. 回忆周保中 [M]. 长春：吉林人民出版社，1989：163.
② 中央档案馆，辽宁省档案馆，吉林省档案馆，黑龙江省档案馆. 东北地区革命历史文件汇集（甲51）[G]. 内部资料，1990：87-88.
③ 吕路军. 东北抗联精神研究 [D]. 吉林大学博士学位论文，2017：84.

的《东北抗日联军对日作战之经验》；东北抗联著名将领冯仲云所著的1946年出版的《东北抗日联军十四年苦斗简史》；东北抗联著名将领周保中著述的《东北抗日游击日记》；还有东北抗联将领的相关传记以及反映东北抗联文艺的相关文献。展览通过图片和文献的形式，展示东北抗联14年抗战历史，讴歌牺牲在白山黑水的抗联英烈，弘扬东北抗联坚贞不屈、保家卫国的牺牲精神。新时代让东北抗联精神鼓舞人们同心同力，为实现中华民族伟大复兴的中国梦而继续努力。另外，为深入推进"两学一做"学习教育，加强党性锻炼，增强党组织凝聚力、战斗力。东北新闻网于2016年8月13日组织全体员工，赴辽宁省本溪县开展了"不忘初始心，传承英雄志，重走抗联路，忠诚铸党魂"主题教育实践活动。在东北抗联史实陈列馆抗联英雄雕像前，东北新闻网全体党员对着鲜艳的党旗重温入党誓词，铿锵坚定的声音久久回旋在英雄雕像上空。全体党员向英雄鞠躬默哀，并在东北抗联展厅驻足静听，详细了解东北抗联反抗日寇的感人故事，之后部分员工重走了抗联一军一师征战路。

吉林省：按照国家部署成立红色旅游工作小组，开展了卓有成效的工作。通化市，作为杨靖宇带领东北抗联第一路军活动的主战场，修建复原了多处蕴含着深厚东北抗联历史和文化的遗址遗迹。通化市委党校2009年开展了"重走抗联路"党性教育项目，而这个党性教育项目也成为向广大党员、领导干部和广大群众宣传和弘扬抗联文化的重要载体。2011年6月，随着吉林省第一张"红色地图"——《吉林省红色旅游地图》的出炉，吉林省红色旅游经典景区和路线跃然纸上。今天，游客们无论是为吉林省的雄浑壮美的江河山川而来，或是因白山松水间古朴淳厚的民俗风情而至，只要踏上吉林这方热土，都有机会"重走一段抗联路，吃一顿抗联饭，唱一首抗联歌"。这些都为党员和群众提供了一个表达对抗日英雄怀念和敬仰之情的良好途径。①

黑龙江省：2002年夏，健在的东北抗联老战士倡议组建一支宣传东北抗

---

① 吉林省社会科学界联合会. 智库：吉林区域发展研究 [M]. 长春：吉林人民出版社，2015：269.

联精神的队伍，目的让更多的人了解东北抗联，弘扬东北抗联精神，这一建议得到了东北抗联老战士、原省政协副主席李敏同志的积极响应。2002 年 8 月 15 日，东北抗联精神宣传队成立，由 40 名抗联老战士和抗联烈士子女组成。宣传队员们不辞辛苦，重返老区、重走抗联路、参观抗联遗址，深入工厂车间、田间地头、居民社区、部队学校，演唱抗联歌曲，作抗联英雄事迹报告，广泛宣传抗联勇赴国难的爱国精神，前赴后继的战斗精神，勇于献身的牺牲精神，团结御侮的国际精神，使抗联事迹深入人心，教育、激励了更多龙江儿女。2016 年和 2017 年每年的七八月间，哈尔滨三五将军文化博物馆主办东北抗联文化月活动，主题是"保护东北抗联文化、弘扬东北抗联精神"。国内外东北抗联史研究专家学者和师生如期而至，开展学术交流活动，也把黑龙江本土的红色文化扎根到群众中。此举得到了政府和社会各界的广泛认同，东北抗联精神的文化价值得到了很好的呈现。

东北抗联文化是在中国共产党的领导下，由东北抗联的仁人志士、英模先烈共同书写的绚丽华章，是党在东北抗战中积累的宝贵财富，是人民军队视"思想政治工作"为生命线的优良传统作风的生动体现。一方面可以为党员干部党性教育提供鲜活的教材；另一方面可以增强社会主义核心价值体系教育。东北抗联文化资源以通俗性和大众化见长，人民群众对它有天然的亲近感和融入性，因此，它是一种被人们广泛接受和认同的思想政治资源。东北抗联文化作品、遗址遗迹等对人们爱国主义价值观的形成具有强大的示范作用，在道德教育中亦然。我们将会永远铭记东北抗日联军为全国的抗战和东北的解放所创造的光辉业绩，并将会从他们的艰苦卓绝、可歌可泣的战斗事迹中受到启迪，汲取力量。

6.2.4 加强军队建设的重要历史借鉴

毛泽东曾指出："我们的国防将获得巩固，不允许任何帝国主义者再来侵略我们的国土。在英勇的经过了考验的人民解放军的基础上，我们的人民武装力量必须保存和发展起来。"① 十九大报告中习近平总书记提出："加强军队党的建设，开展'传承红色基因、担当强军重任'主题教育，推进军人荣誉体系建设，培育有灵魂、有本事、有血性、有品德的新时代革命军人，永葆人民军队性质、宗旨、本色。"② 东北抗联文化诞生在残酷的战争环境中，作为一种战时文化、一种军队文化，战争虽已远去，但其中体现出的爱国主义精神和坚韧不拔的信念，对今天的军队建设依然有借鉴意义。

抗战时期的中心工作就是抗击日本侵略，因此党在那个时期的政治路线具体体现在军事战略上。以杨靖宇为代表的东北抗联指战员的主要战略思想和中心任务是逐步扩大抗日武装队伍，不断巩固抗日游击根据地，加强地方群众各项工作的管理，最大限度地扩大抗日游击战争。1939年3月14日，总政治部起草的《东北抗日联军宣传纲领草案》指出，没有胜利的游击战争就没有胜利的人民解放事业；要想掘断日寇在东北统治的根苗，就需要东北的城市和农村配合起来武装起义；各地抗日人民，真正不分党派、阶级、信仰、民族、籍贯的一致团结；不组织广大东北人民抗日运动，就不会有解放事业的新前途；如果没有暂时的部分牺牲，就不会得到东北人民自由幸福的新生活。③《中共吉东省委、五军党委、宁安县委给宁安地方工作同志的信》提到："日寇想尽各种办法，使用一切力量，企图消灭'满洲'中国共产党，消灭抗日救国武装。而我们党和领导下的武装，应如何用一切办法，在广大群众中继续我们党的工作活动，军队要抓紧一切可能的游击活动，采用诸种必须与可能的手段，保持和蓄养我们现有的武装力量，这就是目前我们对于日寇斗争坚持的中心关键。"④

东北抗联是能征善战的威武之师，始终坚持"党的主义是灵魂，人民群

① 本书课题组编. 中国特色社会主义国防军队建设道路［M］. 中央文献出版社，2013：2.
② 中国共产党第十九次全国代表大会文件汇编［M］. 北京：人民出版社，2017：43.
③ 中档案馆，辽宁省档案馆，吉林省档案馆，黑龙江省档案馆. 东北地区革命历史文件汇集（甲54）［G］. 内部资料，1990：256-257.
④ 中央档案馆，辽宁省档案馆，吉林省档案馆，黑龙江省档案馆. 东北地区革命历史文件汇集（甲28）［G］. 内部资料，1988：43.

众是靠山，统一战线是法宝，民族气节是生命"的四项基本原则。不仅创造了诸多以少胜多、以弱胜强的重创日寇的经典战例，还创造了"四快""四不打"的作战方针，即"集结快""出击快""分散快""转移快"；"不能予敌以痛击的仗不打""与群众利益有危害的仗不打""不占据有利地势的仗不打""无战利品缴获的仗不打"。① 1935 年初，东北抗联五军一师又进一步总结出"五打五不打"的战术原则，使得在作战中更加自觉地运用游击战术："打伏击仗，不打遭遇仗；打敌人薄弱环节，不打攻坚仗；打机动灵活仗，不打硬仗；打便宜仗，不打消耗仗；打了解敌情之仗，不打无准备之仗"。② 这为解放战争时期和新中国成立以后军队战略战术思想的形成发展提供了有价值的参考。

东北抗联虽然处在频繁、激烈的战斗环境中，但从创建时起就非常重视部队的管理，把部队管理作为巩固与提高部队战斗力的重要方面，并逐步形成一整套人民军队的部队管理规章和办法，从而使抗联建立起相应的内部秩序，优良的战斗作风，尤其是严格的组织纪律。东北人民革命军成立后，部队管理进一步严格，各部队把对部队的管理、组织纪律、士兵待遇，以及功过奖惩办法等均列入了法规。

东北抗联领导人赵尚志特别重视对师团级领导干部的配备。在使用干部中注意用其所长，行其所能，能够按照干部的长处加以使用，根据干部的能力安排适当的任务。他总是把政治上坚强、斗争经验丰富的干部安排在各师团重要领导岗位上，这样就使部队在实现由量向质的转换过程中有了可靠的保障。据资料记载，东北抗联很多指战员兼有卓越的军事天才和深刻马列主义理论修养。周保中曾这样描述杨靖宇："他最大优点是专心学习研究马列主义理论、文艺和党中央的各种指示和文件，更重要的是能把具体理论和实际

---

① 孙践. 杨靖宇全传 [M]. 长春：吉林文史出版社，2005：25.
② 中共黑龙江省委党史工作委员会. 黑龙江党史资料（第 7 辑）[M]. 哈尔滨：中共黑龙江省委党史工作委员会，1896：26.

工作密切结合。"① 周保中说，陈翰章同志也不例外，"陈同志不仅对党的基本理论知识很有研究和洞察，而且对中国历史文献、典故和文艺创作也有见长。"②

抗日联军时期部队的管理工作进一步走向了规范化。在人民革命军的基础上，东北抗联还制定了《东北抗日联军部队内婚姻简则》《军政学校的纪律详则草案》等规定，在纪律的要求上，进一步提出了风纪、礼节、武器管理、内外勤务、保密工作以及爱护公共财物等方面的规则，中共各级组织和抗联的各军主要领导还注意教育引导部队自觉维护纪律，对部队中存在的错误的思想作风和不良倾向及时进行严格教育和纪律整顿。李兆麟创作了一首《东北抗日联军第三路军军人十大要义歌》，③ 阐述了东北抗联部队的基本纪律要求。1938 年 8 月，第二路军总指挥周保中在给第十一军代军长李景荫的信中指出："军纪是军队的命脉，赏罚分明、功过不乱，内部系统各有职责关系，军令、政令应恪守服从，一切法规限制，上级到下级，下级到上级一样的遵守范围。对民众绝对不能侵犯其利益。保持确固之好感。凡次都应努力追求实现"。这些内容也为新时期提高军队的综合素质提供了参考。

同时，为了培养军政干部和军用无线电通讯人才，东北抗联于 1936 年先后创建了抗联政治军事学校和电信学校。军事教官王玉升是珠河游击队的创始人之一，被调到政军学校任教官后，每天带领学员出操，早晨跑步，持枪上军操。他结合亲身经历的战斗实例，总结经验教训，把军事课讲得生动活泼，学员听起来兴致勃勃，效果很好。学员的学习生活紧张、团结、活泼。电信学校 1936 年末开始筹建，该校的宗旨，一方面为了战争需要让学员学习先进的电信技术，另一方面是为了培养一批技术人才，作为一项战略任务。④

① 韩玉成. 最后的吼声——东北抗联歌谣史鉴［M］. 长春：吉林人民出版社，2015：178.

② 井晓光，武振凯，刘长江等编. "九·一八"研究（第八辑）［M］. 长春：吉林文史出版社，2007：328-330.

③ 刘枫等. 李兆麟传［M］. 哈尔滨：黑龙江人民出版社，1989：138.

④ 东北抗日联军史料编写组. 东北抗日联军史料（下）［M］. 北京：中共党史出版社，1994：600.

电信学校的第一课是修建校舍，课程除少量的军事课和政治课之外，主要是技术课。考虑到大部分学员文化程度比较低，因此，需要对他们进行文化基础课的普及。技术课内容由两部分组成，少部分是电学、电工原理和使用无线电机的常识；绝大部分是进行收发报练习、国际电语练习。① 在哈东各县三股流根据地创建之初，珠河党组织和反日会对文化教育工作也比较重视，曾在太和北沟建立了革命小学。1935 年 1 月，在蜜蜂园子办起小学，教材由军司令部编印，均为油印版，免学费，学文化，学抗日救国道理，赵一曼曾给学生上过课。② 丰富多样的文化教育有力地提高了抗联部队的战斗力，也积极动员了广大人民群众参战。

东北抗联之所以能够在敌我力量相差悬殊的情况下坚持 14 年斗争，关键在于东北抗联拥有优良的作风和高度的政治觉悟。特别是东北抗联队伍中的广大党员干部始终以共产党的标准严格要求自己，吃苦在前，身先士卒，赢得了军心，鼓舞了士气，也赢得了人民群众的衷心拥护和爱戴。党的作风是党在领导革命、建设、改革的长期实践中形成的比较稳定的反映党的基本特征和内在品质的整体精神风貌。在革命与战争中，中国共产党领导干部秉持优良作风，赢得了新民主主义革命的胜利，在和平年代更要继续保持和发扬我党和我军的光荣传统。正如党的十九大报告所指出的："加强军队党的建设，开展'传承红色基因、担当强军重任'主题教育，推进军人荣誉体系建设，培养有灵魂、有本事、有血性、有品德的新时代革命军人，永葆人民军队性质、宗旨、本色。"在机遇与挑战并存的新时代，对广大党员干部更好地开展思想政治工作有良好的示范作用，增强"四个意识"，坚定"四个自信"，做到"两个维护"。

周虽旧邦，其命惟新。东北抗联文化是东北抗联将士继承弘扬民族优秀

---

① 中国人民政治协商会议黑龙江省委员会文史和学习委员会编. 黑龙江文史资料第四十辑 [M]. 哈尔滨：黑龙 江人民出版社，2009：329.

② 东北抗日联军斗争史编写组. 东北抗日联军斗争史 [M]. 北京：人民出版社，1991：227.

传统文化和积极吸纳人类先进文明的产物，是党领导的东北抗联将士政治本色的集中体现，是革命先辈留给我们的宝贵精神财富。在革命岁月，东北抗联文化对于东北抗战的胜利发挥了无可比拟的积极作用。当今时代，文化越来越成为民族凝聚力和创造力的重要源泉，它并没有随着时间的流逝而过时，更具有鲜明的时代价值。这需要我们凝心聚力，从东北抗联文化中汲取精神力量和改革发展的正能量，让东北抗联文化释放出时代红利，对于提高全民族的文明素质，弘扬民族精神、凝聚中国力量有着重大的意义。东北抗联精神作为一面不倒的光辉旗帜，代表的是中华民族英勇不屈的坚强意志，也必将激励一代又一代的中华儿女，高擎马克思主义、社会主义、爱国主义的伟大旗帜，凝聚如铁的坚贞、如磐的信仰，万众一心，朝着中华民族伟大复兴的"中国梦"奋勇前进，以坚持和发展新时代中国特色社会主义的伟大成就告慰东北抗联前辈和英烈。

结 语

人生自古谁无死，留取丹心照汗青。在中国人民抗日的壮烈史诗中，可歌可泣的动人画卷岂是一座座丰碑可以尽墨。东北抗联作为中国抗战历史上时间跨度最长，条件最为艰苦的战区，已经将它的烙印深深地镌刻在了历史的记忆中。路漫漫其修远兮，吾将上下而求索。在这场生与死、血与火的磨砺中凝结成的宝贵的抗联文化，必将鼓舞我们砥砺前行，奋勇前进。

写作过程中，在搜集关于东北抗联史料的基础上，我对东北抗联文化进行积极的探索，力求完整构建东北抗联文化的主要内容，从东北抗联文化产生的背景出发，从理论基础和实践条件两个方面揭示了东北抗联文化产生的必然性。梳理了东北抗联文化孕育和形成的五个阶段，主要从东北人民和东北抗联这支抗日武装成立和斗争的艰难曲折历程去划分的。在此基础上，本书详细论述了东北抗联文化的主要内容，东北抗联文化由三部分组成：物质文化、制度文化和精神文化。物质文化是指东北抗联在极端恶劣条件下，为维持自身生存，坚持斗争所进行的饮食、被装生产、"密营"和医疗卫生等方面的建设；制度文化主要研究了政治制度和军事制度等；精神文化主要分析了抗联文学和艺术等。进而，本书对东北抗联文化基本特征进行归纳：革命性、地域性、群众性、国际性，这是该书的难点。最后，本书对东北抗联文化的历史作用和时代价值进行总结，并结合当前的形势对东北抗联文化的保护与传承所面临的机遇和挑战进行归纳，总结了完善和改进的相应对策和建议。

　　该书是对东北抗联文化的概括性和整体性研究，因此，在注重广度的同时不免失之于深度。此外，本书还有一些问题尚待解决。

　　第一，论证史料有待丰富。本书对东北抗联史料的挖掘停留在国内方面，特别是东北三省，今后要进一步加大对国外东北抗联史料的探索和深刻剖析，力争让现存的东北抗联史料能够得到相互印证和相互补充。

　　第二，加强对东北抗联文化与其他地区抗战文化的比较研究。用历史的、长远的眼光看待抗联历史，提升和拓宽论证的高度和深度。抗日战争是全民族的抗战，文化抗战也是全国性的抗战，东北抗联文化是其重要的组成部分。因此，要想更全面、纵深研究抗联文化，必须把它放在一个全民族抗战的体系中，唯有此，才能给读者呈现一个客观真实的东北抗联文化全貌。所以，应该加强东北抗联文化与其他地区抗战文化的比较研究。

　　第三，对东北抗联文化的研究方法还需多样化。从资料记载上看截止到2012 年还健在的东北抗联老战士不到 20 位，他们是"最后的抗联"，要深入对他们的采访，留下珍贵的视频和文字，这可谓是抢救性的资料。这里引用萨苏的两句话："我们口述历史，因为那一场战争中我们没有记者，中国记者陈翰章成了游击队指挥官，与日军的敦化警备司令助川大佐同归于尽。""我们口述历史，因为那一场战争中我们没有档案，能够看到总政委魏拯民最后的信件，是因为日军在他牺牲时拿到了这批文件。"

　　第四，对东北抗联文化的保护和传承需要高度重视。此项工作需要政府、社会和个人三方的共同努力。笔者对东北抗联文化的踏查工作仍在继续，有些数据还在统计中，等待相关学科专家的验证，故尚未采纳。这也是本人下一步努力的方向。

　　总之，通过对东北抗联文化的研究得出结论：日本帝国主义必然败亡，因为除了其反人类的性质外，其殖民统治的社会基础已经彻底崩溃，最重要的是中国人民都已觉醒。东北抗联文化已经植根于人们的心底，伟大的东北抗联精神也已经内化于人们奋勇前进的信念，推动历史的车轮滚滚向前……

参考文献

1. 文献与史料类

［1］马克思恩格斯全集（第3、4、15、20卷）［M］. 北京：人民出版社，1995.

［2］马克思恩格斯选集（第1-4卷）［M］. 北京：人民出版社，1995.

［3］马克思恩格斯文集（第1、2卷）［M］. 北京：人民出版社，2009.

［4］列宁选集（第1-4卷）［M］. 北京：人民出版社，1995.

［5］毛泽东选集（第1-4卷）［M］. 北京：人民出版社，1991.

［6］毛泽东文集（第6、7卷）［M］. 北京：人民出版社，1993.

［7］毛泽东著作选读［M］. 北京：人民出版社，1986.

［8］周恩来选集［M］. 北京：人民出版社，1984.

［9］邓小平文选（第2卷）［M］. 北京：人民出版社，1994.

［10］张闻天文集（第3卷）［M］. 北京：中央党史出版社，1994.

［11］陈云文选（第1卷）［M］. 北京：人民出版社，1986.

［12］彭真传编写组，彭真年谱（第1卷）［M］. 北京：中央文献出版社，2012.

［13］彭真文选［M］. 北京：人民出版社，1991.

［14］中国共产党第十九次全国代表大会文件选编［M］. 北京：人民出版社，2017.

[15] 中共中央文件选集（第 1 卷）[M]. 北京：中共党校出版社，1982.

[16] 中共中央文件选集（第 11、12 卷）[M]. 北京：中共党校出版社，1986.

[17] 中央档案馆、辽宁省档案馆、吉林省档案馆和黑龙江省档案馆编. 东北地区革命史文件汇编（1932 年 2 月—1932 年 7 月）[G]. 1988.

[18] 中央档案馆、辽宁省档案馆、吉林省档案馆和黑龙江省档案馆编. 东北地区革命史文件汇编（1933 年 12 月—1934 年 2 月）[G]. 1989.

[19] 中央档案馆、辽宁省档案馆、吉林省档案馆和黑龙江省档案馆编. 东北地区革命历史文件汇编（1937 年 11 月—1939 年 10 月）[G]. 1989.

[20] 中央档案馆、辽宁省档案馆、吉林省档案馆和黑龙江省档案馆编. 东北地区革命历史文件汇编（1942 年 1 月—1942 年 5 月）[G]. 1991.

[21] 中央档案馆、辽宁省档案馆、吉林省档案馆和黑龙江省档案馆编. 东北地区革命历史文件汇编（1942 年 1 月—1945 年 8 月）[G]. 1991.

[22] 东北抗日联军史料编写组. 东北抗日联军史料 [M]. 北京：中共党史资料出版社，1987 年.

[23] 中国人民解放军历史资料丛书编审委员会. 东北抗日联军（综述、表册、图片）[M]. 沈阳：白山出版社，2011.

[24] 中国人民解放军历史资料丛书编审委员会. 东北抗日联军（大事记，回忆史料、参考资料）[M]. 沈阳：白山出版社，2011.

[25] 中国人民解放军历史资料丛书编审委员会. 东北抗日联军（文献）[M]. 沈阳：白山出版社，2011.

[26] 陆毅. 韩光党史工作文集 [M]. 北京：中央文献出版社，1997.

[27] 宋晓宏，高峰，傅伟. 永久的丰碑——杨靖宇将军资料汇编 [M]. 长春：吉林文史出版社，2005.

[28] 邓来法，贾英豪. 杨靖宇纪念文集 [M]. 北京：中央文献出版社，2005.

[29] 周保中. 东北抗日游击日记 [M]. 北京：人民出版社，1991.

[30] 中共吉林省委党史作委员会组织编写. 回忆周保中 [M]. 长春：吉林人民出版社，1989.

[31] 中共吉林省委党史研究室编. 纪念周保中同志诞辰 100 周年文集 [M]. 长春：吉林人民出版社，1989.

[32] 周保中. 密林篝火 [M]. 北京：战士出版社，1983.

[33] 周保中. 战斗在白山黑水 [M]. 沈阳：辽宁人民出版社，1983.

[34] 周保中. 周保中文选 [M]. 昆明：云南人民出版社，1985.

[35] 王明贵. 忠骨——抗联名将王明贵将军回忆录 [M]. 沈阳：白山出版社，2012.

[36] 冯仲云. 在东北抗日联军中战斗生活的回忆 [M]. 沈阳：辽宁人民出版社，1960.

[37] 李延禄口述、骆宾基整理. 过去的年代——关于东北抗联四军的回忆 [M]. 哈尔滨：黑龙江人民出版社，1979.

[38] 中共中央党史研究室第一研究部. 共产国际、联共（布）与中国革命文献资料选辑（1938—1943）[M]. 北京：中共党史出版社，2012.

[39] 李铸，贾玉芹，高书全等译. 中华民国史资料丛稿（译稿），关于东北抗日联军的资料（第一分册）[M]. 北京：中华书局，1982.

[40] 李铸，贾玉芹，高书全等译. 中华民国史资料丛稿（译稿），关于东北抗日联军的资料（第二分册）[M]. 北京：中华书局，1982.

[41] 中共黑龙江省委党史研究室编. 黑龙江抗日烽火 [M]. 长春：吉林大学出版社，1995.

[42] 黑龙江革命文献史料，第二集，齐齐哈尔专集（1935—1949）[M]. 黑龙江省文化厅，齐齐哈尔市文化局，1991.

[43] 黑龙江革命文献史料，第一辑，佳木斯专集（1945—1949）[M]. 黑龙江省文化厅，佳木斯文化局，1989.

[44] 西满英魂谱编辑委员会. 西满英魂谱 [M]. 沈阳：白山出版社，1998.

2. 报纸类

《申报》

《新中华报》

《盛京时报》

《滨江日报》

《民国日报》

《救国时报》

《反日报》

《红军消息》

《人民革命报》

《人民革命画报》

《救国报》

《解放日报》（延安）

《南满抗日联合报》

《胜利报》

《中国文化》

《东北日报》

《共产党人》

《中国青年》

3. 著作图书类

[1] 刘信君. 刘信君文集 [M]. 长春：吉林人民出版社，2011.

[2] 中国大百科全书，社会学卷 [M]. 北京：中国大百科全书出版社，1987.

[3] 中国大百科全书，哲学卷 [M]. 北京：中国大百科全书出版社，1987.

[4] 马敏. 中国文化教程 [M]. 武汉：华中师范大学出版社，2007.

［5］肖效钦、钟兴锦. 抗日战争文化史（1937—1945）［M］. 北京：中共党史出版社，1992.

［6］李建平，张中良. 抗战文化研究（第五辑）［M］. 桂林：广西师范大学出版社，2012.

［7］李建平，张中良. 抗战文化研究（第六辑）［M］. 桂林：广西师范大学出版社，2012.

［8］李建平，张中良. 抗战文化研究（第七辑）［M］. 桂林：广西师范大学出版社，2012.

［9］李建平，张中良. 抗战文化研究（第八辑）［M］. 桂林：广西师范大学出版社，2014.

［10］李建平，张中良. 抗战文化研究（第九辑）［M］. 桂林：广西师范大学出版社，2015.

［11］陈存仁. 抗战时期生活史［M］. 上海：上海人民出版社，2001.

［12］军事科学院军事历史研究部著. 中国抗日战争史（上卷）［M］. 北京：解放军出版社，2015.

［13］军事科学院军事历史研究部著. 中国抗日战争史（中卷）［M］. 北京：解放军出版社，2015.

［14］军事科学院军事历史研究部著. 中国抗日战争史（下卷）［M］，北京：解放军出版社，2015.

［15］新华社解放军分社、北京青年报编. 我的见证：200 位亲历抗战者口述历史［M］. 北京：解放军文艺出版社，2015.

［16］萨苏. 尊严不是无代价的：从日本史料揭秘中国抗战［M］. 济南：山东画报出版社，2012.

［17］萨苏. 国破山河在：从日本史料揭秘中国抗战［M］. 济南：山东画报出版社，2010.

［18］萨苏. 退后一步是家园：从日本史料揭秘中国抗战［M］. 济南：山东画报出版社，2012.

［19］《抗战歌选（1931—1945 年）》编写组编. 抗战歌选（1931—1945年）［M］. 北京：人民音乐出版社，2015.

［20］丁宗皓. 中国东北角之文化抗战（1895—1945 年）［M］. 沈阳：辽宁人民出版社，2015.

［21］文天行. 20 世纪中国抗战文化编年［M］. 成都：四川辞书出版社，2015.

［22］覃仕勇. 隐忍与抗战：抗战中的北平文化界［M］. 北京：北京时代华文书局，2010.

［23］张育仁. 抗战电影文化论［M］. 北京：中国社会科学出版社，2013.

［24］陈钦. 我的河山：抗日正面战场全纪实（人物）［M］. 北京：中信出版社，2013.

［25］陈钦. 我的河山：抗日正面战场全纪实（会战）［M］. 北京：中信出版社，2013.

［26］陈钦. 我的河山：抗日正面战场全纪实（幕后）［M］. 北京：中信出版社，2013.

［27］江涛. 吉林党史人物（第三卷）　［M］. 长春：吉林教育出版社，1991.

［28］朱姝璇，岳思平. 东北抗日联军史［M］. 北京：解放军出版社，2014.

［29］孙凤云. 东北抗日联军斗争史［M］. 哈尔滨：黑龙江人民出版社，1991.

［30］《东北抗日联军斗争史》编写组著. 东北抗日联军斗争史［M］. 北京：人民出版社，1991.

［31］《东北抗日联军史》编写组著. 东北抗日联军史（上、下）［M］. 北京：中共党史出版社，2015.

［32］常好礼. 东北抗联路军发展史略［M］. 长春：吉林大学出版

社，1993.

[33] 梁文玺. 黑龙江抗日战争时期地下交通 [M]. 哈尔滨：哈尔滨工业大学出版社，1992.

[34] 刘枫. 东北抗日联军第三军 [M]. 哈尔滨：黑龙江人民出版社，1986.

[35] 龚惠，马彦文. 东北抗日联军第四军 [M]. 哈尔滨：黑龙江人民出版社，1986.

[36] 王晓辉. 中国革命战争纪实东北抗日联军抗战纪实 [M]. 北京：人民出版社，2005.

[37] 薛庆超. 从东北沦陷到东京审判 [M]. 成都：四川人民出版社，2010.

[38] 尚金州. 中共中央与东北抗日联军 [M]. 北京：中央文献出版社，2010.

[39] 佟冬. 中国东北史 [M]. 长春：吉林文史出版社，2006.

[40] 王锦思. 图说抗联 [M]. 北京：解放军文艺出版社，2013.

[41] 杨文，裴小敏. 被历史忽略的历史 [M]. 郑州：河南文艺出版社，2008.

[42] 庄严. 民族魂——东北抗联 [M]. 长春：吉林出版集团有限责任公司，2014.

[43] 庄严. 铁证如山：吉林省新发掘日本侵华档案研究 [M]. 长春：吉林出版集团有限责任公司，2014.

[44] 唐棠，刘华. 抗联战东北：东北抗联抗日影像全纪实 [M]. 北京：长城出版社，2015.

[45] 冯仲云. 东北抗日联军十四年苦斗简史 [M]. 北京：中央文献出版社，2008.

[46] 刘干才，李奎. 大东北抗联纪实 [M]. 北京：团结出版社，2015.

[47] 张洪兴. 东北抗联精神 [M]. 沈阳：白山出版社，2010.

［48］萨苏. 最漫长的抵抗：从日本史料解读东北抗战十四年（上、下）［M］. 北京：西苑出版社，2013.

［49］孙邦. 伪满史料丛书，殖民政权［M］. 长春：吉林人民出版社，1993.

［50］卓昕. 杨靖宇全传（上、中、下）［M］. 长春：吉林文史出版社，2005.

［51］中共吉林省委党史研究室编著. 杨靖宇将军［M］. 长春：吉林人民出版社，2002.

［52］赵俊清. 杨靖宇传［M］. 哈尔滨：黑龙江人民出版社，2015.

［53］赵俊清. 赵尚志传［M］. 哈尔滨：黑龙江人民出版社，2015.

［54］赵俊清. 李兆麟传［M］. 哈尔滨：黑龙江人民出版社，2015.

［55］辽宁社会科学院地方党史研究所著. 李兆麟传［M］. 北京：当代人民出版社，2010.

［56］赵俊清. 周保中传［M］. 哈尔滨：黑龙江人民出版社，2011.

［57］中共吉林省委党史研究室、吉林省档案馆编. 周保中抗日救国文集［M］. 长春：吉林大学出版社，2013.

［58］刘文新. 周保中传［M］. 哈尔滨：黑龙江人民出版社，1987.

［59］赵素芬. 周保中将军传［M］. 北京：解放军出版社，1988.

［60］赵亮，纪松. 冯仲云传［M］. 北京：中央文献出版社，2008.

［61］胡卓然. 敌后传奇——中日稀见史料对照下的红色抗日传奇［M］. 北京：西苑出版社，2012.

［62］李兴盛. 历代东北流人诗词选注［M］. 哈尔滨：黑龙江大学出版社，2014.

［63］刘志文. 家恨［M］. 北京：中国文史出版社，2015.

［64］袁行霈. 诗壮国魂：中国抗日战争诗钞·诗词（上）［M］. 北京：中国青年出版社，2015.

［65］袁行霈. 诗壮国魂：中国抗日战争诗钞·诗词（下）［M］. 北京：中国青年出版社，2015.

[66] 东北烈士纪念馆，东北人民抗日诗词选 [M].辽宁、吉林、黑龙江、延边人民出版社联合出版，1959.

[67] 辽宁社会科学院地方党史研究所.可歌可泣的诗篇（毛泽东与东北抗日联军）[M].北京：中央文献出版社，2013.

[68] 中共党史出版社编.东北抗联：绝地战歌 [M].北京：中共党史出版社，2012.

[69] 赵瑞军，赵聆实，刘辉.东北抗日联军 [M].长春：吉林人民出版社，2015.

[70] 黑龙江日报社新闻志编辑室.东北新闻史 [M].哈尔滨：黑龙江人民出版社，2001.

[71] 陈亚夫，奚丹.不朽的丰碑——英雄悲歌 [M].长春：吉林出版集团有限责任公司，2012.

[72] 姜雅君.红旗热血黑土——100位抗联英雄的故事 [M].哈尔滨：黑龙江教育出版社，2012.

[73] 胡卓然，赵云峰.魂兮归来：不该忘记的十四年东北抗战 [M].济南：山东画报出版社，2012.

[74] 薛庆超.从东北沦陷到东京审判 [M].成都：四川出版集团，四川人民出版社，2012.

[75] 韩玉成.东北抗联歌曲选 [M].长春：北方妇女儿童出版社，1991.

[76] 李敏.东北抗日联军（流行）歌曲选 [M].哈尔滨：哈尔滨出版社，1991.

[77] 朱秀海.黑的土，红的雪：东北抗日联军苦战记 [M].北京：解放军文艺出版社，1995.

[78] 简乔.抗联老人李升的故事 [M].哈尔滨：兰文林绘图，1956.

[79] 彭施鲁.我在抗日联军十年 [M].长春：吉林教育出版社，1992.

[80] 抗联红旗飘又飘：抗联歌谣 [M].沈阳：辽宁人民出版社，1958.

[81] 皇甫建伟，张基祥. 抗战文化 [M]. 太原：山西人民出版社，2012.

[82] 霍丹琳. 历史不能忘记系列：文化抗战 [M]. 北京：中国民主法制出版社，2015.

[83] 徐辉. 中国抗战大后方历史文化丛书：抗战大后方教育研究 [M]. 重庆：重庆出版集团重庆出版社，2015.

[84] 沈志华. 苏联历史档案选编 [M]. 北京：社会科学文献出版社，2002.

[85] 李淑娟. 日伪统治下的东北农村（1931—1945 年）[M]. 北京：当代中国出版社，2005

[86] 李倩. 东北抗联精神研究 [M]. 长春：吉林文史出版社，2011.

[87] 吉林省社会科学界联合会编. 智库：吉林区域发展研究 [M]. 长春：吉林人民出版社，2015.

[88] 谢学诗. 伪满洲国史新编 [M]. 北京：人民出版社，2015.

[89] 关捷. 东北亚历史与文化 [M]. 沈阳：辽宁民族出版社，2011.

[90] 王希亮. 东北沦陷时期殖民教育史 [M]. 哈尔滨：黑龙江人民出版社，2008.

[91] 曲铁华. 日本侵华教育全史 [M]. 北京：人民教育出版社，2005.

[92] 申殿和. 东北沦陷时期文学史论 [M]. 哈尔滨：北方文艺出版社，2000.

[93] 中共吉林省委党史研究室编. 吉林省革命遗址要览 [M]. 北京：中共党史出版社，2013.

[94] 中央档案馆、中国第二历史档案馆、吉林省社会科学院合编. 日本帝国主义侵华档案资料选编第 4 卷，东北大讨伐 [M]. 北京：中华书局，1991.

[95] 中央档案馆、中国第二历史档案馆、吉林省社会科学院合编. 日本帝国主义侵华档案资料选编第 7 卷，伪满宪警统治 [M]. 北京：中华书

局，1993.

[96] 伪满国治安部警务司. 满洲国警察史（中译本）[M]. 1942 年 9 月，吉林省公安厅公安史研究室，东北沦十四年史吉林编写组，1990.

[97] [日] 满史会编著. 王文石等译. 满洲开发四十年（上、下）[M]. 长春：东北师范大学出版社，1988.

[98] [日] 浅田乔二等. 帝国主义统治下的满洲 [M]. 日本：时潮社，1986.

[99] [日] 浅田乔二等. 日本帝国主义对中国东北的统治 [M]. 日本：时潮社，1994.

[100] [日] 满洲国国务院总务厅统计处. 满洲国现势 [M]. 满洲国通讯社，1939.

[101] [日] 信夫洁二郎. 日本外交史（下册）[M]. 北京：商务印书馆，1980.

[102] [日] 野村浩一著，张学锋译. 近代日本的中国认识 [M]. 北京：中央编译出版社，1999.

[103] [日] 堀场一雄著，千培岚译. 日本对华战争指导史 [M]. 北京：军事科学出版社，1988.

[104] 日本参谋本部编，田琪之译. 满洲事变作战经过概要（第 1-2 卷）[M]. 北京：中华书局，1982.

[105] [日] 满洲国史编纂刊行汇编. 满洲国史总论 [M]. 黑龙江省社会科学院译，1990.

[106] [日] 满洲国史编纂刊行汇编. 满洲国史分论 [M]. 东北沦陷十四年史吉林编写组译，1990.

[107] [英] 琼斯. 1931 年后的东北 [M]. 北京：商务印书馆，1951.

[108] [美] 加布里埃尔·阿尔蒙德·西德尼·维巴，徐湘林等译. 公民文化 [M]. 北京：东方出版社，2008.

[109] [美] 埃德加·斯诺，李方维，梁民译. 红星照耀中国 [M]. 石

家庄：河北人民出版社，1992.

［110］［美］Lee，Chong-sik，Revolutionary Struggle in Manchuria：Chi-nese Communism and Soviet Interest，1925—1945 ［M］. Berkley：U of CAPress，1983.

［111］［韩］朴宣冷. 东北抗日义勇军 ［M］. 北京：中国友谊出版公司，1998.

［112］［韩］尹辉铎. 日帝下的"满洲国"研究——抗日武装斗争与治安肃正工作 ［M］. 汉城一潮阁，1996.

4. 期刊论文类

［1］刘信君. 再论东北抗联精神——抗战胜利 70 年后的评述 ［J］. 社会科学战线，2015 （6）.

［2］王广义. 国外有关中国东北抗联的历史资料与研究述评 ［J］. 甘肃社会科学，2015 （4）.

［3］赵俊清. 东北抗联报刊　文化抗争的精神高地 ［J］. 黑龙江档案，2015 （6）.

［4］陈松友，吕路军. 东北抗联精神融入大学生思想政治教育的必要性及路径 ［J］. 思想理论教育导刊，2016 （10）.

［5］刘忱. 文艺策略与文化进步——抗战时期中国共产党文艺策略的文化解读 ［J］. 中共中央党校学报，2005 （4）.

［6］丁守和. 论抗战时期的思想文化 ［J］. 近代史研究，1995 （5）.

［7］孔繁岭. 抗战时期的留学教育 ［J］. 抗日战争研究，2005 （3）.

［8］郭永虎，闫立光. 近十年来国内学界关于七七事变研究述评 ［J］. 党史研究与教学，2017 （4）.

［9］金成镐. 朝鲜共产主义者金策在中国东北抗日革命历程 ［J］. 延边大学学报（社会科学版），2015 （5）.

［10］孙春日. 东北战场上朝鲜革命军联中抗日研究 ［J］. 延边大学学报（社会科学版），2015 （9）.

[11] 关伟. 东北各民族抗日斗争的特点 [J]. 军事历史研究, 2008 (1).

[12] 关捷. 东北抗联精神的丰富内涵 [N]. 中国社会科学报, 2015-9-8.

[13] 程舒伟. 东北抗联精神的历史地位 [N]. 吉林日报, 2015-9-11.

[14] 邵维正. 抗联精神　血脉传承——评《东北抗联》的当代价值 [J]. 求是, 2014 (21).

[15] 王奇生. 沦陷区伪政权下的留日教育 [J]. 抗日战争研究, 1997 (2).

[16] 田艳萍. 近三十年来东北抗联史研究综述 [J]. 东北史地, 2011 (2).

[17] 于佰春. 青山绿水可以作证——记东北抗联将领们的党性原则和民族气节 [J]. 兰台内外, 2006 (4).

[18] 姜东慧, 宋军凯, 邢继贤. 东北抗日民族统一战线建立过程述评 [J]. 北方文物, 1995 (3).

[19] 冯开文. 重庆抗战遗址概况 [J]. 抗日战争研究, 1996 (2).

[20] 刘大年. 抗日战争与中华民族的统一 [J]. 抗日战争研究, 1992 (2).

[21] 朱彦敏. 抗战文化发展述论 [J]. 档案与争鸣, 2005 (9).

[22] 艾智科. 中国抗战历史文化研究述评 [J]. 重庆社会科学, 2012 (6).

[23] 文天行. 抗战文化的基本特征 [J]. 中山大学学报 (社会科学版), 2002 (1).

[24] 高向远. 论抗战文化运动在抗日战争中的地位和作用 [J]. 陕西师范大学学报 (哲学社会科学版), 1997 (9).

[25] 韦庆儿. 论抗战文化及其对中国社会之影响 [J]. 桂海论丛, 2006 (1).

[26] 朱汉国, 李小尉. 略论中国共产党的抗战文化思想 [J]. 北京师范

大学学报（社会科学版），2005（4）.

[27] 罗存康. 中国共产党与抗战文化的建设 [J]. 抗战文化研究（第五辑），2011（10）.

[28] 郭伟伟. 中国共产党的抗战文化政策及其启示 [J]. 党的文献，2003（5）.

[29] 张静如，唐正芒. 抗战文化与中国先进文化的前进方向 [J]. 求索，2003（3）.

[30] 李公明. 让文化建设成为全民的福音 [N]，社会科学报，2011-11-24.

[31] 高向远. 论抗战文化运动在抗日战争中的地位和作用 [J]. 陕西师范大学学报，1997（3）.

[32] 丁守和. 关于抗战时期思想文化的若干问题 [J]. 东岳论丛，1996（1）.

[33] 邹腊敏. 延安时期中国共产党理论创新的历史经验及启示 [J]. 延安大学学报2003（1）.

[34] 唐正芒. 近十年抗战文化研究述评 [J]. 湘潭大学学报（哲学社会科学版），2007（7）.

[35] 鲍劲翔. 试论战国策派的文化救亡 [J]. 安徽大学学报，1996（2）.

[36] 徐国利. 浅析抗战时期高校内迁的作用和意义 [J]. 安徽史学，1996（4）.

[37] 张红. 抗战时期内迁进步知识分子中的共产党员群体研究——以桂林文化城为例 [J]. 广西师范大学学报，2003（2）.

[38] 魏宏运. 抗日战争时期太行山的春节文化风貌 [J]. 广东社会科学，2001（3）.

[39] 关志钢. 新生活运动"复古论"析 [J]. 江汉论坛，1998（11）.

[40] 曹艺. 新生活运动和国民精神总动员论析 [J]. 民国档案，1999（2）.

[41] 蔡泽军, 张红. 试论抗日战争时期内迁文化形成和发展的原因 [J]. 广西师范大学学报, 1995 (3).

[42] 刘晓丽. 山西与广西抗战文化之比较 [J]. 晋阳学刊, 1999 (2).

[43] 阎凤梧. 抗战文化的历史定位与现实启迪 [J]. 长白学刊, 1995 (5).

[44] 李孝纯. 论中国的抗战精神 [J]. 社会科学辑刊, 2005 (5).

[45] 李吉庆. 抗战精神及其当代价值 [J]. 西南师范大学学报 (人文社会科学版), 2005 (6).

[46] 皇甫晓涛. 抗战前后文化思潮与 "东方文化复兴" 的历史主题及其发展 [J]. 吉林大学社会科学学报, 1997 (6).

[47] 张士海, 吴敏先. 论中国共产党人的抗战精神 [J]. 理论学刊, 2008 (8).

[48] 唐正芒. 中国共产党与西部地区抗战文化的繁荣抗战精神及其当代价值 [J]. 西南师范大学学报 (人文社会科学版), 2005 (6).

[49] 师迎祥, 李君才. 论抗战精神 [J]. 兰州大学学报 (社会科学版), 1995 (3).

[50] 刘辉. 论抗战时期中国共产党 "文化意识" 之觉醒 [J]. 中州学刊, 2005 (5).

[51] 刘辉. 抗战时期中共的文化 "大众化" 思想及其实践 [J]. 中州学刊, 2009 (4).

[52] 刘皑风. 抗日战争时期晋察冀边区的教育 [J]. 教育研究, 1987 (11).

[53] 李志松. 抗战时期陕甘宁边区教育事业的发展 [J]. 教育评论, 2010 (5).

[54] 冉春, 余子侠. 抗战时期西部民族地区学校教育的发展及其历史反思 [J]. 民族教育研究, 2005 (4).

[55] 郧蓉华. 抗战时期大后方职业教育发展论述 [J]. 四川师范大学学

报（社会科学版），1999（1）.

5. 博士学位论文类

［1］金兴伟.1940 年后的东北抗联研究［D］.北京：中共中央党校，2013.

［2］尚金州.以毛泽东为核心的中共中央与东北抗日联军关系研究［D］.长春：东北师范大学，2009.

［3］丁毅.抗战时期中国共产党意识形态建设研究［D］.郑州：郑州大学，2013.

［4］王岩.沦陷时期哈尔滨音乐文化研究［D］.哈尔滨：哈尔滨师范大学，2013.

［5］曹玉玲.中国抗战音乐的伦理价值［D］.长沙：湖南师范大学，2014.

［6］董迎轩.日本军国主义对我国东北沦陷区人民的思想控制研究［D］.北京：中国矿业大学，2011.

［7］王越.东北沦陷时期文丛派与艺文志派比较研究［D］.长春：东北师范大学，2013.

后　记

　　本书是我在吉林大学攻读博士学位时的毕业论文，此次出版，在原文基础上有所改动，但也基本上保持了它的原貌。

　　东北抗联文化研究就目前来说是比较薄弱的，我是第一次对如此宏大深邃的文化领域进行尝试，因而本文具有明显的探索印痕。写作的初衷是力图在东北抗联的历史背景下，为人们完整的理解东北抗联文化，展现一个被长期遮蔽的视角，但由于本人学力羸弱，积累不丰，史料的限制使我常有力不从心之感，但凭着对东北地方史的挚爱，虽历经艰辛仍能奋力前行。尊重史实是成书的原则，用班固的话来讲就是"善序事理，辩而不华，质而不俚，其文直，其事核，不虚美，不隐恶"。鉴于此，在撰写的时候，笔者尽量找寻当年的老旧图书与一手档案。对于那些参加东北抗联老战士的回忆，自然也非常尊重。回首搜寻整理文献的日子，虽然苦和累，但却收获满满。通过几年紧张而充实的学习，论文暂时告一段落。因为我深知对于东北抗联文化研究这个重要领域，我所做的不过是比较肤浅的基础性研究，它的不完善性是非常明显的。它是过去一段时间行将结束的界标，也是新的研究的基础与发端。

　　我特别要感谢我的导师刘信君教授。在写作过程中，刘老师在繁忙的教学研究和行政事务中，挤出时间对我论文进行指导，从题目的选定、资料的查找、框架的建构、开题报告的撰写到其行文的展开，一刻未曾停止关注，直至最终的定稿，为论文的撰写提出许多宝贵的建设性意见，倾注了刘老师大量的心血，这令资质愚钝的我心怀忐忑。刘老师的学术研究广博而深刻，学术视野广阔而深邃，学术精神慎思而明辨，他独特的人格魅力、严谨的治学之道以及渊博的学识深深的影响了我，这种影响必将伴随并指导我的一生。我会永远铭记和学习。

感谢吉林大学马克思主义学院的各位前辈和老师，在我论文开题时提出的宝贵意见。正是这些恩师的不吝赐教，让我获益良多。吉林大学这片沃土引导我阅读更浩繁的书籍、熟记于更丰富的文字，洞悉更广泛的时代环境，帮助我走过生命的荒芜，从时间维度和空间维度不断拓展自己。感谢亦师亦友的硕士导师李淑娟教授，您在学术上引导我入门，在生活上一直关心我，在我困惑的时候为我指点迷津，让我感受到了不期而遇的温暖和勇往直前的动力。

对于一起学习的同窗好友，你们的帮助和包容使我渡过了充实又温馨的博士生活。同师门的谭忠艳师姐、王彦龙师兄、王华东师弟、王盈琪师妹对于我论文的构思、修改、校正都提出了很好的建议。家人为我做出的各种牺牲，更让我倍感亲情的可贵。

在我论文完成过程中，衷心感谢已故的东北抗联老战士原黑龙江省政协副主席李敏，93岁高龄的老前辈几次接受我的采访，让我激动和兴奋不已。每每我在请教过程中，谈及东北抗联歌曲时前辈就不由得引吭高歌，仿佛又回到了那个充满硝烟和战火的年代，不禁潸然泪下。让我心生敬畏，更加鞭策和激励我要不忘初心，勇往直前。以及东北抗联的后代，与您们促膝长谈，学生更加珍惜和懂得"心守一事去生活"的宁静心态的重要性。还有给予我帮助的东三省各个图书馆和档案馆以及博物馆的老师们一并感谢。在写作过程中，还参考了有关论著，吸收了一些研究成果，在此致以衷心的谢忱。

感谢天津师范大学马克思主义学院为本书的出版提供资助；新华出版社编辑张谦为本书的付梓竭诚帮助。对此，我的感念无以名状，惟愿安康幸福伴随着我感谢的人。

　　东北抗联文化研究涉及许多领域和与之相关的一些理论问题，本书不过是我竭尽诚智，旨在抛砖引玉，引起学界同仁对这一领域的足够重视。直至出版前仍感尚有不少难尽人意之处。如果没有写好，也只能这样安慰自己："虽不能至，心向往之"。衷心地期待专家和老师给予批评和指正。

李红娟

2022 年 8 月于天津